传媒培训系列丛书（第一辑）

传媒业务素养提升读本

MEDIA

董关鹏　邹细林 ○ 主　编

邰颖波　张新越 ○ 副主编

中国广播影视出版社

图书在版编目（CIP）数据

传媒业务素养提升读本／董关鹏，邹细林主编. —
北京：中国广播影视出版社，2018.4
（传媒培训系列丛书. 第一辑）
ISBN 978-7-5043-8057-9

Ⅰ.①传…　Ⅱ.①董…　②邹…　Ⅲ.①传播媒介—新
闻工作—基本知识　Ⅳ.①G21

中国版本图书馆 CIP 数据核字（2017）第 307741 号

传媒业务素养提升读本

董关鹏　邹细林　主编

责任编辑	王　佳
装帧设计	文人雅士
责任校对	谭　霞

出版发行	中国广播影视出版社
电　话	010-86093580　010-86093583
社　址	北京市西城区真武庙二条 9 号
邮　编	100045
网　址	www.crtp.com.cn
微　博	http：//weibo.com/crtp
电子信箱	crtp8@sina.com

经　销	全国各地新华书店
印　刷	河北鑫兆源印刷有限公司

开　本	787 毫米×1092 毫米　1/16
字　数	255(千)字
印　张	17
版　次	2018 年 4 月第 1 版　2018 年 4 月第 1 次印刷

书　号	ISBN 978-7-5043-8057-9
定　价	40.00 元

序

由十七名专家学者撰写，中国传媒大学继续教育学部培训学院和中国广播影视出版社联合出版的传媒培训系列丛书（第一辑）《传媒业务素养提升读本》，在 2018 新年里与读者见面了。

在传媒变迁如此迅速的今天，"书系"基于传媒课堂培训理论框架，融通传媒发展趋势与经验总结汇集而来。以书会友，以书传道，更好地服务社会、服务传媒、服务传媒人实属一件有深远意义的事情。

习近平总书记强调随着形势发展新闻舆论工作必须在创新理念、内容、体裁、形式、方法、手段、业态等方面适应分众化、差异化传播趋势，创新、融合，构建现代传播体系。中国传媒大学作为党和国家新闻传播人才培养的重要基地和摇篮，始终把为党和人民培养优秀的传媒人才作为首要任务，始终把传播中国声音、讲好中国故事作为传媒院校的责任和使命，始终把加快一流大学和一流学科建设，实现高等教育内涵式发展作为高校发展根本。在人工智能、互联网技术飞速发展的媒体融合时代，中国传媒大学作为传媒高等学府，可用八个字概括和期许："中国特色，世界一流"——中国传媒大学要形成具有中国特色，达到世界一流标准的传媒教育体系。这一教育体系最为核心环节是要培养"顶天立地"的传媒人才。"顶天"即传媒教育的使命和任务要服务对接国家社会的发展大势和需要；"立地"则要求教育培养了解中国国情、根植中国大地、情系中国民生的优秀传媒人才。

学院在发展过程中，凭借学校龙头学科优势，集合校内外优质师资力量，更加稳步自信地与社会前沿接轨，搭建学校与社会互通的桥梁。学院强调科研、教育与生产各项资源协同发展，以科研促人才培训，以人才培训促社会服务，随着中国传媒事业的发展，学院不断拓展创新培训项目，重视品牌核心内容的提升、梳理和总结。

学院"书系"出版工作希望能为高校及业内教师搭建教学理论的实践平台，并将教学成果集结成册，为我校"双一流"学科建设提供路径探索，并服务更多的媒体从业者及社会需求。基于以上考虑，传媒培训系列丛书（第一辑）——《传媒业务素养提升读本》应运而生。书中十七名作者来自传媒高校教育者、传媒业界知名人士，且均具有一定的资深的教学经历。凭借理论联系实际工作的基础以及课堂教学、大量的传媒从业经验，为培训系列传媒课程搭建了学科框架，也因此建立了本书的整体框架。本书的意义在于，书中所讲述的都是传媒亲历者通过不断的媒体一线磨练，将其经验中精华部分并给予理论带到课堂中来传授，又将核心部分整理出版。这种循环反哺的过程，让学习者学习时津津乐道，不厌其烦。

本书作为中国传媒大学传媒综合相关培训教学教材，适用于传媒教育、媒体行业等相关行业实践工作者。本书板块定为前沿理论、纪录片实践、叙事表达、采访报道及编辑评论。前沿理论部分包括融合媒体环境下的媒体创新发展对策；纪录片实践围绕伦理批评、心理机制、传播效果、发展创新等方面进行；叙事表达板块围绕电视访谈、镜头表达展开；采访报道板块结合新媒体与传统媒体报道传播；编辑评论板块通过文字编辑方法进行。总体来看，本书特点基于实践应用，具有可操作性和应用性，希望能够给教育培训相关工作带来一定的指导意义。

培训学院以此次丛书第一辑——《传媒业务素养提升读本》出版工作为契机，后续将不断扩充、丰富、完善传媒培训丛书系列。

此为起始，是为序。

董关鹏

中国传媒大学教授、博士生导师

继续教育学部学部长、培训学院院长、

媒介与公共事务研究院院长

2018 年 1 月

目　录

前沿理论

电视节目的选题策划与价值选择

李再军

【内容提要】

目前，多数的电视编导在做节目的时候，所依据的都是一种经验性的东西，这里所指的多数至少是在90%以上或者更多。从近处说，这是由电视媒体的管理体制和机制所造成的一种先天不足，从中期来看，这是我们的教育体制当然包括传媒教育所形成的恶果，从长期来说，这和我们的传统文化观念也有很大的关系，即和长期以来在小农经济生产方式上所形成的农业文明有关，重经验，轻创新，甚至阻碍和压制创新。所以，我们的电视从业人员很难独立创作出十分优秀的电视节目，现有的所谓"现象级"节目大都是舶来品，是购进的"模式"，即买来的，或者是偷来的，几乎没有一部是独立创新的节目。如何解决这些问题？通过培训能解决什么问题？正本清源，重新认识和了解电视节目的本质和功能；了解电视节目作为一种文化产品的发生学原理；通晓和掌握电视节目的基本创作规律和基本制作模式；从思想、观念和认知上作一个清理，清理那些长期以来所秉承的似乎已成定规的文化垃圾。

该课程内容自中国传媒大学培训学院2011年成立起开讲，并在国内数十家广播电视台和高校新闻传播学院讲授，至今已经6年。本文稿是在32000字课件基础上的一种缩写。

【关键词】
文化本质　案例分析

一、电视节目的文化本质及其特征

首先，我们必须要弄明白的是电视节目是一种文化产品，这是任何人都没有异义的，但是文化是分层级的，这一点却不是任何人都能了解的，所以许多电视节目被批评浅薄、没有文化，甚至电视从业人员也被嗤笑为没有文化的人，这些年来电视圈遭到的种种批评已经证实了这一点。文化是个比较复杂的概念，它有许多种繁纷、复杂的定义，在此不论。但文化是分层级的，却是被大家所公认的。

（一）一般把文化分为四个层级：器物（技艺）文化；制度文化；意识形态文化；文化的核心——价值观

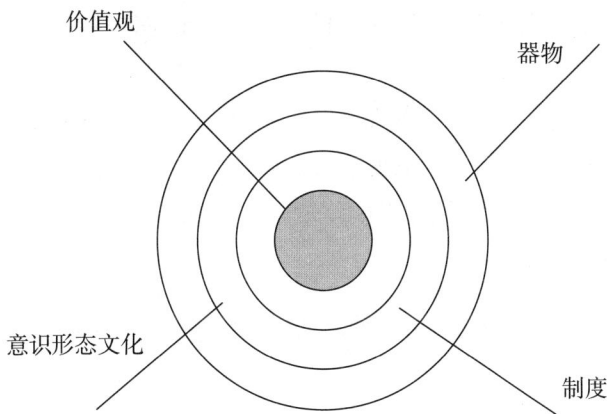

图1　文化的层次结构图

（二）电视节目既然是一种文化产品，而文化的核心是价值观，毫无疑问一个电视节目的核心或者说内核是节目所蕴涵的"价值观"

由于中国文化的含蓄性和表达的委婉性，所以在具体的文化产品里价值观和价值取向的表达会出现其独有的特征，我们的老祖先把它称为"春秋笔法，微言大义"，即"表面上不说，实际上存在"，需要你去领会，去挖掘，去解读……

从信息传播的角度看，这是由于信息传播的安全性和策略性所决定的，即信息的发送方依据安全的需要对信息进行"编码"，而信息的接收方则需要对信息进行"解码"。我把这种现象通俗地总结为电视节目的核心内容是——"干什么不吆喝什么"。

案例：中国传媒大学 MBA 学院咖啡厅里的一则广告：——"一切与咖啡无关"

（1）在 17 世纪的英国，咖啡馆被称作"便士大学"。

（2）波士顿的"伦敦咖啡屋"创办了美国历史上第一份报纸"国内外公共事件报"（1690 年，本杰明·哈里斯）。

（3）咖啡馆作为法国的文化标志之一，见证了整个社会的繁荣与动荡。

卖咖啡的不说咖啡却大谈文化，很好地说明了咖啡和文化之间的关系。

这种表达手法上的"含蓄性"与"间接性"的另一个特点是，编导自己是不会在节目中直接表达电视节目的核心价值的，他只是借助节目中的人和事然后再通过节目的编辑效果来表达：我把它称作是——"借你口中言，说我心中事"。

（三）媒介的真实是一种"建构"的真实——一种文化意义上的"建构"

在这方面，我们传统哲学教科书给我们造成了无穷的贻害：比如这个世界到底是物质的，还是精神的？是物质决定精神，还是精神决定物质？世界是一元的，还是二元的？其实是存在很大的问题的。人和物共存于世界之中，以局部来认识总体，任何人认识到的真实都是局部的真实，不可能有所谓完全的客观真实。主、客体二者一旦产生联系，就是人的主观与客观局部的联系，而不是和任何客体全部的联系。比如传统的哲学往往把主观比作镜子，把客观事物比作镜子要照的对象，但是，镜子照出来的只是事物的一面，被照的事物却是多面的，而真正的"真相"往往还隐藏在事实的"面"里边，另外，作为主体的人的大脑也不能被简单的比作镜子，其实要复杂得多。

实际上，对于人来说，任何事物，只有在它对人产生意义时（我们把它称作"域"或"场"，简单通俗地说就是你所在的"圈子"或"关系"），它才有意义，否则它的存在与否就和人毫无关系。

中国传统寓言里有一个"盲人摸象"故事，过去解读为批评人的认识的片面性，但其实你仔细地想想，现实中的我们每个人难道不都是摸象的盲人吗？我们何曾摸到了大象的全部？

另外，现代物理学中的"不确定性原理"（"测不准原理"）更是证明，在量子物理学里，一个微观上的基本粒子是不可以像在经典物理学里那样被准确地观察到它的运动状态的，因为观察时光线的粒子性介入本身就是一种干扰！

再说美学研究的历史：近代意义上的美学诞生以来，大家都试图定义一下"什么是美?"或"美是什么?"的概念，结果研究来研究去，发现这是一条永远无法走出的死胡同，根本就不可能有这么一个被多数人所认可的定义或概念，因为所有的审美过程都有着极大的个性化特征，每个人对美的感受都是不一样的，于是人们就彻底放弃了对于所谓美的研究，而改为对于美感是怎样发生的过程的研究，也就是说从研究"什么是美"转变到研究"美感的发生"的过程，从研究所谓的"客体"转到研究美感发生过程中的主、客体之间的关系。这个过程被称之为"审美"，"审美者"，感受美也。

婚姻也是如此。从父母之命、媒妁之言，从"从一而终"到自由恋爱，从"嫁鸡随鸡，嫁狗随狗"到离婚自由。传统的婚姻是一种静态的，而现代的婚姻是动态的，是需要"经营"的，为什么现代婚姻过程中增加了恋爱的程序？就是要有一种调适、一种互动和一种选择。

还有在数学领域，初等数学是研究静态的数量关系的：

如：$a^2 - b^2 = (a+b)(a-b)$

$(a+b)^2 = a^2 + 2ab + b^2$

是恒等的，不变的。

而高等数学是研究动态的数量关系的：

如：$y=f(x)$

$y=ax^2+bx+c$（其中 $a\neq0$，a、b、c 为常数）

x 是变量，y 亦是变量；

它们之间的关系却是动态的，是变化着的。

其实新闻亦是如此。

所谓新闻，就是新闻事件和报道者（记者、编辑、媒体）之间的动态关系。二者之间是什么样的关系？媒体怎么样、凭着什么来处理新闻事件？

我们来看两首诗：

若言琴上有琴声，放在匣中何不鸣？若言声在指头上，何不于君指上听？

——苏东坡《琴诗》

音如石上泻流水，泻之不尽由源深。弹虽在指声在意，听不以耳而以心。

——欧阳修《赠无为军李道士》

在这个"抚"琴的过程中，你说是谁决定谁？是客观决定主观，还是主观决定客观？

在《中国好声音》中，导师选人的最高标准是——"唱出个性，唱出感情"，而个性和感情全都是主观的！

所以有人说，"什么是真理？真理存在于对真理的追寻之中。什么是新闻的真相？新闻的真相存在于对真相的不懈的探寻之中。"它是一个动态的过程，而不是一个静态的结果。

案例一：《舌尖上的中国》（第一季）——"卖什么不吆喝什么"的典型

1.《舌尖上的中国》（第一季，下同）的情绪效果

现代与传统之间——回溯了传统；

游子与慈母之间——连接的文化脐带；

漂泊者与故乡之间——找到了根的感觉；

庙堂与江湖之间——庙堂的奢靡与平民的艰辛。（采松茸的藏民，挖

藕的安徽农民，种芋头的浙江老农，卖馍馍的陕北老汉老黄……）

2.《舌尖上的中国》的文化特征

（1）风格上——在一个喧嚣与浮躁的时代，让人们的心灵回归于平常与平淡"。

（2）文化上——在现代与传统之间，在城市与乡村之间，在远方的游子与故土之间，在漂泊的人生与梦中的家园之间，找到了一条连接的纽带；

（3）哲学上——现代人已经没有了故乡（无论是物理的还是精神的），被放逐的乡愁背影正在渐行渐远……"

3. 龙应台对成都旧城改造的批评

（1）"这么地大拆大建，那成都还像成都吗？"

（2）担心它成为："没有记忆，没有过去，没有性格的城市"。

4.《舌尖上的中国》的"网络版"概括

哥记录的不是美食，是由美食勾起的儿时的记忆；

哥记录的不是美食，是由美食引发的浓浓的乡愁；

哥记录的不是美食，是和美食相关联的已经过往的那些人、那些事儿……；

哥记录的不是美食，是由美食而开始的一个家庭、一个乡里、一个民族、一个社会的行走轨迹；

所以，不要因为走得太远，把我们的"开始"都给忘记！

这句话来自于黎巴嫩诗人纪伯伦：不要因为走得太远而忘记当初我们为什么出发？

2014 年，这句话演变为网络用语——"不忘初心"

5. 好的电视节目如同好的艺术作品，会让人产生一种思绪

什么叫思绪？思绪＝思想＋情绪；而且情绪是在先，思想是在后的，即情绪的发生先于认知，电视节目首先给予人的是一种情绪，而不是认知，认知是后起的。

但在我们的文化环境中，在实际的心理发展过程中，情绪、情感与认知的发展却是失衡的，这是中国文化的缺陷，更是中国教育的缺失。实际上人们在观察和体验的过程中，总是会伴随着情绪和情感的发生，甚至情

绪、情感的发生还在认知产生之前。而在我们的这个文化场域内，这种文化心理却被有意识地忽略了，所谓"发乎情，止乎礼义"，更多的是在于强调礼仪，很少人或几乎没有人去重视"发乎情"，即情是怎样发生的，它有什么特点和规律？

6. 寻找与校正的最好方法是回到原来的出发点，比如孩子与家人的丢失，最好的处理办法是回到开始走失的地方。回到出发点，进行冷静的思考和反思，是一种最好的校正，看看我们是否已经离开我们原来设定的方向，是否走得太远，走得太偏，甚至走歪了，走错了……

7. 到底是"舌尖上的中国"，还是"中国人的舌尖"？

二者其实是大不一样，你当然可以把它解读为"中国人的舌尖"，它也确实包括这个层次，且此类节目甚多，只是价值层次不同而已，所以我们更愿意把它理解、解读为"舌尖上的中国"。

案例二：关于大型音乐纪录片《聆听中国》的思考

此类节目甚多，让我们看一看一共有多少可供我们选择的视角：

（1）猎奇的展示；

（2）对于即将消逝的农耕文明吟唱一曲哀怨的挽歌；

（3）寻找文明发展的原点坐标，对照我们现行的行走路径；

（4）展示个体的生命从出生、到成人、到成年、到老去、到死亡的文化过程。注意，是文化过程而不是自然生理过程。

在实际的节目操作中，多见的是第一种，即对一种特殊的少见的生活方式的展示，这只能是一种猎奇性的满足，也是一种媒体的优越，在交通发达，信息发达，在许多人都可以随时"来一场说走就走的旅行"的今天，几乎已经没有意义。

案例三：《先生》

《先生》是一部十集大型纪录片，以陈寅恪、梁漱溟、陶行知、竺可桢、梅贻琦、张伯苓、马相伯、胡适、蔡元培 10 位先生的个性经历为经，中国的社会变革为纬，将他们的性格性情、命运经历、学术作为，以及他们的善良、无奈、焦虑和欢喜，在点滴中渐次呈现，充分反映了先生们贴近群伦又卓尔不群的独特风貌，让读者走近他们，走进那个时代。

片中所选择的先生均侧重于教育方面，10 位先生中有 6 位曾是大学校长，有 3 位是乡间普及教育的先行者，1 位是教学育人的倡导者。

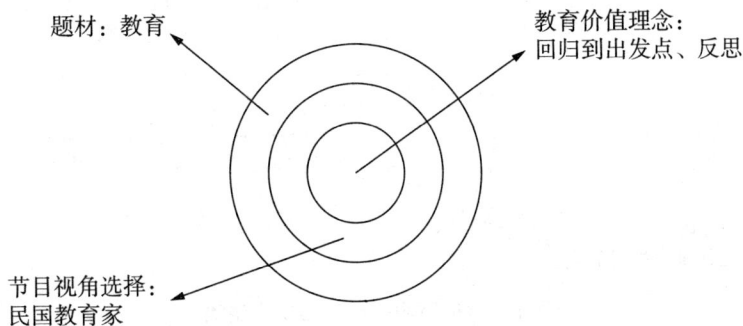

题材：教育

教育价值理念：
回归到出发点、反思

节目视角选择：
民国教育家

图 2　《先生》内容层次结构

然后我们来看看《舌尖上的中国》与《先生》及《聆听中国》之间的比较。

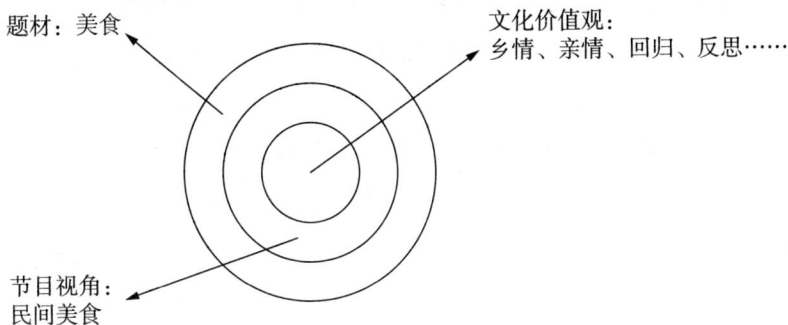

题材：美食

文化价值观：
乡情、亲情、回归、反思……

节目视角：
民间美食

图 3　《舌尖上的中国》内容层次结构

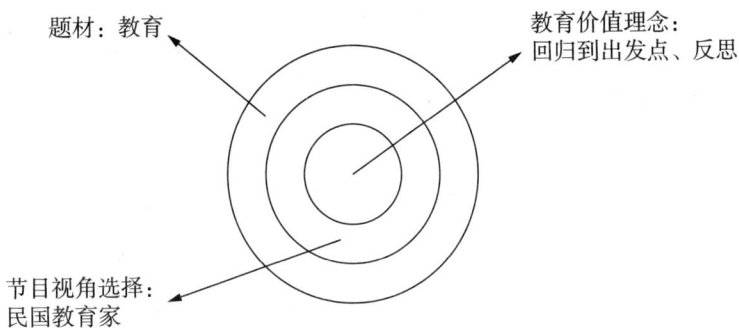

题材：教育

教育价值理念：
回归到出发点、反思

节目视角选择：
民国教育家

图 4　《先生》内容层次结构

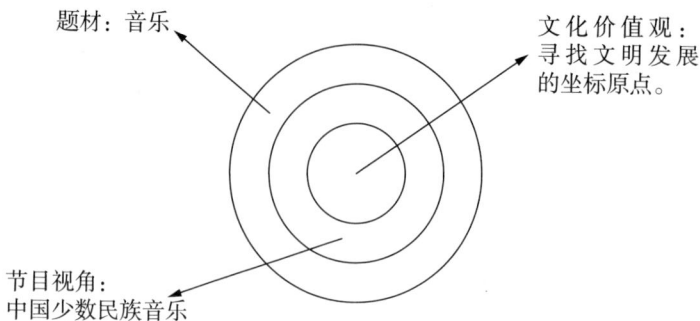

图5　《聆听中国》内容层次结构

（1）电视节目的"异质同构"。所谓"异质同构"，是现代心理学史上格式塔心理学派的心理发现，该学派发端于第二次世界大战前的德国，由于遭到纳粹的迫害，其主要代表人物全部流亡美国，所以格式塔兴学派兴盛于第二次大战及其之后的美国。这个心理学派发现和提出的"异质同构"和"整合"（"1+1>2"）的理论在心理学的应用领域产生了极大的作用，并由此导致了电影的诞生。

格式塔心理学派认为在外部事物的存在形式、人的视知觉组织活动和人的情感以及视觉艺术形式之间，有一种对应关系，一旦这几种不同领域的"力"的作用模式达到结构上的一致时，就有可能激起审美经验，这就是"异质同构"。正是在这种"异质同构"的作用下，人们才在外部事物和美术品的形式中直接感受到"活力""生命""运动""平衡"等性质。

正是这种"异质同构"的心理学原理，使得类似于《舌尖上的中国》和《先生》以及《聆听中国》这样的电视节目具有相同的形式结构并同时产生相同的审美体验和文化反思。

（2）前苏联时期也产生了另一个心理学派——社会文化历史学派或维列鲁学派，他们认为人的高级心理功能实现的过程的结构是间接的，是以符号或词为中介的；它们的起源是社会文化历史发展的产物，是受社会规律所制约的。这就解释了为什么在2012年前后中国电视领域产生了这样一类电视节目。这是一股社会文化思潮，除了《舌尖上的中国》，还有《先生》《客从何处来?》《中国汉字听写大会》《中华诗词大会》等节目均属于这一类。

(3) 孔子说"礼失求诸野",正是在这样一种"礼崩乐坏"的文化历史时期,产生了这么一批引导文化回归、进行文化反思的电视节目。

案例四:《中国好声音》

我的看法是,这是迄今为止最为优秀的真人秀节目,最成功的引进版权节目,它颠覆了自中央电视台《青年歌手大奖赛》、湖南卫视《超级女声》以来的所有选秀节目。导师和歌手之间:互相尊重,双向选择——平等;选拔机制:公平、公正、公开、透明;人文意识:性情流露,爱惜人才,真实可爱;导师的权力得到了制约和限制。它所呈现的是真实、平等,公平、公正,关心、关爱,鼓励、褒奖,公平规则下的纯真竞争性情,是当下中国最为缺乏的价值观。

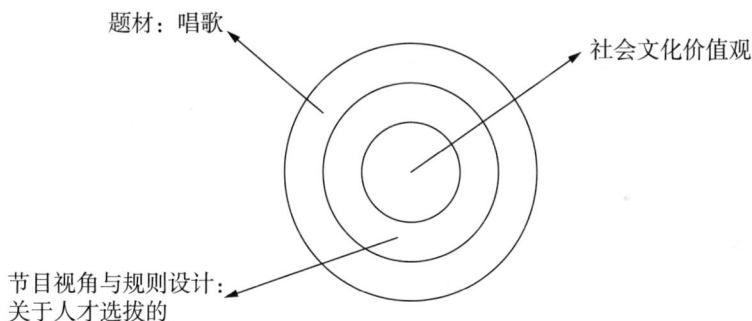

图6 《中国好声音》内容层次结构

案例五:《爸爸去哪儿》

是爸爸和儿女之间的真人秀游戏?还是打着社会教育的招牌,在信息并不对称的中国,除了让人们对舞台屏幕上的明星进行仰望之外,当他们走下舞台和屏幕,却依然和真正的社会生活相隔千里万里!

题材：亲子

社会文化价值观：
做明星，至少要做
明星的子女

节目视角与规则设计：
消费明星和他们的子女

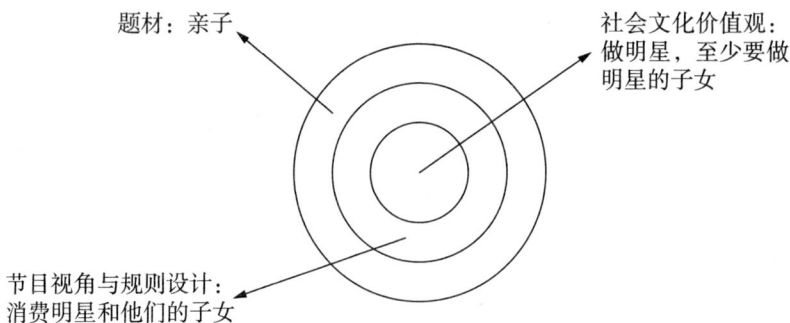

图7　《爸爸去哪儿》内容层次结构

案例六：江苏卫视的《非诚勿扰》

电视节目主持人胡紫微对《非诚勿扰》有一句评价叫作"无关风月"。她说"它本质上与风月无关"——"这不是一档小情小调的节目，这曾是一出直指人心、直指当下世道人心的大戏。"

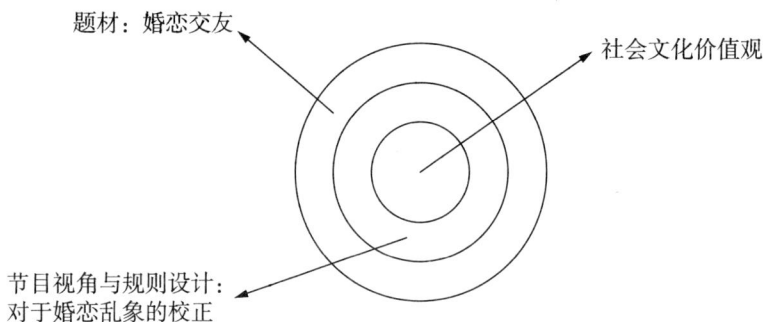

题材：婚恋交友

社会文化价值观

节目视角与规则设计：
对于婚恋乱象的校正

图8　《非诚勿扰》内容层次结构

（1）二十四个女生角色的设置刚好可以完整覆盖一个时代女性的"众生相"——"群像展览式"；

（2）五个顺次出场的男生则像极了几道考题，分别代表着或外化为时下某一类型的男子；

（3）每期嘉宾出场的阵容都是经过精心调配的。

表面上男性、女性角色的冲突以及和嘉宾主持之间的冲突，实际上代表着或者浓缩着来自整个社会文化价值观的冲突，并迸发出了极大的对抗性——那些关于生活，关于事业，关于人生，关于职业，关于社会地位，关于家庭关系，关于孝道，关于心理，关于人格，关于性格，关于教育，关于就业，关于做人，关于做事，关于审美、关于伦理道德，甚至关于离异……都围绕着所谓的爱情、婚姻这个中心话题展开了价值观的对抗，并给主持人孟非留下了极大的展示空间。

也有评价说：它也许是当代中国最具社会文本价值的电视节目。披着生活服务和娱乐的外衣，以价值观的个体差异营造舞台冲突，在冲突中折射现实真相，成为中国人了解中国人的风向标。孟非的睿智、乐嘉的犀利、黄菡的善意，引导爱情与婚姻、道德与人性真诚碰撞，制造情感正能量……

案例七：贵州卫视的《非常完美》

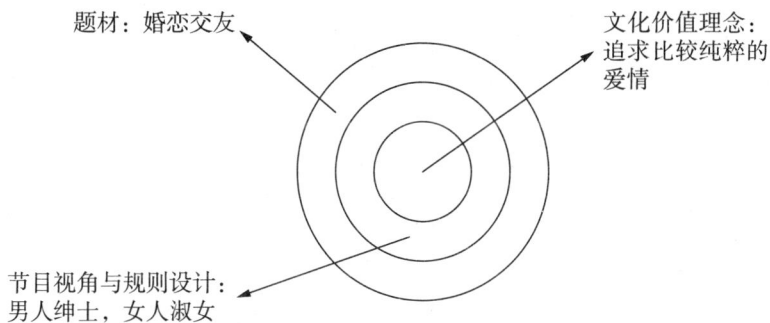

图9 《非常完美》内容层次结构

相同题材、相同类别节目《非诚勿扰》和《非常完美》的比较：

（1）不同的传播目的——婚恋过程中所呈现出来的种种价值取向的校正——不同的价值选择；

《非诚勿扰》——由负面引导到正面；

《非常完美》——追求比较纯粹的爱情。

（2）不同的情境设置和不同的规则设计。

案例八：《新闻1+1》："别再拿'首长'吓唬人！"

新闻评论："首长"云云……，本来是个假新闻，但为什么会出现这样的假新闻？原因何在？

题材：交通纠纷

社会价值指向：
领导作风、官司
民矛盾

节目视角选择：
为什么会拿"首长"吓唬人？

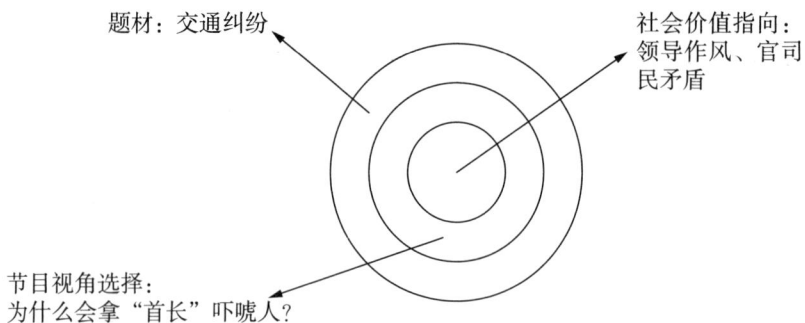

图 10　《新闻 1+1》"别再拿'首长'吓唬人"内容层次结构

案例九：《新闻 1+1》"中国人：英语应该怎么考？"

新闻评论：同样的案例，同样的问题，撇开问题做评论。

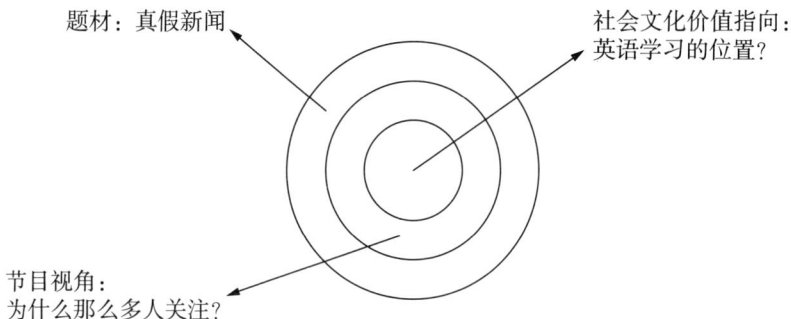

题材：真假新闻

社会文化价值指向：
英语学习的位置？

节目视角：
为什么那么多人关注？

图 11　《新闻 1+1》"中国人，英语应该怎么考？"内容层次结构

案例十：《夕阳红》："北京有个赵老太"

同一个节目——不同的价值取向——不同的编辑思路——不同的价值表达。

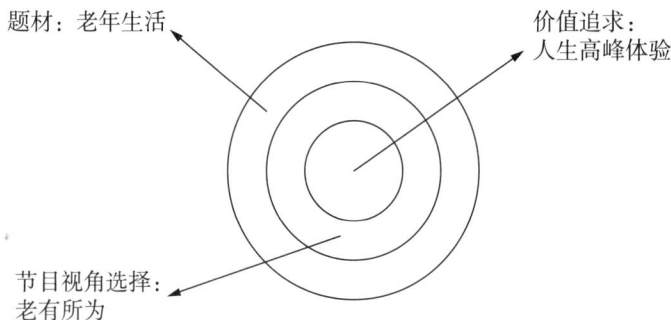

题材：老年生活

价值追求：
人生高峰体验

节目视角选择：
老有所为

图 12　《夕阳红》"北京有个赵老太"内容层次结构

（1）作为能人和"好人好事"来表现；

（2）作为精神层面的价值追求来表现。

结论：视角不一样，主题就不一样；更准确地说，由于不同的精神境界和价值取向，选择了不同的视角，从而出现了不同的主题或价值导向。

案例十一：短消息："河南三门峡大桥垮塌"

对于消息或者短消息报道，本身没有主观的评论，如何用三层次结构来解释？

我们的回答是：选择报道或者不报道，本身就是一种态度、一种选择。在浩如烟海的信息中，你为什么选择这个而不选择那个，其本身就是一种态度，一种选择。

不客观的文化背景下的"客观"——新闻报道是纯粹客观的吗？

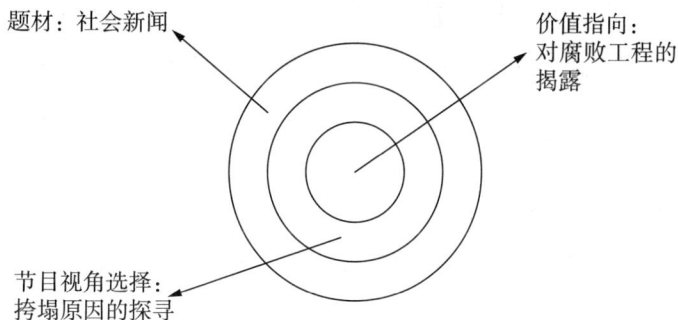

图13 短消息："河南三门峡大桥垮塌"内容层次结构

案例十二：《夕阳红》专题片：《希望开始的地方》

价值取向的不明确和混乱，导致本节目主题的不明确和混乱，再到价值导向的不明确和混乱。

案例十三："中国式过马路"——一个彻头彻尾的伪命题

伪命题是指不真实的命题。所谓不真实，有两种情况：其一是不符合客观事实；其二是不符合一般事理和科学道理。

另一种解释是指没有意义的命题，无法断定其真假，既不是先天的分析命题，也不是可以通过经验判断的综合命题。

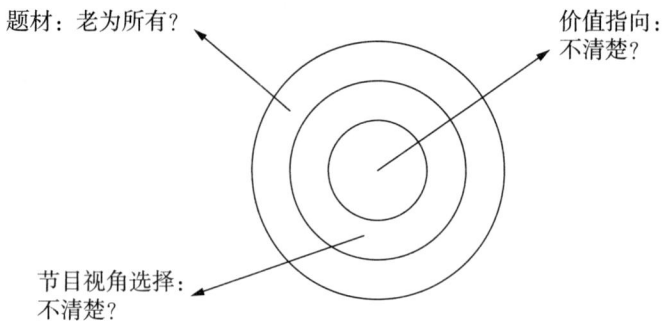

图 14 《夕阳红》专题片:《希望开始的地方》内容层次结构

（1）伪命题支配下的概念出发、主题先行所导致的逻辑混乱

a. 路口绿灯时间短，老人和记者都无法完成；

b. 协管员根据实际情况吹哨子让行人提前过马路，采取灵活方式，依据经验变通，而法规是不可以变通的；

c. 行人依据信号过马路要遇到三个方向的车流阻挡，记者50秒都过不去；

d. 行人闯马路时都是"路口清空，没有汽车"，既然路口已经清空，没有汽车了，绿灯却还继续亮着？

e. 行人步行速度慢，却给的时间短（15秒），汽车行驶速度快，却给的时间长（1分55秒）；

f. 孟非对于全国和世界各大城市交通信号设置的调查结果是：留给行人的时间都比留给汽车的时间长。

（2）节目的结论与导向

错误的结论：

a. 行人守法意识淡薄——指向行人；

b. 交通信号设置不合理——指向管理部门；

c. 对违法者处罚乏力——指向行人。

错误的导向：

a. 加强守法意识——指向行人；

b. 改善交通设施——指向管理部门；

c. 加强执法力度——指向行人。

（3）我们认为的判断结论与导向

a. 判断结论：

交通管理不符合科学规律——指向管理部门；

信号设置不合理——指向管理部门；

缺乏以人为本的价值理念——指向管理部门；

缺乏交通安全宣传教育（包括驾车者和行人）——指向管理部门。

b. 改进方向：

交通管理以人为本——指向管理部门；

科学设置交通信号——指向管理部门；

树立以人为本的价值理念——指向管理部门；

加强交通安全教育（包括驾车者和行人）——指向管理部门。

（4）主持人：皮之不存，毛将焉附？

主持人的主持出现以下几个问题：

a. 主题先行，概念出发，不顾记者的调查事实及逻辑关系，而得出错误的结论；

b. 价值理念的缺失，准确地说是价值理念的落后，导致一个节目的彻底失败；

c. 主持人的失败要大于节目编辑的失败，编辑中至少还存在着一些客观的事实，而主持人的结论则逻辑混乱，南辕北辙。

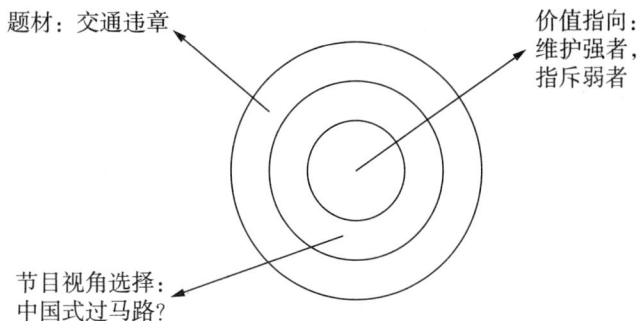

图15　焦点访谈：《中国式过马路》内容层次结构

案例十四："三层结构理论"的实际运用

福建泉州惠安——大型纪录片《寻找逝去的辉煌》

（1）院落门前的石碑记录着此家先人的祖籍来自中原；

（2）古朴、优雅的《南音》唱词多为唐诗、宋词；

（3）陌生熟悉的地名多有中原特征，晋江、洛阳江、洛阳桥等；

（4）多种共融的宗教文化；

（5）独有的"营造"技艺及其建筑术语均来自北宋时期的"营造法式"；

（6）似曾相识的中原民间食品；

（7）客家人的迁徙历史告诉我们，客家人的祖先大多来自河南的洛阳、开封和山西的南部……

二、电视节目的发生学原理

（一）格式塔心理学派

1. "整合"理论：1+1>2

正是在这个理论的指导下，电影得以发明。电影的蒙太奇组合与连接使得静止的镜头变得运动，并产生新的文化意义。

2. "异质同构"理论

"异质同构"理论的发现和提出，使得人们的同一个价值理念可以使用不同的艺术种类和手段进行表现。我国电视领域一段时期内出现的大量同质化的节目，正是出于对这个理论的无知。

（二）社会文化历史学派

在某一个相同的社会历史时期，整个社会的人们会出现和产生相同和相似的文化心理（譬如"文革"时期）。

（三）皮亚杰的"发生认识论"

皮亚杰的建构学说

皮亚杰（Jean Piaget）认为：智力的本质是适应，"智慧就是适应"，

"是一种最高级形式的适应"，他用四个基本概念阐述适应理论和建构学说，即图式、同化、顺应和平衡。

（四）建立在"发生认识论"基础上的"发生学"

发生学强调的是对主、客体共同作用的发生认识论原理的运用。发生学与我们日常所说的事件的发生以及相关的起源不一样，观念的发生与事件的起源不同，发生学具有认识论与方法论的意义，作为认识论，它有别于经验主义（强调认识结果）；作为方法论，它有别于实证主义（研究事件起源）。

发生学是从自然科学"嫁接"到人文科学的。如果说自然科学的发生研究应归功于达尔文的生物进化论，那么，人文科学发生学研究则应该归功于皮亚杰的发生认识论。发生认识论的主要问题是解释新的事物是怎样在知识发展过程中构成的，它的前提是，知识是不断构造的结果，在每一次理解中，总有一定程度的发明（结构）被包含在内；知识从一个阶段向另一个阶段过渡，总是以一些新结构的形成为标志，而发生认识论的中心问题就是关于新结构的构建机制问题。因此，发生学探究与认识相关的结构生成，不仅研究认识如何发生，也研究认识为何发生。

人文科学的"发生学"，强调动态的历史——发生学分析，而非从静态的现象描述；注重整体内容与功能的研究而非注重外在形式要素的研究；注重主客体相互作用的过程而非对主客体相互作用的结果；强调观念与认识的逻辑性而非事件与现象的历史性；发生学从人类行为的整体中寻求普遍性与规律性，而这种普遍性与规律性正是人文科学作为科学的基本原则。

（五）意义建构理论

1. 建构理论的提出

20 世纪 60 年代以前，图书情报学研究大多以"系统"为导向，重视信息资源建设与评价。70 年代后，学科重点开始向"人"转移。1976 年，美国学者德尔文（Brenda Dervin）在建构主义学习理论影响下，重新对信息本质、人的主体性、信息传递过程等问题加以思考，并且对信息经典定义提出质疑。在申农和韦伯的信息论中，信息是独立于主体之外的"实体"（utility），信息接收者只是被动接受信息，而不对信息意义产生影响。

德尔文认为，有关信息的"狭义"定义，更（只）适用于通信领域，当这一概念扩展到其他领域时，它的局限性便显示出来。

根据皮亚杰（J. Piaget）的认知发展理论，人在与环境的相互作用中，不断建构和修正原有知识结构，新经验被同化到原有经验结构中，形成更深层、更丰富、更灵活的认知结构，"同化"和"顺应"是认知发展的两个基本过程。这两个过程在信息行为中同样存在。

2. 什么是意义建构理论？

意义建构理论认为，信息研究应由来源强调转向使用者强调的方向，这种转向，视信息的寻求与使用为一种沟通实践模式。

布伦达·德尔文于 1972 年提出以使用者为中心之意义建构理论（Sense-Making Theory），即认为知识是主观、由个人建构而成，而信息寻求是一种主观建构的活动，在线检索的过程就是一连串互动、解决问题的过程，由于互动的本质、检索问题而产生多样的情境，会形成不同的意义建构过程，了解使用者如何解读他们目前所处的情境、过去的经验及未来可能面临的情境，及使用者在所处情境中如何建构意义（construct sense）及制造意义（make meaning）。

例如：Google、百度等搜索引擎的设计及其使用。

节目诠释举例：

（1）《非诚勿扰》节目中上海男嘉宾由于误解节目情境而产生的尴尬；

（2）嘉宾主持宁财神对于电视节目的误解以及由此产生的尴尬；

（3）不同情境下的不同关系及其意义建构。

案例：清华学子与敬一丹的对话

不同情境下的不同话语。

（六）框架理论

美国学者加姆生（Gamson）认为框架的定义大致可分为两个层次：一是指界限（bounday），即人们观察世界的镜头，代表观察事物的取材范围，凡纳入框架的实景，都成为人们认知世界中的一部分；二是指架构（building frame），即人们由框架建构意义，以此来解释、转述或评议外在世界的活动。"因此可以把框架概念理解为一个名词和动词的复合体。作为名词，就是形成了的框架；作为动词，就是整理外部事实和心理再造真实的框架过程。"这对新闻的建构有着直接意义和诠释意义。

（七）接受心理学（诠释学，释义学，解读理论）

接受心理学是20世纪80年代自欧美传入中国的一个学派，它认为人们对于文化文本的接收和接受并不是照单全收的，而是和接受者的文化心理底色有关系的，也就是说，由于接受者的文化心理底色不同，这种心理底色会对外来的文化信息起到一种染变作用，因此，同样的文本信息，对于不同的接受者的接受效果是不同的。从哲学来说，就是每个人不同的主体性在发挥着作用，所以，才有了"一千个观众就有一千个哈姆雷特"，新闻学科本来就属于人文学科，不可能不受这种心理学原理的制约。

（八）"最近发展区"概念

苏联心理学家（社会文化历史学派）维果茨基认为：

（1）学生的发展有两种水平：一种是学生的现有水平，指独立活动时所能达到的解决问题的水平；另一种是学生可能的发展水平，也就是通过教学所获得的潜力。两者之间的差异就是"最近发展区"。

（2）教学应着眼于学生的最近发展区，为学生提供带有一定难度的内容，调动学生的积极性，发挥其潜能，从而超越其最近发展区而达到下一发展阶段的水平，然后在此基础上进行下一个发展区的发展。

（3）"吃不着的葡萄一定酸"——够不着葡萄的狐狸。

（4）"公众关注度"——"最近发展区"概念在新闻领域里的应用。

（九）媒介的世界

1. 媒介的真实是一种"制造"（建构）出来的真实

金·凯瑞主演的电影——《楚门的世界》

2. 现代人生活在媒介的世界里

不经传媒报道的事件其意义将大打折扣，甚至就像没有发生过一样，传媒成为核心，事实常常被边缘化。

3. 媒介制造的产品

1997 年英国王妃戴安娜去世；

朝鲜领导人金正日去世，电视报道朝鲜民众真诚地失声痛哭；

美国橄榄球明星辛普森杀妻案：怎么会杀妻呢？——怎么会无罪呢？

兰州女杨丽娟要见刘德华。

其实，无论是作为橄榄球明星的正面的辛普森，还是作为杀人嫌疑犯的辛普森，都是媒体制造的产物，都只是一种媒介形象，真正的辛普森在哪里？真有一个真实的辛普森吗？人们谁知道呢？我们所知道的都不过是媒体制造出来的。

有谁见过他们？有谁真正地了解他们？真正的戴安娜真的值得我们那么尊敬吗？

典型的双重人格：既喜欢随心所欲，又留恋王室权势；既同情穷人，又离不开王室富贵，内心极不稳定，脆弱而又敏感，台上台下可以完全是两个人。

慈善事业中得到安慰，底层人把她当作救世主，也深深满足了她的虚荣心。渐渐领悟自己左右媒体的力量，遂利用此道与王夫乃至王室分庭抗礼。

一点点变成媒体要塑造的女人：普济众生的圣女，被抛弃的不幸女人，与王室权威作斗争的勇敢斗士，会打扮的漂亮的时尚的贵妇。

"自始自终的悲剧人物，短短一生演出了一部大戏，20 世纪社会大舞台上最出色的演员之一，人类的历史中一个绚烂的误会"。

她已成为可以被人们反复拿出来叫卖的"纪念品"。

她体现了这个时代的特征——"脆弱易感，装模作样"。

结论一：媒介的世界是一个"建构"出来的世界。

结论二：媒体要做的绝不仅仅是一种展示，更是一种引导。

我在《夕阳红》栏目工作时，就把《夕阳红》的栏目宗旨或理念确定为："关注老年人的生活状态，引导老年人的生活方式。"

"关注"也好，"引导"也罢，本身就是一种主体意识和价值导向的干涉或介入。

栏目举例：陈虹要"讲述老百姓自己的故事"。

新闻举例：三门峡大桥垮塌岸的"提示性"解说。

结论三：媒介的真实是"一种建构出来的真实"。

电视节目是记者采访、编辑出来的，采访、编辑的过程就必定有主体意识、主体价值的渗透。

比如一部反映西北地区生活的纪录片，在拍摄一对男女青年登记结婚时的一个镜头，就是一种意义的建构，编辑的过程也是意义建构的过程。

如张金柱案的报道，新闻调查的重点并不在他为什么要逃跑——或者是否是为了寻找"顶包"？而把重心放在他对别人生命的冷酷与漠视上，对于观众来说，那确是一种残忍。

三、对于传统新闻定义的发展与修正

中国新闻的定义，是 1943 年陆定一提出的，"新闻的定义，就是新近发生事实的报道"。

范长江也对新闻下了一个定义，"新闻就是广大群众欲知应知而未知的重要事实"。

王中教授引入传播学概念，把新闻定义为"新近变动的事实的传播"。

甘惜分教授把新闻定义为"报道或评述最新的重要事实以影响舆论的特殊手段"。

自 1943 年始，权威的教科书就把新闻定义为："新近发生的事实的报道"，使用至今。

（一）事件发生的时间已经不再重要

在这个传统的定义里，定义的要件是时间要素——"新近发生"。新闻的"新"在这里成了纯粹的时间要素。但它却忽视了传播内容的新颖性。

"新近"是一个相对的模糊的概念，多长时间算新？所谓的"第一时间"，究竟多长时间叫第一时间？

新闻事件的发生时间并不具备特殊的意义或者价值。

（二）事件所引起的关注度最为重要

一个事件发生后，媒体认为有"报道的价值"，就迅速进行传播，在这里，时间概念是迅速报道、迅速传播，即所谓的"抢新闻"，所谓的

"第一时间";但是,"报道的价值"却是传播的本质。

"报道价值"一定要符合新闻传播内容的新颖性,传播内容的"新颖性"既是相对于受众而言,也是相对于媒体而言,但最终是相对于受众而言的。

(三) 传播内容的新颖性和价值性是受众的关注点所在

新闻事件所发生的时间是不重要的,重要的是媒介知道受众会关注,所以媒介必须关注。然后,媒介报道的时机、报道的方式、报道的内容必须与大众关注的点要重叠。

(四) 新闻定义的早期,新闻是一种稀缺资源,现在由于大众媒体的涌现,使得新闻已经处于海量的或者说是过剩的状态,事件的发生已经降到次要的位置,而对于事件是否被关注或者说关注到什么程度则显得更为突出和重要 (所谓"眼球经济"的说法也从侧面证明了这一点)

这里边有一个误区:即新闻是对真相的挖掘,这种说法的实质是一种误导。

其实,新闻的作用或功能不是或主要不是判定是非、不是弄清真相,而是引起关注,引起关注了,自然有人去判定是非,自有人去弄清真相。

所以有人说,"新闻的世界,真相只有一个,但你永远不可能知道它的全部是什么——这就是新闻世界的可持续发展。"

记者是一个新闻建构的主体,新闻事件的发生、发展、高潮与结束,对应着新闻报道的捕捉、采访、拍摄、编辑、编排与播出,这些过程都参与了新闻的建构;在新闻发生的过程中,记者依托的是事件部分的事实,然后加上自己的思想判断、政治判断、伦理道德判断、审美判断、情感判断、法律判断——价值观的判断而进行的新闻的建构。

(五) 新闻的"发生"是一种"建构"的过程。不是个人建构,就是"组织建构"

新闻的本身不再是客观发生的过程,而是一个建构的过程。

事件的原本是客观的真实的，但是我们的报道却是由个人、组织和媒体来进行的，这样，客观的真实就常常被有意或者无意（但一定有价值观和价值取向在起作用，作用于你的价值判断）地隐藏起来或进行了诠释或者曲解，这个时候的真实是一种组织建构的真实或媒体建构的真实或者可以说成是一种媒体的真实。当然对于不同的媒体，会建构成不同的媒体真实。

所以这个过程可以描述为：本源的真实（不可能完全知晓）——部分的真实（细节的真实）——媒体的真实。

（六）媒体放到社会里的真实只是部分的真实，报道过程中，媒体又进行了新闻的放大，或者说是一个发酵——其中加入了媒体个人和组织的立场和观念、情绪和态度，观点和视角，评论和判断（价值观）——形成了所谓（加工过的）的信息

新闻已经不再是事件本身，而是一种信息。这个时候的真实已经是一种媒体建构的真实或者说是一种媒体的真实，对于不同的媒体，它会建构成不同的媒体真实。

所以这个过程可以描述为：本源的真实（不可能完全知晓）——部分的真实（基本的、细节的真实）——媒体的真实（符合科学常识的、符合逻辑的、价值的）。

（七）那么现代意义上的新闻的定义是什么？

现在大众是市场，大众对于媒体的认同、对于媒体的关注成为了利益的核心。所以，新闻的定义应该是："新闻是大众关注或者能够引起大众关注的事件的报道"。

（八）新闻追求的真实=细节真实+本质真实=社会的公正

本质的真实=社会本质的需求=符合社会共同价值的真实。

社会的公正是一种社会的趋同认识，是符合社会主流价值观或者普适价值观的认识。

细节的真实加本质的真实就等于公正——这也就是记者应有的真实观。

成功的传播不仅仅取决于记者的聪明，更取决于记者所秉持的价值观——包括政治、思想、伦理、道德、法律、情感、审美等符合社会主流的价值观——即社会的趋同认识——即公正。

新闻的"新"过去体现在报道时间的"新"，现在则体现在内容的"新"，但都不是事件发生时间的"新"。

在信息过剩的时代，新闻的价值更多地体现在新闻的第二落点或第三落点——深度报道，报道主体的价值指向更为重要。

（九）记者的价值观决定了你报道什么，不报道什么，何时报道，怎么报道，报道的规模，报道的立场等。实际上就是你的价值品位决定着你的报道水平

每个人都有着自己较为恒定的价值观和价值取向，正是这种价值观和价值取向决定着报道者（记者、新闻组织、新闻机构）看问题的价值角度和价值立场；新闻报道作为报道者的一种信息输出，表面上看输出的是事实，内里深处暗含的却是与报道者的价值观和价值取向相一致的观念和意识。因为新闻事件总是个别的、特例的，而价值观和价值取向却是恒定的、普适的。为了达到这个目的，记者和新闻机构必须对新闻事件、新闻故事有所选择和取舍，这就是所谓的"议程设置"，即前面所说的报道什么？不报道什么？何时报道？怎么报道？报道的规模和形式等等。

（十）大众媒介信息分为客观来源（事实判断）和主观来源（价值判断）

新闻报道传播的基础是客观事实的发生，但是，这种发生因为人的主体需求才会成为新闻。这是一个从客观事件到媒介关注再到大众关注的过程。

对于某些具体的新闻传播或媒体来说，它可能是这样的程序：由大众关注引起媒体关注，然后再追溯到客观事件本身。这就对传统的"新闻"定义形成了彻底的颠覆。

结论一：新闻评论水平高与不高不是一个技巧问题，而是价值档次够不够高，价值品位够不够高的问题。新闻的品位不是由你的报道技巧决定的，而是由你的价值取向、价值品位决定的。

当然，还包含科学品质、审美品格等，也同属于价值取向。

结论二：媒体的价值在哪里？在于通过你的观点，你的视角，你的情感、情绪，再加上很多附带价值的表达改变受众的心理，进而改变他们的行为。

四、电视节目的选题策划与价值选择

什么叫媒介创新？

通过公共信息的制造来改造人的思维和行为，也就是通过改变人心来改造社会，所以思想力的创造与思想力的增值才叫创新，并不是说自创的节目就叫创新（实际上那是不同风格的自恋），不能创新，关键是思想力不够，已经失去了公共信息的制造能力。

这是电视节目的核心，其他则都是电视元素的运用，即电视元素的组合与搭配，以及叙事的结构能力，而不同的思想力或不同的价值表达则需要不同的电视元素的组合和搭配，以及电视叙事的结构框架。

（一）电视节目的创新原则

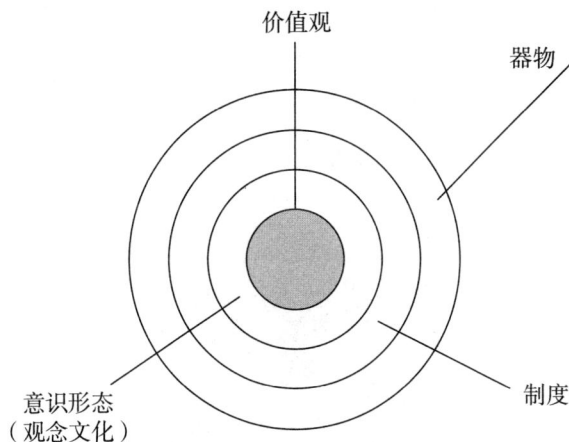

图 16　文化的四个层级

创新原则一：电视节目属于意识形态范畴，属于观念形态的东西，所以它传播的核心内容是观念，是意识形态文化，是价值观。所以你"不能

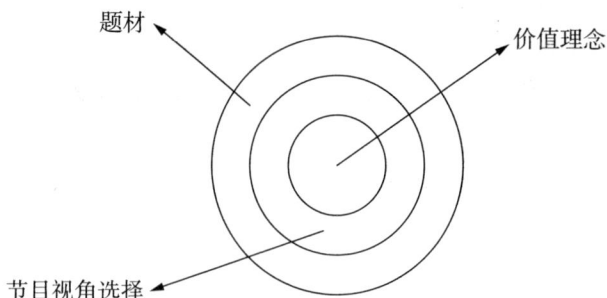

图 17   电视节目的内容层次结构

就事论事"，而一定是也必须是"拿事儿说事儿"！这是一个连广告商都明白的道理。

案例："舍得"酒的广告投放策略

"舍得"酒的董事长说，"舍得"酒从来不在文化品位低下的电视栏目和节目投放广告，它会影响"舍得"酒的品位与销售。广告本身的价值品位和电视节目的价值品位必须一致。在电视文化和广告文化的交汇处是文化价值观的交汇。

案例：《夕阳红》——不能接受的广告赞助

曾经有企业主动给《夕阳红》投放赞助广告，经调查这是一家陵园公司，专门销售"墓坑儿"的，那么这家企业的赞助费就不能接受，因为它的文化价值和老年媒体的文化价值完全是拧巴的！

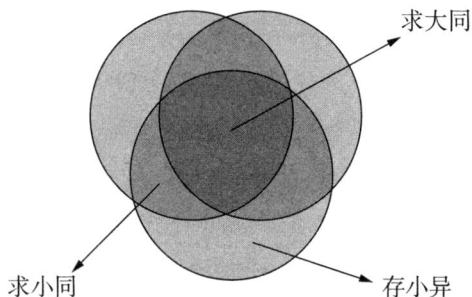

图 18   文化价值的交集——公共价值观或共同价值观

创新原则二：你在电视节目中所传播、所彰显的价值观念，价值理念，价值感情，价值指向一定是符合人民大众的，符合人性的，符合社会发展与改革方向的，即公共价值观或普世价值观，而非某些小集团的或某些利益群体的价值观。

创新原则三："三维度"原则

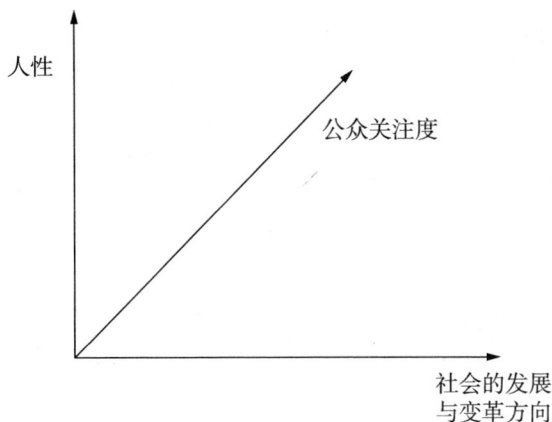

人性

公众关注度

社会的发展
与变革方向

图 19　人性、社会性及关注度组成的三维坐标体系

（1）人性的原则；

（2）社会发展和社会变革的原则；

（3）公众关注度原则；

（4）我们的任务就是把题材放进在这个坐标系里，去寻找和呈现人性与社会发展、社会变革的关系；

（5）正相关，则是正面报道；负相关，则是负面报道。

（二）电视节目的创新路径

三层次内容结构与节目创新的路径选择：

（1）题材创新；

（2）视角或规则创新；

（3）价值创新。

创新路径一：题材创新

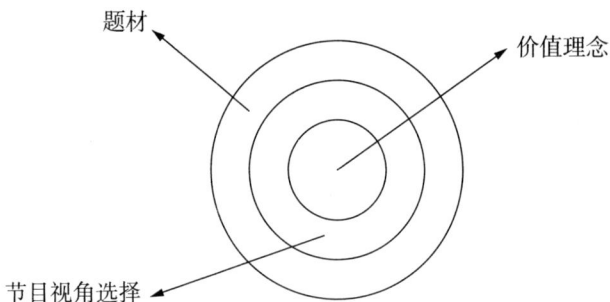

图20　电视节目的内容层次结构

从题材上下功夫，是最简单也是最基本的路径，但题材可遇而不可求，如地震、沉船等灾难性报道，信息的海量化使得人们一般不再单纯地从题材做起。

创新路径二：视角创新

视角的选择（和规则的设计）——达到目的——表现主题（价值观）的路径和桥梁。

创新路径三：价值取向创新

这是最重要的，也是最难的。所谓"做事先做人"，"功夫在诗外"，"观念高于知识"都是这个意思。

没有价值观的创新和提高，不可能有视角的创新。在节目创新的实际操作中，三者多紧密相连和结合使用。在成熟和成功的节目里，诸要素具有不可替代性或不可置换性，它是一个天衣无缝的整体。

（三）创新原则与创新路径的具体操作

举例：《穹顶之下》

题材——选题

（1）听到或看到一个故事，它还并不是一个选题，只是一个题材，这个题材你可以关注，也可以不关注，由你的价值判断决定。

（2）你关注到这个故事其中的一个点或多个点，用以关注的东西是一种主体或主观的东西，即用你所拥有的价值体系和价值观，所以又称之为"观照"，观照了，对象化了，就形成选题了。

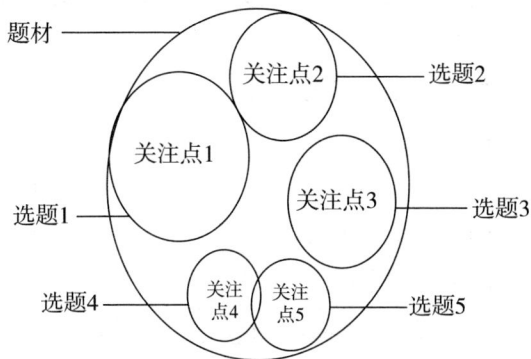

图 21　节目的多主题表达

选题——主题

（1）你关注了，在价值体系和价值观的观照下，有了一个或几个模糊的价值指向，形成了选题，但并不清晰，这时就需要开始采访，采访就是调查，采访、调查的过程即是求证的过程。

（2）采访的东西到手以后，需要动用你的全部知识结构、经验体系、逻辑能力、价值指向把它逻辑化，实际上也就是一个证明的过程，证明了你的判断，价值判断与事实判断重合一致，也就形成了节目的主题。

主题——导向

（1）记者的价值取向就是节目的价值导向：经过采访调查，再经过编辑，动用了各种知识、经验和逻辑，最重要的还是价值的逻辑链接。这时，节目成型，主题呈现出来。

（2）主题就是节目的价值导向，实际上也就是你的价值取向，它隐藏在节目里边，是节目在表达，不是你在表达，节目的表达是显性的表达，你的表达是隐性的表达："借你口中言，说我心中事"。

（四）纠正几个错误的说法与概念

1."大众"与"小众"——对于小众化和分众化概念的错误理解

题材的"小众化"与价值取向的"大众化"并不矛盾。小众化的背景来源是文化的多元化，小众化是对题材而言，大众传播是对价值而言，二者不属同一范畴或同一层面，不可混为一谈。

结论：题材的选择可以小众化（或分众化），文化价值的选择与传播永远是也必须是大众化的。

2. "只有民族的，才是世界的"批判

"民族的"是指题材和风格，"世界的"是指价值，如果是民族的劣等文化，则绝对不是世界的，如"元蒙到民国时期的妇女裹小脚"。

举例：跨国婚姻对于双方来说，都是民族的，因文化价值观不同而离异，就是缺少共同的世界的东西。

问题在于：你是否愿意把自己放置于世界文化的大坐标系里？是否符合全人类的共有的也即普适的共同价值观？

3. "好人好事"——一个"似是而非"的概念

片面的而非全面的；浅层的而非深层的；简单的而非复杂的；虚假的而非真实的；静态的而非动态的；概念的而非实际的；宣传的而非传播的。

4. 大型团体操表演与电视节目的"宏大叙事"——个人价值的缺位也就是人的价值的缺位

所谓"宏大叙事"，多是从宏观角度、俯瞰式的大扫描，弘扬的只是一种集体的（其实也是某一个人的）、虚拟的文化精神。它的视角很小，切口很大，故而表现浮泛，缺乏深度。

（五）选题策划与价值选择的使用举例

案例：大型文化纪录片策划——《寻找失去的辉煌》

福建泉州惠安的石雕艺术与石雕产业全国第一，但是它只是一个题材，你不可以把它做成一个软广告，在这个看似表面的题材里，我们转而去寻找中国石雕艺术的前世今生，在这个陆上丝绸之路和海上丝绸之路的交汇处，我们寻找华夏文明曾经的辉煌：从福建泉州到河南宋陵，从河南宋陵到洛阳龙门，从洛阳龙门到大同云冈，从大同云冈到新疆龟兹，从新疆龟兹到甘肃敦煌，一条真实而清晰的文化交汇的丝绸之路呈现在我们面前。（2013年）

院落门前的家族石碑；古朴、优雅的唐宋《南音》；陌生而又熟悉的中原地名；多种共融的宗教文化；传奇显现的"营造"技艺；似曾相识的民间食品；客家人的迁徙路线；丝绸之路的历史轨迹。

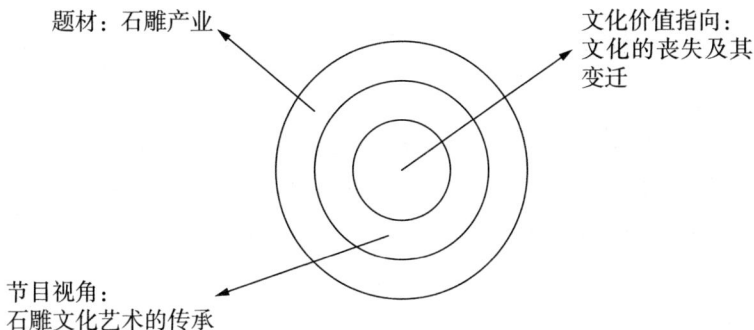

图22　纪录片《追寻逝去的辉煌》内容层次结构

（六）电视批评——从价值观的角度

价值观是整个节目的核心，也就是节目所依从的价值系统和价值取向。任何节目包括新闻节目在内也绝对没有所谓的纯粹客观，节目既然是人做出来的，它就必然带有人的立场、人的态度、人的审美、人的判断、人的选择、人的情感、人的价值取向。

说到底在节目里不是存在不存在价值判断的问题，而是价值判断的好与坏、优与劣、高与低的问题，也就是先进文化和落后文化的问题。

案例：央视《中国汉字听写大会》出题的败笔："双髻鲨"释义——用来制做鱼翅的原料的一种鲨鱼

姚明公益广告："没有交易就没有杀害"。

案例：房地产广告的腐朽价值观："皇家风范""帝王享受""贵族宅第"……

（1）价值观念的缺失与落后，使得编导在对于新闻事件的观照中缺少先进文化价值的选择，在对传统文化的价值取舍中，又可能不加选择地照单全收，甚至拘泥于传统文化中负面价值的捡拾和认同；

（2）过多注重于题材的发掘和技巧的运用、而少有解读的方法，甚至习惯于用陈旧的方法进行解读；

（3）长期以来对于电视传播规律的忽视和对所谓宣传性的强调（如对

所谓"好人好事"的无界限宣传），体制原因所导致的电视从业人员的文化素质的低下，电视节目不仅存在形式上的同质化，更缺少精神文化产品所固有的核心，缺少一个根，一个基点，一个灵魂，实际上就是缺少一种电视产品所应有的价值内核；

（4）电视产品的内容服务说到底应该是对社会精神生活所进行的一种选择、一种聚集、一种诠释、一种引领；它是一种"导验性"的产品，除了知识、文化的信息之外，它给观众提供的还应该是一种判断、一种立场、一种态度、一种导向——总之，它是一种价值取向，一种新的具有整合意义的价值系统。

进阶阅读

1. 李希光：《转型中的新闻学》，南方日报出版社 2005 年版。

2. 李彬：《传播学引论》（第三版），高等教育出版社。

3. ［美］舒尔茨：《现代心理学史》，人民教育出版社。

4. ［美］阿恩海姆：《艺术与视知觉》，湖南美术出版社 2008 年版。

5. 滕守尧：《审美心理描述》，四川人民出版社 1998 年版。

6. 徐泓编著：《不要因为走得太远而忘记为什么出发》，中国人民大学出版社 2013 年版。

7. 张洁、梁碧波编著：《点燃理想的日子》，三联出版社 2013 年版。

8. ［瑞士］皮亚杰：《发生认识论原理》，商务印书馆 1981 年版。

（作者系中央电视台原《夕阳红》栏目总策划、中央电视台总编室研究处（节目研发部）研究员；现任中国传媒大学继续教育学部培训学院兼职教授、北京师范大学新闻传播学院兼职教授、研究生导师）

论新闻与文学之界限

方毅华

【内容提要】

新闻，原本是严肃的代名词，是人们获取信息、了解社会变动的主要方式。然而，传统的新闻叙述方式似乎很难满足现代受众多元化的期待。于是，借鉴文学叙事手法，强调新闻的主观性、戏剧性、情节性、情感性因素，强化事件的悬念、冲突或煽情、刺激的方面，模糊新闻与文学的界限，混淆新闻与文学的本质区别，走新闻故事化的路子，就成为一些媒体吸引受众、赢得市场份额的重要措施。文章从内容取向、表现形式、文本属性、语言表达等五个方面阐述了新闻叙事与文学叙事的差异，力图澄清新闻传播者的模糊认识，目的是警惕商业逻辑、市场经济、竞争因素对新闻叙事的侵袭与僭越，避免传媒在应该担负的社会责任与短期经济利益的获取上出现偏差，以探索一条具有中国特色的新闻叙事之路。

【关键词】

新闻与文学　叙事学　新闻故事化

对于"过去之事，眼前之事，将来之事"，新闻和文学都有自己不同的表现方式。然而，伴随着市场化的进程，我国媒体已不知不觉处于后现代语境当中。过去以重要性见长的严肃新闻，因为其内容与公众的距离、表现形式的模式化、语言的公文化，传播效果在不断衰减。在当今商业主义的氛围之中，各类叙事成了大众文化的重要内容，新闻报道也进入了叙事的时代，一个让人眼花缭乱的"新闻故事化"时代。在"讲述""谈话""揭秘""情感"类节目广泛传播，大把攫取受众眼球的时候，"冷思考"就显得尤为必要。笔者并不一概反对"新闻故事化"，但认为新闻叙事和文学叙事有着本质的区别。本文在简要描述两种文本的纠结的同时，从五个方面廓清新闻叙事与文学叙事的界限，力求通过系统分析、多维审视新闻文本和文学文本的不同特征，给新闻传播主体构思与制作新闻文本提供些许的帮助，对于新闻阅听人的理解接受活动提供若干参考意见。

一、文学叙事与新闻叙事内容选择的不同——故事与信息

新闻叙事与文学叙事同中有异。有人曾戏言：文学是人学，新闻是"事学"。就文本而言，新闻与文学是两个不同类别的人文学科。新闻反映的是客观事实，而文学表达的是主观情感；"情"是文学的重要特征。文学作品的主题思想是通过情感表现的，有了感情，作品要表达的主题思想才有力量。从文学叙事内容的角度来看，文学叙事的基础是"母题"。韦斯坦因认为文学叙事的母题数量和结构相对稳定，主要可以归结为生与死、爱与恨、美与丑三项二元组合结构，由此对应的基本题材就是战争、爱情与世俗生活。① 绝大部分文学作品叙事主题都是由此产生的变体，描写一种或多种母题。

文学叙事主题大多以情感发展为主线，通过性格、感情冲突塑造人物形象。文学叙事的母题不论生与死、爱与恨还是美与丑，都带有强烈的感情判断色彩。文学作品在安排情节时需要理性地建立大家的常识性认识，但感性是文学打动人的核心因素，文学叙事的成功与否很大程度上取决于这种感性叙事能否充分激发读者的代入感和感情共鸣。例如狄更斯在《董

---

① 韦斯坦因著，刘象愚译：《比较文学与文学理论》，辽宁人民出版社1987年版，第132页。

贝父子》中对小保罗·董贝之死的场面刻画，充满了感伤的诗意，当时曾深深打动了读者，英国"举国上下，共同哀悼，仅次于自己家里办丧事"，英国小说家安娜·马什·考德威尔写道："它把整个国家投入到了悲悼之中。"① 文学叙事作品中的"事"一般而言是虚构的，亚里士多德说："诗人的职责不在于描述已发生的事，而在于描述可能发生的事，即按照可然律和必然律可能发生的事。"② 而新闻作品所叙之事，依据新闻的本质，则是已经发生和正在发生的事，即事实。因此，新闻叙事应具有客观真实的特点。新闻叙事要求叙事者从理性的态度出发，诉诸受众的内容以信息为主，用客观事实表现社会或人物状态。当然新闻报道中也会有感性描写、刻画，但其目的是让新闻叙事更生动、真实、有更强感染力。

再者，文学叙事主题通常具有较强的个人化特征，即叙事者对叙事文本传达或是否需要传达某个内容给读者并不在意，更多是叙事者个人意识和情感的宣泄，这种叙事表达的极端体现就是二十世纪著名的文学流派——意识流。意识流作家主张完全的自我表达，重在表现人的下意识、潜意识乃至无意识的内心世界。在意识流作家看来，现实主义和自然主义仅仅是反映了外在的现实和表面的真实，而这个外部世界并不真实，真正的真实只存在于人的内心主观世界。因此，作家应把创作重心放在对人的精神世界的描绘上，写出人内在的真实。在著名意识流作家乔伊斯《尤利西斯》最后一章描写女主人公睡意蒙眬的情态，其意识自由飘浮，模糊不清，最后完全消失，整段叙事不使用标点符号，不断句，显示意识流动的不间断性。

而新闻叙事则将受众放在重要的位置，以满足受众的各种信息需求为己任。叙事主题不再是凸现个人化的、侧重个人内心活动的方面，而是投射、指向社会化的主题。如《兖州，2亿吨大煤田不挖了》③，说的是全国八大煤区之一的山东省兖州市，2006年探明一个储量为2亿吨的大煤田。是继续吃子孙饭，以牺牲环境为代价，博取眼前的实际利益、赢得个人升

---

① 狄更斯著，吴辉译：《董贝父子》，译林出版社1994年版，第3页。
② 亚里士多德：《诗学》，人民文学出版社1982年版。
③ 中国新闻奖评选委员会办公室编：《中国新闻奖作品选》（2006年度·第十七届），新华出版社2007年版，第29页。

迁的砝码，还是着眼长远、实现经济社会的可持续发展？这条消息展示了兖州市决策者面对巨大利益诱惑，在经济转型期保持清醒头脑，做出正确选择的勇气；揭示了封存 2 亿吨煤田这一做法背后的重大新闻价值和典型意义。以兖州市一个缩影，反映出山东地方领导在经济建设过程中，贯彻中央决策部署，执政为民、科学发展已达成共识、形成理念并转化为行动上的自觉。作者深入现场采访，生动地展示了决策中的矛盾与冲突。在波澜起伏的叙述中，传达了科学发展理念。这篇报道发表后，受众反响强烈，引发公众热议，获得了广泛的社会影响。

　　文学的本质是艺术，新闻的本质是信息。艺术是人们对客观事物产生的美感，是虚构的故事，它带有作者强烈的主观色彩。新闻是对客观事物的反映，要求真实、客观、理性，避免采编人员个人情绪的过度介入，应更注重受众的需求和感受。

二、文学叙事与新闻叙事真实性的要求不同——虚构与纪实

　　文学叙事对人物、故事的要求在于艺术上、逻辑上的合理性，而非事实上的真实性。一部非凡的文学作品总是伴随着一个或数个性格鲜明的人物，如从文艺复兴时期的堂吉诃德、哈姆雷特到启蒙时代的"拉摩的侄儿"和"老实人"；从现实主义的高老头到浪漫主义的冉阿让、卡西莫多；从男性世界的于连、巴扎洛夫到女性世界的简·爱、安娜·卡列尼娜，这些人物形象可能完全属于虚构，但他们表达了人类社会可能具有的各类性格形象。而由这些性格形象发展开来的故事情节才具备打动读者的感性力量。文学叙事中的优秀人物在被创造出来之后往往就具有了自身的生命力，其性格特征的逻辑化发展往往连叙事者也不能干预，所有这些人物性格雕像都牢牢树立起了这些文学作品在艺术史上的不朽地位。因此塞利米安说："小说作品不朽的主要条件之一就是要创造出令人难忘的新的人物形象"。[①] 这并不是说文学作品中没有真实的人物存在，而是在文学作品中

----

① 赛米利安著，宋协力译：《现代小说美学》，陕西人民出版社 1987 年版，第 141 页。

出现的真实人物，其在作品中的行为、语言也完全是叙事者根据逻辑创造的。如法国作家大仲马就喜欢用真实的历史背景作为自己作品的故事线索，但在路易十四、黎塞留红衣主教等著名历史人物的塑造过程中，他也仅仅是通过历史人物的性格特征来推断这些人物应该有的语言和行动，而这与历史真实毫不相干。大仲马宣称："事实是什么？它不过是我用来悬挂我的小说的一枚钉子而已"。[①] 我们可以这样认为，文学叙事中的故事、人物，要求在叙事风格上符合人物性格的自然发展，故事的逻辑性演进，是现实生活中的可能性表述而非必然性存在。

而新闻报道中涉及的具体故事、人物则完全没有虚构的空间，真实性是新闻叙事的首要要求，真实是新闻的生命，纪实是新闻文本的根本特征。当然，新闻报道真实性的重构常常通过当事人的叙述铺陈出来，一些偏于主观的叙事可能带上当事者回忆的误差和个人烙印，记者也可以在采访中引导叙事的走向，但不允许加入记者个人的想象和判断。对文学叙事来说必不可少的想象力和编排情节能力是新闻叙事的大忌。如广播新闻《见证生命的奇迹——69名矿工兄弟成功获救现场直击》[②]，说的是在三门峡陕县支建煤矿淹井事件发生后，河南人民广播电台记者连夜驱车赶到事发现场，最终抓住矿工脱困这一激动人心的时刻，以现场直击的形式和丰富的现场音响，真实地反映了脱困矿工、救援人员以及现场所有人的激动、喜悦、感动，凸现了社会各界和政府对被困矿工的全力救援以及和谐社会对生命的高度责任感。广播记者的亲历和目击给听众强烈的震撼感、现场感和实证感。

文学与新闻的区别在于，文学是塑造典型形象，新闻是重现特定形象。所谓"重现特定形象"，即现实生活中的确有那么个人，那么件事，那么处景，你经过选择，把它如实记录下来。文学通过典型形象反映现实，新闻通过新鲜的事实反映现实；文学要求典型形象忠于时代，新闻要求报道中的典型忠于事实，通过事实反映时代。真实是新闻的第一要义，新闻以真实为生命，因而拒绝虚构。而文学允许虚构，即文学可以运用典

---

① 大仲马著，韩沪麟译：《阿斯加尼奥》译后记，湖南人民出版社1985年版，第231页。
② 中国新闻奖评选委员会办公室编：《中国新闻奖作品选》（2007年度·第十八届）新华出版社2008年版，第246页。

型化的原则，创造出作者心目中的理想人物。如鲁迅的作品《祝福》中的祥林嫂一角，所发生事件和人物的行为都是鲁迅在现实生活中所遇到和看到的不同人物遭遇的综合体，再加上艺术的情感渲染，深刻反映了旧中国社会底层人民的真实生活情景与精神状态。也就是说，文学可以塑造典型，而新闻只能选择典型，即选择那些有典型意义的真人真事，这些人和事又必须是新鲜的、特殊的、有着广泛社会意义的。由此可见，虚构与否，是新闻与文学的一个分水岭。

三、文学叙事与新闻叙事文本结构的不同——复杂与简单

一般认为，文本结构指的是文章谋篇布局的组织结构，它实质上是文本符号的编码方式，也就是文本话语的结构方式。它体现着叙述话语的逻辑关系和次序关系。文本结构的核心问题不是"说什么"，而是"怎么说"。

首先，文学文本的篇幅相对较长，尤其是长篇小说，一般都在几十万字乃至几百万字，时间跨度较大、涉及的人物众多、情节曲折、结构复杂、卷帙浩繁、波澜壮阔，如我国著名的古典文学作品《水浒传》的叙事结构就具有多重性、复杂性的特点。这部小说从主线上看，是梁山好汉聚义除暴，与官府朝廷的奸臣当道、官逼民反形成了两条平行的主线，在这两条主要线索之下，又有无数条从属性情节。梁山好汉一百〇八将几乎都有自己的故事。如林冲的故事、武松的故事、鲁智深的故事等，这些故事之间既平行不悖，又都与大情节故事交织在一起，像一张铺开的大网相互关联。而新闻文本的结构尤其是消息相对简单。它的结构要素稳定明确。结构要素5个"W"和1个"H"，尤其是时间、地点、人物、事件缺一不可。它们支撑起新闻文本相对稳定的模式，易于新闻传播主体把握，受众也比较容易理解。其次，文学文本的具体结构形式往往千变万化，而新闻文本的结构形式相对单一。消息的写作一般包括导语、主体和结尾三个部

分。而且"倒金字塔不会过时，而且永远不会过时"。① 我们至今仍然认为它是传播信息便捷有效的结构形式，也是最成熟的新闻文本结构形式。而文学叙事源于生活又高于生活，文学文本常常有意超越生活世界、事实世界的结构和逻辑，将日常生活中的人和事强化、淡化、凝聚、扭曲、缩短、拉长、颠倒，它的结构因而往往显得离奇古怪又出人意料，与新闻文本结构的简单性形成鲜明的对照。新闻文本的叙事结构往往比较简洁，大多数新闻文本的主体内容采用与新闻事实客观结构（时空结构、因果逻辑等）一致的方式展开。新闻文本与新闻事实的同构性，加上新闻传播主体再现新闻事实时的合理简化和必要提炼，可进一步增强新闻文本叙述结构的易读性和简明性，也给新闻接受主体对文本的解读带来便利。如消息《我国离婚率算高一倍》② 导语就直截了当指出："我国的离婚率被人为翻了一番，并且这一统计错误足足延续了近 20 年。"接下来，消息的主体部分讲述上海专家如何发现统计漏洞：一件离婚案按人头变成两件。消息结尾依据事实进一步说明："据了解，我国目前的离婚率低于世界水平，上海的离婚率近年来在全国第四、第五位上下浮动，约为全国离婚率的一倍。"叙事文本简洁、清晰、易读，获得第十八届中国新闻奖报纸消息二等奖。

"怎么说"与"说什么"往往密切相关，内容对形式的决定性不可否认。文学内容要以文学的方式表现，新闻内容要以新闻的手段再现。如果罔顾这种根本的界限与规范，文学文本和新闻文本独立存在的价值将大打折扣。新闻文本是对本源形态的新闻——新闻事实的复合再现，新闻文本的主要使命是告知阅听人客观事实的本来面目。只有能够反映新闻本质、体现新闻传播基本使命的新闻文本，才能符合新闻传播规律的要求，才是名副其实的新闻文本。

---

① 普利策语，转引自何纯编著：《当代传媒新闻写作教程》，湖南人民出版社 2008 年版，第19 页。

② 中国新闻奖评选委员会办公室编：《中国新闻奖作品选》（2007 年度·第十八届），新华出版社 2008 年版，第 150 页。

四、文学叙事与新闻叙事语境的不同——高语境与低语境

文本语境是指文本内部语言运用过程，以及上下文之间特殊的结构关系所形成的语言环境。就像人是社会中的人一样，语言同样是语境中的语言，只有在一定的语境中，语言才会被解释或显现某种意义。文本语境有高低之分："高语境（high context）传播的讯息是：绝大部分信息或存于物质语境中，或内化在个人身上，极少存在于编码清晰的被传递的讯息中。低语境（low context）传播正好相反，即大量的信息被置于清晰的编码中。"①

对于文学文本来说，它的"一些内容被有意地'悬置'或'隐去'，为阅听者留下'空白'和'不确定性'，是一种'开放'的文本，'高语境'的文本，它的'含义'更多地依赖于上下文所构建的语境，而不在于直接的编码。"② 理解高语境文本，不仅要懂得字面之意，还需要领悟字里行间的表达，解读"言外之意"。文学作品是典型的高语境文本，所谓"一千个观众心中有一千个哈姆雷特"。省略、缩写、场景、延长、停顿是文学家常用的时间变化的形式，这五种基本形式在文学文本的叙事中发挥着巨大的作用。它使文学文本形式丰富多彩的同时，也给接受者的解读带来难度。文学家还经常依据事件的因果关系将故事的情节安排得若明若暗、迂回曲折，文学作品的接受者也就在阅听过程中跟随作者曲径通幽或柳暗花明。文学家还常利用设置悬念的手法，激发接受者探寻真相的欲望和阅听期待。最后的答案也许交代也许故意不交代，不交代的目的在于使接受者收获意义的多重解读。如《围城》的结尾一段，写男主人公方鸿渐与妻子大吵一架后，妻子出走姑妈家，他痛苦地睡着了："那只祖传的老钟从容自在地打起来。……这个时间落伍的计时机无意中包含对人生的讽刺与感伤，深于一切语言、一切啼笑。"③ 并没有说明他与妻子后来是和好

---

① 杨保军：《新闻文本的个性特征》，载《国际新闻界》2004 年第 4 期。
② 杨保军：《新闻文本的个性特征》，载《国际新闻界》2004 年第 4 期。
③ 钱钟书：《围城》，人民文学出版社 1980 年版，第 359 页。

了或是分手了，只是借着旧钟表，通过简单但又颇具深意的几句议论，举重若轻，结束了这部伟大的作品。同时让读者掩卷沉思，回味无穷。

编辑记者采制新闻文本的目的是向阅听人传播明确的事实信息，从而达到引导舆论的目的。它要求信息置于简明清晰的编码之中，文本的意义不能过于依赖语境、依靠言外之意或字里行间的表达或暗示，以避免理解的多义和歧义，因此新闻文本是一种典型的低语境的文本。与文学文本不同，新闻文本力求提供完整的、真实的信息。新闻叙事不给受众在文本中留下"合理想象"或"弥补空白"的余地。在传达事实信息方面，传播者要力求构建一个"相对封闭"的系统，并且事实信息的正确性是唯一的，不允许受众曲解和展开想象的翅膀。新闻叙事不搞弯弯绕也不故弄玄虚，它探寻事情真相并明白地告诉人们事实如此，这就是真相。沈从文在小说《边城》结尾这样写："这个人也许永远不回来了，也许明天回来！"① 但新闻就必须直接叙述事实，不能写成："这个犯罪嫌疑人的杀人事实也许已经发生，也许永远不会发生！"新闻文本这种语境上的"相对低度性"与"相对封闭性"要求对于新闻叙事非常重要，它保证了新闻传播追求事实真相的品质，维护了新闻传播满足阅听人需要的大众化风格，减少了受众认知或反应上的偏差，有效防止了新闻收受中的信息减损和扭曲变形现象，使新闻文本能准确传达其所包含的特定含义，最大限度地做到有效传播。总之，采编人员要在新闻文本中营造有利于事实传播的语境，才能达到有力引导舆论的目的。

五、文学叙事与新闻叙事文本语言的不同——审美与实用

语言是一切事实与思想的外衣，是反映主观和客观世界不可缺少的手段。文学语言是以审美为标准的对语言的特殊运用，文学语言是描绘人生图画的特殊工具，是集中传达人们审美意识的物质手段。文学的审美功能和社会思考功能决定了其文本语言的本质是"塑造形象的语言、传达感情

---

① 沈从文：《沈从文小说选》，人民文学出版社 1982 年版，第 293 页。

的语言、审美独创的语言"；它的传播目的是向阅听人传达作者的思想、感情，其特点是准确、生动、形象、感情丰富、富有想象力。文学语言的准确性是与形象性联系在一起的。语言不准确，艺术形象就会失真。文学语言的生动性主要表现在充满活力、幽默风趣、栩栩如生，呼之欲出，富有美学效果。如钱钟书《围城》的开头一段："红海早过了，船在印度洋上开驶着，但是太阳依然不依不饶地迟落早起，侵占去大部分的夜。夜仿佛纸浸了油变成半透明体；它给太阳拥抱住了，分不出身来，也许是给太阳陶醉了，所以夕照晚霞隐褪后的夜色也带着酡红。到红消醉醒，船舱里的睡人也一身腻汗地醒来，洗了澡赶到甲板上吹海风，又是一天开始。……"① 这段富有"钱氏风格"的文字以艺术的手法描写叙事情境，使读者通过阅读仿佛亲临现场，获得审美情趣。

而新闻叙事的告知功能决定了其文本语言的本质是"信息传播的语言、报道事实的语言、揭示问题的语言、快速交流的语言"。新闻是一种再现的话语。新闻语言的传播目的是传递信息，因此不仅要求构成新闻的基本要素——时间、地点、人物、事件、因果必须真实，而且过程、细节、数字、引语、背景等也不能有差错，因此新闻语言力求准确、朴实、通俗、简洁，尽量避免模糊和歧义。我国著名语言学家吕叔湘先生也说过："新闻语言的首要要求是准确"②，这是新闻传播的内在要求。新闻语言的准确，指的是概念明确，判断准确，推理合乎逻辑，表意明确，符合客观实际。例如《我国首开时速 350 公里动车组列车》③ 这条短消息，报道的是我国第一列时速 350 公里"和谐号"动车组开行的重大事件。消息准确记录了列车仅用 5 分钟，人们感觉不到噪音和晃动，时速就达 300 公里；经过 29 分钟就从北京南站到达天津站；记者还通过采访乘车的打工妹，用直接引语告诉读者票价 58 元很便宜；通过经济学家的话说明动车组开行的意义，给京津两地人民生活带来的变化。报道短小精悍，信息量大，现场感强，用简短、朴素、清新的语言，呈现了高速列车开行的生动

---

① 钱钟书：《围城》，人民文学出版社 1980 年版，第 1 页。
② 吕叔湘：《吕叔湘语文论集》，商务印书馆 1983 年版，第 286 页。
③ 中国新闻奖评选委员会办公室编：《中国新闻奖作品选》（2008 年度·第十九届），新华出版社 2009 年版，第 182 页。

场面。新闻不仅要求篇幅简短，语言也要求简洁明快。简洁而意味深长的语言容易为人理解和接受，这样的新闻也容易达到预期的目的。毛泽东同志所写名篇《我三十万大军胜利南渡长江》语言非常简洁。"长江风平浪静，我军万船齐发，直取对岸"。寥寥数语，将我军渡江时的自然环境、英勇气势和规模，介绍得清清楚楚；"好似摧枯拉朽，军无斗志，纷纷溃退"，仅仅十四个字，又将国民党军队的腐败无能以及行将灭亡的狼狈处境刻画得一览无余。新闻的读者和听众成千上万，他们的年龄、职业、知识水平、接受能力各不相同，因此新闻的语言还必须通俗，易于为大多数人接受。如果新闻文本充满难懂的专业术语、技术名词，充满欧式的倒装句、复合句、双否定句，充满古诗词、文言文，充满繁复的修饰语，充满不规范的"火星文"，就会失去一大批受众。新闻文本的本质在于为接受主体提供明白清晰的事实信息，因而要尽量避免因文本语言不明确导致的误解。新闻文本语言的准确性和简洁性是以新闻接受主体的易受性为前提的，即文本的叙述应让普通阶层的人群感到通俗晓畅。构成新闻文本的语言本质上是传真性的、写真性的、再现性的、记录性的。新闻语言最基本的要求是用简短、明晰、准确的陈述句叙述事实，力求减少传播时语言的阻滞。

综上所述，新闻与文学叙事有诸多的不同，又有着许多相通之处。新闻与文学之间存在着千丝万缕的联系。它们同属于社会意识形态范畴，都反映社会生活，都以社会的人为主题，都具有具体性、生动性和可感性。二者都强调真实性，都把真实地反映时代视为自己的使命，但它们对真实性又有各自的理解与诠释。二者都是以语言文字为工具反映客观现实，即便是新闻图片也要用语言文字加以说明。文学的一些表现手法，新闻也加以运用；新闻所报道的事实，常常成为文学的素材。新闻与文学之间的差异也是多方面的。新闻的优势在于"快速反映"，文学的优势在于"耐人寻味"。新闻是易碎品，它的新鲜性可能会随时间的推移而挥发殆尽；文学的艺术性则如陈年佳酿，久而弥香。同时，两者的区别还体现在功能、内容、表现手法上。在功能上，新闻是雪中送炭，满足人们基本的生存需求；文学是锦上添花，让人在生活之外用心去欣赏。一个实用性强，要求新鲜；一个审美性强，要求升华。在内容上，新闻表现事物，报道事实即可；文学则主要表现人物形象，注重描写人物的心理活动。在表现手法上，新闻追求"实"，要求真实平衡，写作要求客观理性，不掺杂个人感情；文学则可利用各种修辞手法塑造人物，涂抹强烈的感情色彩。新闻叙事像摄影，文学叙事如绘画，两者既有联系又有着鲜明的界限。

新闻文本是新闻传播主体劳动和智慧的结晶，是新闻接受主体认知评价的对象，是传、受主体在新闻传播互动中进行交流、沟通和互动的中介。新闻文本既反映着传播主体的传播目的和传播水平，也直接影响着新闻接受主体的信息收受活动。在现实生活中，特别是在人们的精神交往活动中，对不同的文本，根据理解经验，以及在实际中形成的共同规范，有着相应不同的解读期待。人们阅听新闻文本的目的是获得关于自然环境、社会生活变化的新鲜信息和真实信息——新闻事实世界的信息，新闻文本包含的任何信息，都必须以事实信息为基础。基于此，新闻文本应满足受众这一根本期待。

新闻的本质是信息，真实性是新闻叙事的首要要求，其主要使命是告知阅听人客观事实的本来面目，力求提供完整的、真实的信息，是通过准确的新闻语言对信息的再现。了解新闻的本质特征，明确新闻与文学的差异与界限，方能在新闻叙事实践中不一味盲目追求"故事化"而脱离了新闻的实质。

进阶阅读

1. 杨义：《中国叙事学》，人民出版社 1997 年版。
2. 亚里士多德：《诗学》，人民文学出版社 1982 年版。
3. 刘明华等：《新闻写作教程》，中国人民大学出版社 2002 年版。
4. 方毅华：《新闻叙事导论》，中国广播电视出版社 2014 年版。

（作者系中国传媒大学新闻传播学部教授）

我国科普影视发展的融媒之路

陈晓夏

【内容提要】

网络传播媒介以快捷直观、互动融合的技术优势，将人类原本拥有的语言、文字、印刷、影视等各种传统媒体结合起来，使人们的精神生产、生活、思维、感情、认知等方式和内容都发生了改变，对人类社会的观念形态、生活方式、思维习惯、审美娱乐方式等各个方面都产生了巨大的影响。我国科普影视产业正积极以互联网为平台，以传播科普知识、普及科学思想为己任，利用各种新兴的数字技术，搭建科普网站、制作科普内容、开发科普产品，着力打造传统媒体与新媒体媒介融合下的科学传播，为提高我国公众科学素质和科学知识普及提供了新的契机和强大的推动力。在科普影视生产方面，由于原有科普影视制作主体绝大部分为传统媒体机构，科普影视资源在新一代互联网上的共享平台不足，而新媒体的科普内容生产者大多为尚处于孵化期或培育期的中小型企业，无论在科普影视产品质量上，还是产量上与传统媒体都相距甚远，科普影视资源与多媒体平台整合的产业链脱节，使得科普影视资源不能充分利用和广泛传播，影响了科普影视资源的科普效果的发挥，制约了科普影视产业的发展。

【关键词】

资源整合　产业契机　传播推广

随着经济发展和社会信息化水平的日益提高，我们每一个人都处于以无所不在、无所不包、无所不能为基本特征的"泛在网"之中，已经初步实现了在任何时间、任何地点、与任何人、任何物都能顺畅地进行信息交互。各类新媒体已经逐步展示出自己的传播特征，其优势和特长也为不少受众所接受，满足了不同受众群的细分需求。我国受众已经逐步培育起了跨媒体的媒体消费习惯，根据自己的实际情况和需要选择不同媒体，已成为受众生活的常态。随着各类互联网应用的快速发展，互联网越来越成为网民日常工作、生活、学习中必不可少的组成部分，人们对网络的依赖程度越来越高。《第35次中国互联网络发展状况统计报告》显示，53.1%的网民认为自身依赖互联网，其中非常依赖的占12.5%，比较依赖的占40.6%。学历程度越高的网民对互联网的依赖比例越大。小学及以下网民中有44.9%的人比较或非常依赖互联网，大学本科及以上的网民中这一比例达到63.9%。网民对互联网依赖的比例随学历增长而增长，说明互联网已经成为社会精英、白领阶层的工作、生活和娱乐的"基础元素"。"在现代科技与文化的有机结合与发展中，科普产业具有越来越强的文化属性。传统科普往往被认为侧重于目的与结果，而新的现代科普理念与传统科普相比更为强调基于一定文化基础上的交流、沟通的过程。多元、平等、开放、互动等诸多文化新内涵被赋予在新时代的科普中。"[1] 因此，对于科普影视生产主体而言，应该借助媒体技术的发展趋势和受众市场的变化趋势，从以下七个方面发挥自己的内容、资源和观众优势向新媒体实行横向整合：

一、以新媒体发展为契机，与周边产业链寻找资源整合

网络的无处不在让科教视频内容不仅仅局限于电视节目传播，也为进入包括教育、网游、旅游等交叉领域提供了可能性。例如新闻集团认为交

---

[1] 任福君、张义忠、刘萱：《科普产业发展若干问题的研究》，《科普研究》2011年6月第3期。

互式教育产品市场仅美国本土就价值五千亿美元。为进入这一领域，2011年完成收购"无线一代 Wireless Generation"，这是一家订制个性化交互教育产品的公司，其目标很明确，就是要用先进的数字技术和教育品牌，进入交互式教育市场。我国的科教影视内容生产机构也应积极拓展以科教视频内容为核心的周边产业版图。国内主流科普影视制作机构应该在新媒体内容的产业链上尽早战略布局，完善产业结构，为今后发展抢占先机。如在游戏制作方面，迪士尼将自有内容产权变为互动游戏的原动力，在2012年推出10款新游戏，而年初数据表明，互动媒体部门开发的游戏《鳄鱼小顽皮爱洗澡》在苹果公司应用商店付费游戏中蝉联三周榜首宝座，第一季度收入即已超出迪士尼以往三十款移动游戏的总和。再如终端程序设计、网络原创版权等产业，都是今后科普影视产业发展必不可少的环节。

国外有影响力的科普影视机构不遗余力地投资开发软件、与终端软件商合作开发市场，其目的就是在技术上先人一步。从国际互联网企业的发展看，关键技术有时掌握在一些初创的创新公司手中，我国的科普影视制作机构也要紧盯国际前沿，掌握关键技术，关注创投公司，在适当时候以市场手段收购或入股掌握关键技术。

二、拓展数字发行渠道，基于网络流媒体播放权的版权交易让"老节目"再创价值

"数字发行"是指节目、影片等内容，通过视频网站等数字媒体终端，实现数字版权销售的发行方式。科教节目内容生产商和内容集成平台可借鉴 BBC Motion Gallery 的做法，将海量节目内容进行重新整合、编排，并进行有效利用。Motion Gallery 是 BBC 旗下专营素材销售的网站，它们对 BBC 的节目内容进行多角度分类。例如，一条几秒钟的素材，会列出拍摄时间、拍摄角度、画面长宽比、原始母带格式、上传时间等信息，客户可以在网上便捷地全面了解素材情况，判断是否购买。素材提供方式上，也通过电子授权直接提供下载通道，简化流程，为库中素材创造新价值提供了舞台。

近年来的业内实践显示，向网站这类新媒体出售老节目和电影的流媒

体播放权，不仅能够增加一定收益，同时能够在旧节目中发现新价值。例如 Netflix 和亚马逊与 CBS 和 NBC 环球（NBC Universal）就《诺丁山》（Notting Hill）等节目和影片的网络流媒体播放权签订了重要协议。亚马逊也将向 CBS 支付 1 亿美元，CBS 从 Netflix 那里获得 2 亿美元，其他电视网和电影制片公司正与在线发行商达成类似交易。以 Netflix 为例，由传统 DVD 租赁向在线视频转型的 Netflix 通过购买版权价格较低的老电影和电视节目，并运用推荐系统向会员推送，现在，Netflix 在美国和加拿大的收费标准是每月 7.99 美元，只能在线观看，无流量限制，但不涉及 DVD 光盘租赁。从目前的在线观看访问量看，人们重新对 NBC、ABC、CBS 的大量老节目产生兴趣，这里面也包括一部分的科技类纪录片。

三、从节目创作源头重视互动和体验，深度挖掘用户个性化需求

全媒体数字互动时代，节目生产将以每一个用户的特殊体验作为出发点，增强互动性和参与感。各大媒体大都因应新的受众体验需求，大力开展节目互动和体验方面的创新。2007 年，美国新闻集团收购了信息技术公司 Strategic Data Corporation，该公司主要提供各种数据搜集、抓取、处理、管理和分析报告等服务。通过数据挖掘处理技术对用户进行精确定位和深度分析，可以准确地了解这些用户或消费者的居住地、工作和兴趣等，以便为节目制作生产提供更精准的用户信息，提高节目创新的成功率。

笔者参与的熊猫频道 iPanda.com 就是中国网络电视台以社交和互动为主要特色打造的一个国际化科普新媒体产品，该频道与成都大熊猫繁育研究基地合作，在基地内 5 处园区布设 28 路高清摄像机 24 小时捕捉大熊猫实况画面。导播人员进行实时监测切换，并挑选其中熊猫状态较好的 10 路进行网络直播，再从中优选 1 路高清画面配备实时的文字科普解说，丰富直播节目信息量。熊猫频道在 Facebook、Youtube、新浪微博、人人网等网站建立官方账号或专属页面，同步发布精彩内容，与粉丝互动，还针对注册用户开放边看边聊功能，文字直播员与观众实时互动，提高观众参与感，提升互动体验。此外，熊猫频道以直播视频素材、摄制组拍摄画面和资料素材为基础，

每天更新兼具知识性和趣味性的科普原创大熊猫点播节目，目前开通了每日新增 30 分钟内容的"熊猫百科""熊猫物语"等栏目。

　　熊猫频道以大熊猫这一中国特有的珍稀动物为主题，充分发挥 CNTV 一云多屏架构优势，将频道内容分发到移动终端、电脑终端和电视终端，并通过综合多媒体平台、移动互联网客户端平台、IP 电视平台、手机电视平台、互联网电视平台，以及车载、户外等公共视听平台，多终端、多语种向全球互联网用户展现大熊猫保护和科普知识。2013 年 8 月 6 日，这个全球首家以大熊猫视频和熊猫迷专属社区为主题的科普视频网站推出后，受到国内外网友欢迎和传媒机构的密切关注，被冠以"最萌的直播频道"。

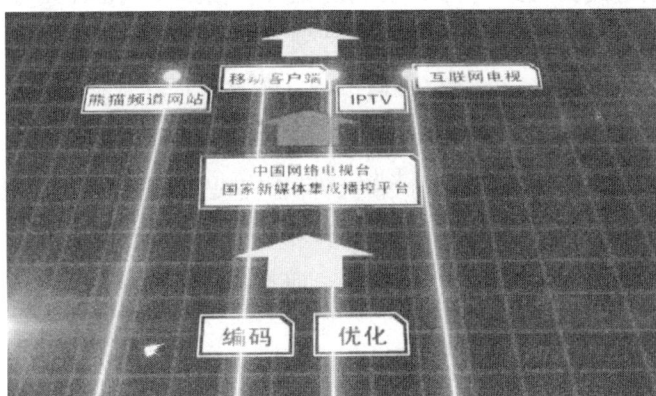

四、把握移动互联网的产业契机，积极向移动终端提供内容产品

随着智能手机的快速普及和 4G 时代的到来，移动互联网的崛起对包括电视媒体在内的所有传统媒体形成新的挑战。艾瑞咨询 2015 年 6 月 3 日数据显示，智能手机的普及、智能硬件的快速发展以及游戏、广告在移动端不断衍生的创新应用推动中国整个移动互联网市场规模的进一步增长。2015 年第一季度中国移动互联网市场规模达到 761.6 亿元，同比增速 111.8%。为扩大科普影视节目的影响，各大制作机构应依托核心内容，与各方开展合作，寻求双赢甚至多赢的战略联盟。

国内科教影视产业应该高度重视传统媒体内容与移动媒体的融合，大力开发以苹果、安卓为技术平台的新一代科教互动视频产品，深挖节目版权的市场价值，通过新媒体的播出平台，最大限度地盘活版权资源。例如从 2012 年 9 月 5 日开始，BBC 推出手机视频服务，iPlayer 用户可以在手机上播放 BBC 的所有新老节目（含科教节目），下载内容必须在 30 天内观看，否则会被自动删除。英国广播公司提供用户下载，平均每个节目的价格为 1.89 英镑。BBC 计划从节目下载价格中给制片商提取比苹果 iTunes 更大比例的分成，大约为 1.89 英镑的 40%；而苹果 iTunes 对于相同价格的节目仅给制片商提取 28 便士。该计划"将会把非商业类节目以方便消费者观看的方式和一定的价格推向市场，鼓励消费者购买这些非商业类节目，因为商业市场担心回报低、风险高而不愿提供这样的节目。"国内诸如中央新影集团这样的旗舰型科普影视制作单位在现阶段可学习 BBC 机构设置的经验，由统一的内容合作部门与各类终端开展内容合作。这种合作不仅是在自有网站或网络电视台之上，而是在所有可能产生影响的终端范围之中，有步骤有选择地开展广泛合作。

为能使核心科普版权内容在更广范围产生影响，传媒机构必须建立广泛合作，强化终端优势，通过不断扩展与终端运营商的合作，在各种渠道影响观众。例如美国迪士尼除了自己推出手持终端以外，还与其他手持终端合作发行多种数字化内容。如与游戏终端（WII、DS、PSP、Xbox360、

PS3 等游戏工具）合作，向其提供迪士尼互动工作室生产的原创游戏，包括青春高校、玩具总动员、汉娜蒙塔纳等，这些游戏都是从迪士尼的原创电影中衍生出来的，可以说是迪士尼的内容再生产。此外迪士尼还将内容提供给苹果 iTunes 进行销售，旗下神奇动漫出版商 Marvel 还针对 iPad 推出动漫软件。而美国宇航局（NASA）的网站也开发了多种手机应用形式，这些应用可以通过 iPhone 和 iPod Touch 下载使用，与公众分享 NASA 的最新科研进展、图片视频资源等。例如，NASA 的手机应用"3D sun"将日地关系探测器最新观测到的太阳活动情况通过发送到订阅者的手机上，并进行详细的科学解释，"模拟月球车"的手机科普应用也大受公众关注。中央新影集团制作的多媒体软件《月球探秘》在苹果 iTunes 网站上线也是科教影视制作机构向智能终端发展的一次新尝试，用户利用 iPad 平板电脑中内置的陀螺仪，可以 360 度的观察月球的月面；可以用手指滑动月球的位置，观察月球对地球潮汐的影响；可以用手指控制原子，看到氢气的核反应变化；等等。

五、重视社交媒介在科普影视内容生产中的传播推广作用

目前，互联网早已超越报纸、杂志等传统平面媒体，同时又以多元化的展现形式、相对较低的推广门槛和可评估的推广效果等优势，超越电视、电台等立体媒体，成为商业机构进行营销推广的首选渠道。在科普影视内容的传播推广中，应引入新兴的网络营销方式，比如微博、微信营销、SNS、团购手段等。

值得注意的是，数字化革命让生活方式变得丰富的同时，信息获取途径也随之丰富，最受数字媒体所影响的年轻一代正在成为主力消费者和核心力量，包括微博、微信在内的各大社交网络平台都是他们非常倾向接受信息的渠道，而这些渠道的自身特征决定了数字营销并不适合把传统广电和平面媒体的广告形式直接移植过去，而这就给以"科普微电影"为切入点的数字营销带来了商业契机。同其他类型的微电影相比，科普微电影将科普知识巧妙融入视频内容情节中，做到了科学严谨性与微电影趣味性的

高度统一，让80后、90后消费者在娱乐氛围中同时满足求知欲。越来越多的企业瞄准新增的数字时代消费者，在官方微博和视频网站播出科普微电影宣传产品，用幽默、故事化的手法讲解科学知识，塑造优质口碑提高产品销量。

2012年以来，《六神花露水的前世今生》《唐僧说户外之登山篇》《七度空间卫生巾》、欧莱雅《再见吧，试水年华》《葡萄，不能不说的秘密》系列等一批题材新颖、形式灵活、制作精良的科普微电影走红互联网，企业通过多渠道传播创意加深消费者印象，引起目标客户对信息的共鸣和对产品的需求，使产品广泛曝光，让消费者对产品有认知度，进而产生兴趣了解并最终形成购买行为。例如2013年3月25日，巴黎欧莱雅清润葡萄籽精华膜力水上市，巴黎欧莱雅在广告形式上摒弃明星元素，一改往日严肃、高端、干练的广告形象，而是通过《再见吧，试水年华》《葡萄，不能不说的秘密》这两部科普微电影以轻松的卡通形象传递给消费者无法在电视上进行长篇幅展示的产品知识，力图以更亲切、更接地气的方式来告诉消费者什么是好产品。这两部系列微电影在巴黎欧莱雅官方微博、各大视频网站和线下线上的媒体渠道广泛曝光，让企业品牌用最少的投入带来营销声量的最大化。根据第三方检测机构CIC的统计报告，清润葡萄籽精华膜力水在所有保湿品牌的网络声量排名中位列第一，并且在《中国微视频第15周排行榜品牌广告TOP10》中，巴黎欧莱雅《再见吧，试水年华》以341656次点击量位列第三，到5月份的视频总播放量已超过200万次。

从上述实践案例可以看出，科普微电影具有提升内容价值与可看性、突破恶搞瓶颈、淡化商业元素三大特色，"科普性微电影充分挖掘了微电影在内容趣味性和观赏性上的潜力，在微电影与商业推广的诉求结合之余发挥了更大的创作空间，在一定程度上也激励着更多形态的好作品来丰富微电影市场。"① 由此可见，数字营销所带给品牌的是一场整合营销的革命，而对于科普影视产业而言更是借势发力的发展机遇。

---

① 沈浩卿：《科普微电影，微电影的"下一站"》，《媒介360》2013年5月2日，http://chinamedia360.com/News/NewsDetail.aspx？nid＝67DC98CD77FB4CE6。

六、运用社交电视平台吸附科普对象的主体年轻人群体，增强节目对其的黏着度

日前，爱立信消费者研究室发布 2013 年十大消费趋势报告，指明电视将走向社交化。62% 的用户在观看电视和视频节目时使用社交媒体，其中有 42% 的人每周会与朋友讨论他们在看的节目；超过 30% 的用户表示更愿意为在社交环境中观看的内容付费；用户大多是在家中使用移动设备观看电视和视频节目。目前，凤凰卫视、安徽卫视、江苏广电、湖南卫视已分别推出"卫视通""海豚互动""乐享电视"和"呼啦"的社交电视应用。这说明中国社交电视时代已经到来，而科普影视制作更应该打破传统科普电视节目与观众的单向传播模式，让观众可以参与节目的播出甚至制作，

为观众提供了一个基于电视内容的在线社交平台。

江苏广电的"乐享电视"将移动终端、互联网和传统的电视制作全面打通，通过互动聊天、话题参与、主持人互动、节目评论及截屏分享至微博、微信、好友节目推荐、节目指南、播出提醒、节目投票、竞猜等功能，促进用户与具有相同兴趣爱好的其他用户一起实时在线沟通，完成从"看电视"到"玩电视"的转变。

相较于江苏广电的"乐享电视"基于节目的社交化，湖南卫视的"呼啦"更侧重社交化本身，更像一个基于电视的社交游戏。用户在注册登录"呼啦"之后，会进入虚拟的"呼啦星球"，成为其中一个"呼啦角色"。用户的"呼啦角色"可以通过扫描湖南卫视的二维码和各类图形图像完成"任务"，获得各种成长的养分和奖励；而用户与湖南卫视互动时的行为偏好会塑造"呼啦角色"的特征，让用户可以根据自己的偏好培养专属于自己的个性化角色。据估计，随着用户的成长，"蛋"会孵化出不同的形象角色。同时，不同用户的"呼啦角色"构成的虚拟"呼啦星球"中，用户可以添加好友，建立通讯录，发起聊天、群聊，还可以与自己的好友交换和使用虚拟物品。这些都为科普影视节目的社交化制作提供了可借鉴的元素，不再只是单纯地提供科普节目内容，而是可以及时获取观众的反馈和评论，不仅增加了观众的黏着度，更将节目和电视机前的观众真实而有效地互动粘连在一起。

七、与视频网站合作制作、网络传播，建立以分享广告收入为主的盈利模式

随着视频网站加强原创节目制作的趋势，海外传统的一流媒体也开始吸纳视频网站加入节目制作过程，从源头制作开始推动节目的数字发行，这一趋势对于科普影视产业发展也是较为成熟的商业模式。例如 NBC 环球和新闻集团创立了一个视频网站 HULU，该集团旗下福克斯拥有大量电影、电视节目版权，因此该网站可以顺理成章地播放电视节目和完整版电影，并以插播广告作为收入来源。这种将网络播映权下放给视频网站，并分享广告收入的做法，既调和了制片商与网站之间的版权纠纷，又使制片方多

了一种盈利途径，在扩大受众群体的同时，占据更大的市场份额，提高社会影响力，创造潜在价值。与此同时，越来越多的影视制作公司不仅和电视频道合作，而且与网站合作，视频节目将首先或独家在网站上播放。

　　"被称为传播学大师的施拉姆曾断言：人类传播的每一次重要发展总是从传播技术的一次重要的新发展开始的。施拉姆又说，人类发明了电视，但如何使用电视正考验着人类的智慧。从这点延伸开来，我们也可以说，人类发明了网络，但如何使用网络正考验着人类的智慧"。① 无论依托何种媒介融合形式进行科普影视生产和传播，丰富的优秀科普影视内容是渠道扩张的坚强后盾，只有拥有了高质量的影视内容，不断扩张的传播渠道才能吸引受众；而强大的传播渠道也是制作优秀节目的前提，只有将制作的节目通过多种渠道传送给受众，内容的影响力才能真正得到实现。相对于新媒体，传统媒体具有内容上的优势，而新媒体则具有传播渠道上的优势。对于主流科普影视传媒机构而言，运用社会、文化和金融资本整合海量科普影视版权节目，解决媒介融合需要面对的内容缺口问题是当务之急。不仅要对科普视频资源进行二次开发，使其适用于包括计算机、手机、iPad 等移动终端的内容需要，还要基于视频用户群的黏性，积极发展"视频节目+衍生品"的产业链模式，将新媒体版权交易、主题旅游产品、俱乐部服务等向下游延展，逐步形成完整的科普影视产业链。

参考文献

　　[1] 任福君、张义忠、刘萱：《科普产业发展若干问题的研究》，《科普研究》2011 年 6 月。

　　[2] 沈浩卿：《科普微电影，微电影的"下一站"》，《媒介 360》，2013 年 5 月 2 日。http：//chinamedia360. com/News/NewsDetail. aspx？nid＝67DC98CD77FB4CE6.

　　[3] 艾瑞咨询：《2012Q3 在线视频行业收入稳，行业调整效应显现》，http：//video. iresearch. cn/sharing/20121102/186087. shtml.

　　[4] 赵宏洲：《关于作为新兴传播媒体的科普网络的一些思考》，《科普研究》2012 年 2 月。

---

　　① 赵宏洲：《关于作为新兴传播媒体的科普网络的一些思考》，《科普研究》2012 年 2 月第 1 期。

进阶阅读

1. ［加］马歇尔·麦克卢汉：《理解媒介——论人的延伸》，译林出版社 2011 年版。

2. ［美］克莱·舍基：《人人时代：无组织的组织力量》，中国人民大学出版社 2012 年版。

3. ［美］亨利·詹金斯：《融合文化：新媒体和旧媒体的冲突地带》，商务印书馆 2012 年版。

（作者系中央新影集团副总编辑、大型纪录片《敦煌》《美丽中国》总制片人）

电视娱乐节目的创新思维

游 洁

【内容提要】

电视创新并不像很多人以为的犹如白纸上绘画，也不是想创就能创，更不是想怎么创就怎么创，实际上会有许多限定。例如创新环境、自身能力、项目类型的必然规律，尤其是产业化背景下，受众需求会成为强劲的引导力。创新不是天马行空，而是诸多条件的合力作用，本文就是想把这些条件一一列出，从对根本思维的梳理出发，将创新化为更简单和更切实可行的行动。

【关键词】

电视娱乐节目创新 思维 版权 新媒体

创新是所有电视从业者的愿望，而且当今我们都理解大家创新心切。但实际操作中，不能仅凭热情和需求盲目冲撞，而要先理清思路，明白可为与不可为，最终才能落到实处。

同时我们也不必过多责怪自己，因为电视节目的创新是全世界同行业的共同难题，而且能否创新不仅仅是因为智力的高低，还有多方原因。

一、电视行业的问题与现实

(一) 世界性的问题

1. 全球化趋势导致节目同质化严重

由于资讯发达，也由于模式的快速推广，整个电视行业都遇到了节目同质化的问题。尤其在娱乐节目领域，节目形态相似成为行业发展的最主要的阻碍——节目都眼熟，并且被极快速地克隆——守规矩的机构会购买版权，胆大和没钱的就肆意模仿，最终结果都是一个：火热的模式大家都做，节目构架趋同、面貌相似，令观众很快厌倦。

2. 节目创新越来越难

当今世界的电视已经度过了从无到有的发展阶段，进入到节目形态相对健全和制作手段更加成熟、水平更接近、传播极为迅速的时代，于是创新本身很困难，而且要把"新鲜感"保持住就更难。

实际上目前的创新已往往不是开创"前所未有"，真正的创新事实是多个旧元素的不断融合、发展或是换个角度，或是一个源头的衍生和相互克隆，还要不断依托于新人的参与；尤其是在"真人秀"兴起后——电视开始玩"人"自身，标志着题材开掘已达到极致。这两年外国的节目新的也不多，就如《流行偶像》与《美国偶像》—《与明星共舞》—《英国达人》的关系，也如《荷兰好声音》进到国内后成为《中国好声音》—《中国好舞蹈》—《中国好歌曲》……实质上都是选秀加上真人秀的不断延伸和演变。

其实，观众不一定喜欢看新节目，而且一个好节目——对观众有用的、品质优秀的、不断追上时代潮流的品牌节目，也可以坚持几十年不倒。

当然，创新的匮乏也源于"真人秀"本身存在的问题——"真人秀"的绝大多数题材是有风险的，即由于现实中人的不完美，节目却要以"真人"为表现核心，还要获取高度关注，若把握不好尺度，在不够理性的社会就容易沦为造假和挑拨是非，随即也败坏了行业和社会的风气，就如选手的"假退赛"、"复活"机制、"大众投票"……最后似乎节目不做手脚就没有好收视。

（二）国内电视娱乐节目的普遍问题

国内遇到的问题有的源于行业自身，有的则是大环境造成的。

1. 文化自身发展不能满足观众需求，行业整体产业化的要求与社会状况不接轨

近年来国内"现象级"节目陆续出现，节目上星和网络的发达也使我们能够很快看到国内外最精彩的节目，观众的口味越来越高，也越来越挑剔；但能真正获得轰动效益的节目数量并不多，实际上，如果社会经济和文化不发达、不高端，那必然会反映到电视内容里，并影响到电视产业的构建。即一段时间以来的社会以经济发展为主要目标，在一定程度上扼杀了高雅文化和艺术的发展，社会道德失衡也使主流节目形态来源减少。而在表达手法上，整体观念陈旧，中国人高台教化的传统也导致该娱乐的节目不娱乐，追求利益使严肃的节目不严肃。同时，我们的社会不富裕，中国贫困农业人口多，还源于过去宣传和"送文化下乡"的传统，没有多少人肯掏钱购买文化享受；而且优质的媒体资源匮乏，一旦产业化，就促成了"马太效应"——各级各台强者越强、弱者越弱，即有钱的台能更多给节目投入、吸引广告，没钱的台投入越少，节目品质越差……

当然不只是我们，在发展中国家这种状况也比较普遍——只要老百姓不掏钱消费，而是总靠国家补贴和奖励，文化就不可能真正赚钱。那么究其实质，目前的所谓文创产业多是在靠政府的投入维持，真正可以产业化的项目极少。如果不顾国情而为了经济效益把文化和媒体硬性推向市场，其自身又缺乏责任和引导意识，电视节目就会沦落为"卖艺"——向"收视率"低头，结果是不得不庸俗化。荧屏繁荣的背后，是对国外节目模式的快速消费和破坏性开发，是媒体的急功近利、盲目跟风。同时，电视行业自身也遇到空前的观念屏障，有人在娱乐中也不肯放下架子……

2. 行业管理能力差、节目创作队伍水平有限

也正因为整体品质差、理念老，消费力强、素质高的中青年观众逐步离开，电视节目的观念、视界对应层面单一——更多对应农民、民工、退

休老人，精英更加缺乏。同时大多数弱台所处地区经济不发达，不少管理者和经营者目光短浅，只顾眼前挣小钱或省钱，不管长久未来的生存；而且各台定位不准，恶性竞争就成为行业常态。

在管理机制方面，外行领导内行的状况不少见——主管领导之前不了解电视，往往以其他行业的经验来行使权力；而且业界尤其缺乏理解娱乐概念和节目的领导，若以看待新闻的眼光来对待娱乐或以娱乐的眼光来对待新闻，节目就必然扭曲。

多年来，行业整体无论对自身的人才、节目，都不肯投入，过度索取资源；优秀人才不能到岗，编导主持人专业实力下降——人才断档严重。而且目前社会上高层高收入、底层低收入的状况加剧社会矛盾，也严重搞垮队伍，令人心涣散……而且尤其是用人机制出现了巨大问题：与网络平台形成鲜明对比——网络平台在从电视台高薪挖人，而电视人在收入下降的同时工作强度却在大幅度增加。

就当前电视节目价值观和制作水准的下滑来看，制播分离是一个重要原因：最明显的标志是节目制作成本大幅提升——外行做事必然有巨大浪费：无论任何机构，推出新的节目、引进海外模式版权都需要很高投入，而且社会化制作瓦解了原有的专业创作队伍。

而从客观上看，高精尖节目一般都投入高，但不一定会有好收视。目前的所谓好节目绝大多数投入巨大；不仅投在专业制作的技术与艺术方面，还要投在宣传推广环节、投在请明星上——而诸多频道都不能客观看待自身条件，时而盲目上马，甚至一些台已多年赤字。各类节目间的恶性竞争，也让一些人误以为娱乐就是水平低劣的制作。

3. 竞争过度导致"季播""活动"频繁，栏目普遍"带状化"

"真人秀"的全球化，使"季播"方式在内地受到高度重视，导致"季播""活动"逐渐成为节目常态。

实际上节目是否"季播"，首先要看观众的收视习惯，就像美国观众会在下半年有更多的时间看电视，那时节目生产和播出量就会增长；季播还要由节目的制作周期和内容特点而决定，例如"真人秀"需要较长一段时间的制作，节目内容特性也决定其不可能持续长时间的播出，采取季播方式就比较恰当；而一个频道全年的节目若在收视旺季安排些"季播"节目，不仅可以掀起收视高潮，更是要在最后关头获取高额回报——"真人秀"最后的大结局往往广告费奇高。

"季播"本该有"季"，是日常编排中的特殊编排，而且应该和日常的周播、日播有良好的配合。但当我们的媒体当初看到《超级女声》《我型我秀》等取得良好效益时，误以为"季播"是一种"放之四海而皆准"的法宝，很快就掀起节目的普遍"活动化"来，即不管内容形式有没有必要，观众有没有收视时间，各种活动此起彼伏，最终搞坏了行业生产秩序——毋庸置疑，少数领头的媒体打开了"潘多拉"魔盒，让电视行业穿上了"红舞鞋"，于是为了效益，有的频道一年内就有数个活动，且不说资金和创作能力是否足以应对，活动之间也可能会出现相互消解能量、抢占资源的问题；不仅疯狂争夺受众，也争夺广告。正如业内常把社会投入和观众、利益比作蛋糕——若蛋糕就那么大，活动越多、频道越多，每一份蛋糕就瓜分得越小；最终大家都很累，还都不挣钱，也惯坏了观众。

目前日常节目的带状编排也已导致了栏目性状的改变——

"带状编排"的本意该是配合观众的作息和收视习惯，在相对固定的时段安排他们习惯或乐意收看的内容。当然习惯也可以培养，好节目可以带动观众养成定点收视的习惯，就像《非诚勿扰》《天天向上》，观众很快找到他们的播出时段和平台。

"带状编排"的具体构架有两种，一是在一周的周一至周五编播相同长度的不同节目或同一节目的不同主题，例如早先 2001 年江苏卫视的"天天 90 分"，将《女人百分百》《欢乐伊甸园》《家有宝物》等节目放在晚间黄金时段和其他台的电视剧进行抗争，在短时间内取得一定效果；还有凤凰卫视的《完全时尚手册》，其内容包括汽车、旅游、服饰、家居等，每天展现一个专业方向。二是每天同一时段放同一个节目，这源于央视针对内地长假采取的"长假编排"，2001 年就开始有《欢乐英雄》《七天乐》等节目，欲使观众难以离开频道。相比之下，前一种更具日常性，后一种更带有特殊性，也更有引导性，故也被称作栏目的"季播化"。

带头让栏目"季播化"的是湖南卫视。其在 2007 年以大型活动、独播剧、品牌栏目为三大重心，除了长假特别编排和系列特别节目，平时采用"4+3"的模式在黄金时段推出品牌节目，品牌一个接一个轮番播出。

之后其为了保持先进，不仅活动多样，栏目也频繁更新……

正由于湖南卫视一直处于领跑全国地方卫视的地位，"4+3"的模式导致全国的节目编排都受到影响，甚至让央视三套也乱了阵脚，于2011年实行了黄金时段一周7天打通播出；这直接影响到具体节目内容环节的设计，例如《非常6+1》在竞赛的流程上就改为每轮比赛在周一启动、周末出结果。跟随下来，央视三套自身收视率有所提高，但无论是在全年还是在黄金时段，这一年也依然没有超过湖南卫视。2012年央视三套回归每天安排不同栏目的编排，可收视不断下滑，3月下旬又开始7天打通……笔者和一些节目组交流时，听到不少关于收视压力极大的反映，观众也有抱怨，主要感觉令人紧张——过度竞争，其实最终是自毁长城，也破坏了创作的基本规律。

最终我们还需要思考的是：如果大家都是季播，节目靠什么取胜？

（三）认清国内电视娱乐节目创新的现实

改革开放以来，电视的许多概念在变化，就如电视文艺—电视综艺—电视娱乐，看似是字面的变化，实际上是艺术发展过程中技艺的不断流失，也标志着节目创作的内容、目标都发生了变化。

正因为纪实性的新闻节目的源头是生活和社会的变革，创新往往要动根本。相比之下，娱乐节目生命力强劲，接受者心态相对宽松，就更容易出新。

1. 娱乐节目社会需要量大，甚至长盛不衰

在压力巨大的社会，娱乐节目是日常生活中的忘忧草、麻醉剂，也是当今群体巨大的老年观众的良好陪伴。于是我们也就容易理解春晚等节目的政治性——在那个时刻，节目必须表达和谐、团结、欢乐、吉祥……

2. 节目必须把握社会脉搏、反映民众心愿

纵观所有成功的节目，无论什么形态，最吸引大众、最有共鸣的内涵是草根、选秀——讲述底层人靠奋斗很快成功的故事。就像无论"快女""超男""好男"以及《星光大道》《中国达人秀》，求翻身、求和谐的愿望是社会前进的动力，也是节目的深层收视动力——没有观众的心理共鸣和便捷参与就没有收视率。

而就其他有影响力的节目来说，也都是表现了受众的广泛需求，就像《非诚勿扰》，其脱颖而出依托于孟非等人的正确导向和锐利评判。《开门大吉》以"明星脸"为展示重点，则充分反映了民众对明星的膜拜……

节目靠专业性也会带来较好效果，但表现的技艺品种会有局限性——目前最流行、最容易做、最成熟、最简便和最有收视基础的样式是歌唱比赛，从《中国好声音》《我是歌手》到《中国好歌曲》，在专业性上已经做到极致。不过大众不会真正关注专业的深浅，参与度越少的品种，节目的影响力越会打折扣。就像《中国好歌曲》的节目品质很好，但收视远不如"好声音"；即便是在高手云集的《我是歌手》里，观众更同情声嘶力竭者。像《舞林争霸》这样为专业舞者提供平台的，尽管导师杨丽萍、金星、陈小春的级别也很高，但还是以金星的毒舌来吸引看点；《舞出我人生》也讲翻身故事，但收视肯定要比同样内涵的唱歌节目差很多……说到底，从我国的民情以及观众的接受程度看，节目里参与性、同理心的重要性，整体上还是要大于对专业性的诉求。

3. 国外版权引进达到前所未有的巅峰，不投入就没有机会

由于可以竞争，娱乐节目之间的争斗就最惨烈——有的台生存环境宽松，步子就迈得很大，如湖南卫视、江苏卫视、浙江卫视，而有的台处境窘迫，既没钱也没人，就举步维艰。

近年来湖南在誓死捍卫老大地位，浙江则奋起直追江苏。由于品质的根本在于人才，各机构平台展开了"抢人"大战，主持人、制作人、导演团队都在频繁流动，最终抢到了境外——引进节目版权，包括制作团队。

目前引进版权已经成为创新的基本路径——有影响力的节目基本上都是购入模式，在国际电视节上中国的买家也最为疯狂；由于引进节目的制作都投入巨大，看上去似乎媒体只要肯花钱，就更容易突围；而且是大投入不见得有好产出，但不投入一定不可能有好产出。而许多中投入、小投入的节目，就经常溅不起水花了。

4. 不能对网络平台的竞争视而不见

近年来网综崛起，一方面分流观众，另一方面以极高的投入提升节目品质；一些电视品牌节目因为规避政策转入网络平台，还有一些新节目动辄几个亿的投入，同时无形中也"砸垮"了"台综"，使得电视综艺节目更加举步艰难。以往的"瓜分蛋糕"的市场已不仅是电视的，也是包含了网络的。

二、当今电视娱乐节目的出路

（一）创新必须以了解节目的新动向和政策导向为基础

有一些事实我们必须认清，例如在一系列"限娱令"后，"一剧两星"政策紧接实施，而对于 920 节目带（电视剧限播后空出来的第三集时间），总局也要求新增 150 多档涉及新闻评论、道德建设、文化等类型的节目；而且综艺节目要导向正确、倡导正能量，不能比低俗……

2017 年 12 月《中国广播影视》杂志又发布了"TV 地标（2014）中国电视媒体大型调研成果"，也标志着当今电视娱乐节目形态的现实——年度上星频道最具开创性文化节目：《朗读者》（中央电视台综艺频道）；年度上星频道最具创新影响力节目：《中餐厅》（湖南卫视）、《奔跑吧》（浙江卫视）、《国学小名士》（山东卫视）、《但愿人长久》（北京卫视）、《见字如面》（黑龙江卫视）、《创客英雄会》（江西卫视）、《脱贫大决战》（河南卫视）、《你好，再见》（贵州卫视）、《海岛之恋》（广东卫视）、《七彩飘香》（云南卫视）；年度上星频道最具品牌影响力节目：《中国诗词大会》第二季（中央电视台科教频道）、《天籁之战》（东方卫视）、《蒙面唱将猜猜猜》第二季（江苏卫视）、《丝路春晚》（陕西卫视）、《诗歌之王》第二季（四川卫视）、《中国正在说》（东南卫视）、《奇幻科学城》（辽宁卫视）、《谢谢你来了》（重庆卫视）、《第一书记》（广西卫视）、《世界游》（旅游卫视）……

所有总局倡导的目标，都是为了解决现有的矛盾，打造新的节目生态环境。最近总局又下达了《关于真人秀管理》的通知，指出当下一些节目的"脱离现实、脱离群众的无聊游戏""人为制造和展示人性恶""靠明星博收视""高片酬、高成本的不良风气""既不攀登正能量的高峰也不触碰负能量的底线"及"有意思但没意义"等问题，更进一步对节目的具体形态进行指导。

（二）解决评价标准问题，科学管理

就行业整体格局来说，现阶段还应该强化管理，制定出理性而又严格的法规，而且细化评价标准——就国情民情来说，我们不能既要赚钱又限娱；只为赚钱的节目必然向收视率低头——收视率是一把"双刃剑"，即节目竭力迎合受众趣味，底线就很可能低下，甚至主动放弃有头脑的理性观众，最终高档观众被迫离开……

目前业内对节目成功的评价标准很不科学，且不说成功的标准应该是经济效益和社会效益的结合，单就经济效益来说，如《星光大道》《中国好声音》《非诚勿扰》的投入差距极大，效益绝不该相提并论；考察节目本应该考虑整体性价比的。还有一些项目除了金钱之外还有人力的巨大投入，例如创作班子一旦开工就连续熬夜，拿"命"拼来的节目绝不该是行业的好榜样！真正的创新目标，应该是增产节能，能够以"四两拨千斤"并排除恶性竞争——良好的市场总体上应该是投入与回报成正比。所以我们还必须看到，在生产力水平和投入相似的情况下，收视率奇高的节目往往会以造假取胜，可能会为夺取眼球而不择手段……

同时，节目评价和管理还要考虑形态的差异性——不同形态的效益是不一样的，绝不能用娱乐频道的标准来要求纪实频道，也不能用季播的标准来要求栏目。就专业人士来说，还必须分清做比赛还是真人秀？要草根还是技艺……不同的选择导致不同的收视效应。

科学管理不仅是指节目的运作机制，还要体现在人事管理上。例如一段时间以来的去事业化、公司化、企业化，在一定程度上改变了"大锅饭"的状况，但也使行业人才处于过度的危机感中。本来电视人就生活极不规律、劳动强度大，一旦生存出现问题，就一定会打击工作的积极性，并最终造成优秀人才的大量流失。现在已经有一些人在离开，这必然将会是整个行业的损失。

（三）在认真调研市场的前提下制定发展目标

无论台、频道还是节目，其定位必须考虑环境、目标受众和竞争对手，不能盲目冲撞——中国地区差异极大，经济和社会发展阶段极不均

衡，并不是每个地方都有能力进行电视产业化。

从理论上讲，似乎大家都应该建立远大的发展目标，如湖南卫视与经视放眼全国，目标高远步子就大。但事实上还是之前说到的道理：如果蛋糕不大，劳动者怎么努力也分不到多少；如果社会经济没有支撑、观众不消费，节目就不可能真正有收入。近年的真相是，极少数台和频道飞速向前，绝大多数台收入欠佳，还有一些台连年赤字……一些频道还不顾自身情况盲目投入，亏损越加严重。

事实上要想致富并不是靠玩命就可以达成的，还需要理性选择成长之路；而且即便是制播分离，也应该是建立双赢机制，而不是不管制作商的死活——长期以来电视台打压民营机构并进行不公平交易，这样的做法一直在延续；其实一旦制作方垮掉，播出方也就没有了收入渠道，产业链就不可能建立。为了大家的长远利益，行业要有规范市场行为的意识。

目前的市场化对弱台来说是做省钱的节目，对强台来说是做生钱的节目（投入大）。这最终一定也会影响节目内容样式——如果没有政策限制，综艺节目就会走向两种极端：要么是娱乐谈话，要么是豪华制作（例如景观晚会）；当八项规定出台后，晚会就纷纷变为以梦想为主题的专题节目了，其他的绝大部分节目则以"素人"为表现核心，其真实的期待只有一个——以为"素人"能节省投入。其实这类节目若要获取与明星相当的关注，依然需要大投入。

（四）坚持原创，分众设计，遵循节目创作规律

一段时间以来的竞争，尤其是"PK"之类的不科学但貌似激烈的环节不断涌现，引发了观众的重口味——一般的真实人物、事件和生活场景很难引起广大观众的兴趣，"假节目"泛滥——假选手、假比赛、假唱……现在由于资讯发达，不敢明目张胆地用假选手，但为所谓节目效果挑拨是非、断章取义截取人生片段加以放大的做法极为普遍，还有不顾行业规范让选手退赛，推广真人节目的"编剧"，等等。

为了行业的健康发展和持久生存，后续的创新必须冷静选择，不能被收视率绑架，要学会理性地放弃——节目创作和编排都要懂得必须维护行业和社会的稳定，行业整体才有未来；分清观众的层面，找到不同的消费

人群，节目才会有内容层次和形态的差异；分清日常节目和特殊节目的效果，不过度浪费资源；要坚持中国特色的内容与形式，既要全球化，更要本土化，还要认清民族的与世界的。

毋庸置疑，依赖引进版权的后果是放弃自主研发，最终可能导致行业整体原创能力的丧失——这是中国制造业的现实已经告诉我们的。版权引进应该只是一个阶段性的策略，中国文化产业也应该以建立民族产业、摆脱外来制造的束缚为终极目标！

（五）坚守大众媒体底线，维护队伍健康，保持长久发展能力

电视台是公众媒体，与自媒体等其他媒体不同，必然对民众行为具有示范和引导作用，必须承担社会责任，应该永远是社会效益大于经济效益——寓教于乐是中国电视娱乐节目的责任；即当今的电视娱乐节目应该以国家主流媒体为表现平台，其意识必定是主流、健康、积极、向上的，要承担"美育"职责。

实际上娱乐节目具有一定的负面效应——让人们变得享乐、急功近利、贪婪、游戏人生。若只顾市场效果，必然就是明星泛滥、奇葩不断、无厘头的思维或审丑。换句话说，若电视内容像网络视频那样放肆，就不会有所谓新媒体的巨大压力。央视如果像一些地方媒体那么任性，节目也会有更好的经济效益，就像一些地方台的节目会主动制造观众的冲动和流泪，但追求公平严肃的"青歌赛"则坚决不切入观众痴迷疯狂的画面，负责任的真人秀节目也不会采用"编剧"的方式来摆拍"素人"……

同时各级相关领导还必须有长远的眼光，理性选择发展途径及模式——必须理解节目的真正原创力一定来自自己的土壤和队伍，要保护和完善创作队伍，要培养而不是榨干他们。放眼世界，为什么世界节目模式大多来自欧洲？就是因为那边的人没有累残，还有精力思考和创新。

电视行业一线人员一直以来劳动强度极大，导致生活不规律，所以才会有"不坐班"的习惯，以便恢复精力，也便于外出采访和拍摄；但外行一直只看到从业人员不按点上班、看不到大家下班无定时。现在一些单位实行了打卡制度，还有的机构连续加班多日不歇……当然，一些地方工作效率低下和机制落后有关，但更多机构的加班是因为创作人员素质低下，

专业能力低下是投入巨大的主要原因。就像一个场景几十个机位不是不可以实现，但如果每一个岗位都专业性强、导播和摄像以及表现者足够优秀，就会缩短录制时间、减少数个机位，也大大缩短后期制作的时间……而为什么高素质的人员缺乏？那就和行业的待遇、保障有着直接关系……

在专业上，目前业内普遍迷信港台和外国，甚至迷信社会上的公司。实际上中国电视制作的专业队伍一直在电视台内，只要不是太差的台，一定比周边公司陆续从社会上招来的人更专业。其实当今节目差异的最大根源是投入和节目理念的差异……

三、电视娱乐节目的走向

（一）"现象级节目"带动频道冲出重围

"现象级节目"是近年电视屏幕繁荣的主要动力，正是它强大的带动和示范效应，让娱乐节目成为最具创新活力的领域，也成为创造社会和网络话题最多的电视节目类型。

从理论上讲，"现象级节目"应该包括所有具有示范性和引导力的节目，但实践中这个概念直接来自近年走红的几个娱乐节目典型，例如《中国好声音》和《我是歌手》《爸爸去哪儿》等——具有高收视、高影响力、高收益的特点；同时在节目形态上改变了惯有的结构和表达方式，并潜移默化地输出价值观，对社会有着一定的意识渗透能力；最终还对电视创新起到了引领的作用，具有行业市场标杆的意义；这种节目还在全国各地台不断被模仿、改造，甚至一些节目还可以直接带动相关系列节目的出台，并拓展表现平台。例如《中国好声音》带出《中国好舞蹈》《中国好歌曲》；《爸爸去哪儿》带出了同名电影在全国院线上映；后来的《我是歌手》最终决赛也进了电影院，一些节目的选手在全国巡演……

当然，就目前看来这类节目的成本巨大，不是每个台或制作机构都有实力来操办的，于是这类节目也不可能遍地开花。

（二）日常节目中"喜剧"在崛起

"喜剧节目"指直接以制造笑料或幽默效果为主要目标而制作的电视

综艺节目，近几年各大卫视都有在播出，数量在逐渐增加。这类节目之所以盛行，是因为成本不算太高，而且能够直接实现综艺节目的本真目标——搞笑，让观众愉快地度过时光。

港台的电视综艺节目里较早开始进行喜剧短剧的探索，内地的搞笑节目更多表现为喜剧小品，后来还有娱乐游戏节目、情景喜剧的推动以及演员的成熟，这类节目才逐渐成形，就像 2011 年《爱笑会议室》从辽宁卫视的《谁是主角》中独立出来，随后还在网络平台的推动下引起广泛关注；而央视也推出了《谢天谢地你来啦》……与传统的电影和舞台相比，电视喜剧节目的表演有更多的即兴发挥成分，从而更具有新鲜感和时效性。

几年过去，电视喜剧节目数量在增加，全国各台实践广泛，例如前面提到的最具影响力十强中就占近半数，如湖南卫视的《我们都爱笑》、浙江卫视的《中国喜剧星》、东方卫视的《笑傲江湖》、湖北卫视《我为喜剧狂》，而辽宁卫视的《本山带谁上春晚》等也较有名气。近两年"即兴喜剧"（央视《喜乐街》）和"喜剧比赛"（东方卫视《欢乐喜剧人》）也成为两种新形态，但数据一直显示这类节目的整体收视率并不突出，根源是这类节目非常难做，因为不同地域和层次的人笑点差异很大；同时也因为其内容相对短，"碎片化"令人记忆不深，故难以真正崛起，于是，这类节目是没有更好选择的情况下的一种前行。

（三）政策引导下文化类益智节目兴起

益智节目 20 世纪末 21 世纪初就盛行一时，但与此时不同的是，那时的《开心辞典》和《幸运 52》依靠形态的新鲜感和内容的独特性而引人注目，尤其是《幸运 52》这个舶来品，表现了国外益智节目的博彩特性。

近年随着一系列限令的实施，没有高额奖励的益智节目开始探索中国文化的表现领域，尤其是中文的趣味性和其意义的博大精深成为表现核心——国外的电视拼字游戏由来已久，但不适合作为象形文字的中文的表现，我们只好将字形特征和字词意义作为主要的切入点，用竞赛的手段加以带动。于是 2013 年央视的《中国汉字听写大会》和河南卫视的《汉字英雄》、河北卫视的《中华好诗词》等一时间获得较高的美誉度。

但说实话，这类节目的可看性是有限的，最终必须以对全民的教育性和内容的趣味性取胜。

实际上，真正的好项目及选题不会少，但会更多受限于投入。例如2017年本人在自己的相关实践中，就力求寻找差异化、专业化、精品化，为四川卫视策划了《诗歌之王》第二季，力求挖掘朗诵这一艺术形式的专业看点，同时主要在篇目选择上进行文化提升。但由于经费有限，同时在竞争的大环境中匆忙上阵，还有许多视觉化的设计难以实现，节目的细节也来不及精雕细刻……

（四）媒体融合趋势下向新媒体延伸

"媒体融合""多屏播出和互动"成为一段时间以来的高热词汇，甚至不断地有人高呼电视将亡并将被网络取代……这样的说法难免有哗众取宠之嫌；为了扩张自身，一些制作机构和视频网站一边大肆盗版播出，一边疯狂制造电视将死的舆论。

其实从受众的数量和媒体的功能来看，电视会有独特的、强大的生命力。即观众不仅数量远超网络受众，且对电视媒体更崇拜和信任；就二者的根本区别来说，电视是公众媒体，而网络收看更具有自主性和私密性，对应了观众不同的需求，相对来说两种媒体共有的人数不算多；甚至新旧媒体的不同和矛盾，是不同的人群价值观和生活方式的矛盾……目前多数的视频网络平台会主动与电视台一起搭建合作平台，因为目前国内主要的内容创作力量还是来源于电视行业。新媒体由于从业者整体缺乏严格的培训并以商业目标为主要追求，内容品质也相对低下。

当然，网络不仅使节目开拓出新的展示平台，也意味着它能分流一部分电视观众。于是不少著名的电视节目也都用上了新媒体，且一些节目仅靠电视收视率已难以断定业绩——有不少受众通过网络下载收看电视节目。还有极少数的电视节目在电视平台上即时收视不好，但在网上的点击量积累起来还不错。

目前极少数有实力的视频网站在崛起，其内容主要依靠影视剧，电视综艺节目则经常能够制造新鲜看点，而且一旦与电视台合作，娱乐节目版权成本就很低，商业开发价值就可能超过电视剧……例如乐视于2013年

11月开始成功抢到了 2014 年一季度的《我是歌手 2》的网络独播权，随后还有《中国梦之声》第二季、《两天一夜》等完整节目，不断制造了内容的时效性。

对电视台来说，新媒体可以用来推广宣传，并成为抓住年轻人的第二播出平台（点播或回看）。

至于未来是否三网融合，不是技术问题，更多是利益的划分问题，也是不同平台的表达和推广问题；我们没有必要为平台而焦虑，只需做好内容——当平台度过新兴期而逐渐稳定成熟，创新就依然是以内容为王了。

电视节目是不断变化和发展的，但创新的思维有着基本规律；只要找到问题的根源，了解节目发展的历史与现状，看得到节目成功的原因，理解媒体自身的职责和地位，创新就不是一种难以逾越的障碍。

进阶阅读

1. 刘习良：《中国电视史》，中国广播电视出版社 2007 年版。
2. 游洁：《电视媒体策划新论》，中国国际广播出版社 2009 年版。
3. 游洁：《电视文艺编导基础》，中国国际广播出版社 2009 年版。

（作者系中国传媒大学戏剧影视学院文艺编导教研室主任、教授）

纪录片实践

纪录片创作伦理批评

——柴静《穹顶之下》样本解读

邹细林

【内容摘要】

从伦理的角度来审视柴静的纪录片《穹顶之下》的创作，让纪录片的责任与现实生活联系更为密切。公民责任与媒体责任既凸显道德的重要性，更彰显以人为本的人文关怀；围绕着这部纪录片的创作和传播，纪录片创作者的私德与公德、私人领域与公众领域的交叉批判，成为这部纪录片衍生出来的种种伦理现象和问题所在，道德评价中动机与效果的不一致性，更是中西方伦理价值观的矛盾与冲突的具体体现；在面对集体利益和个人利益平衡时不再是只强调集体利益，忽视甚至抹杀个人利益，变成虚幻的集体利益，甚至异化成了集权主义和专制主义。

【关键词】

纪录片伦理　公民责任　动机与效果　真实集体与虚幻集体

2015 年 2 月 28 日，人民网发布了《柴静调查：穹顶之下》专题和专访柴静的文章，纪录片《穹顶之下》上线腾讯视频、优酷网、乐视网等各大视频网站，这部耗资百万，纯由个人制作的独立纪录片狠狠击中了全民的痛点，引发公众对该纪录片的全民讨论。

柴静辗转北京、山西、河北多地、探访各类污染源，企图找到造成雾霾的各类起源，她遍访国家发改委、环保部等部委、访谈中石化等石油企业、要理清污染和雾霾治理的机制，远赴英国、美国多地，借鉴和对比西方发达国家污染治理的经验教训。整个纪录片的结构和叙述方式由调查、访谈、主持人的场外叙述串联而成，分成场内场外两个域场。《穹顶之下》纪录片的推出和传播过程，引发了众多的热议，也引发了诸多的伦理思考。

伦理思考一：纪录片创作的公民责任与媒体责任

一、责任与社会角色

责任起于角色，角色是责任伦理中最基本、最简单和最抽象的范畴。无角色就无责任，有角色就有责任。就像马克思分析资本主义经济学，首先从商品这一概念着手分析一样，对于纪录片创作的责任的分析，要从角色这一基本要素开始着手。角色是责任研究的逻辑起点。

在社会学的解释中，社会角色是指与人们的某种社会地位、身份相一致的一整套权利、义务的规范与行为模式，它是人们对具有特定身份的人的行为期望，它构成社会群体或组织的基础。人在社会中，要承担和充当各类的角色，在家庭中是父亲（母亲）、丈夫（妻子）、儿女，在社会组织中可能是记者、导演、企业家、教师等。角色是人的社会地位和身份的显现，每一个担任社会角色的人，要按照这个社会角色的外在形象来着装、按这个社会角色来约束自己的言行举止、最重要的是要按这个角色的要求去承担责任和履行义务，同时，也享受这个社会角色赋予的权利和权力。

在柴静接受人民网采访过程中，对于责任字眼的阐述，不下三处，而且每一处的责任都是对应着不同的角色。"生活在一年竟有175天污染的北京，害怕女儿有一天会问我'什么是蓝天''为什么老把我关在家里'，孩子在未出生就检查出患有肿瘤。"在这里，作为一个母亲的角色，她谈到了责任。"一个人没有当妈妈之前，这个世界只跟你有几十年的关系，到此为止，我对我的一生负责任就可以了。但确实有了她之后，你跟未来世界有了关联，有了责任。如果没有这样的一个情感的驱动，我确实很难去用这么长时间做完这件事。"①

当被问到为什么要把这部调查内容的纪录片公之于众时，对于真相的追问和让公众知晓信息，作为一名从事了十多年媒体工作的传媒人，需要担当起责任。"人都是从无知到有知，但既然认识到了，又是一个传媒人，就有责任向大家说清楚。不耸动，也不回避，就是尽量说明白。因为如果大家低估了治理的艰巨和复杂，容易急，产生无望的情绪。如果太轻慢，不当回事，听之任之，更不行。所以尽可能公开地去说明白，也许可以有很多人像我一样有改变，为治理大气污染做一点事。"② 这是柴静提及的第二个责任。

第三处提及的责任是社会共识。"中国有很多人希望把这件事改善，在为此努力。简单地说，每个人都希望空气清新。什么是社会共识？再没有比这个更强烈的社会共识了。这是我的信心。"无论是普通民众还是政策制定者、执法者，所有的人都希望能够治理好污染和雾霾，这种社会共识，其实就是一种责任感。

三处责任，作为母亲、传媒人、普通民众三者角色为一体的柴静，有理由更有责任来创作和传播好这部纪录片。"责任"是柴静创作这部纪录片的初衷，责任也是柴静坚持创作这部纪录片的动力和信心。

在古代汉语中，"责"字通"债"字，负责如同负债，惶惶之心，如履薄冰。可见，古人对于"责"是非常重视的，"责"是一种负担、一种担当。现代汉语中对于责任的解读，大致有三种，一是从道德、法律方面要担当的义务和职责；二是应尽的义务；三是应做之事而未做需承担的责罚。

对于道德责任的阐释，哲学家们给予了不同的解读，在伦理学小词典中，对于道德责任的定义是："人们对自己行为的过失及其不良后果在道

---

① 引自人民网对柴静的专访内容。
② 同上。

义上所承担的责任"。① 责任是行为主体对在特定社会关系中存在任务的自由确认和自觉服从。② 德裔美籍伦理学家约纳斯（H.JOANS）指出，当代伦理学的核心问题就是责任问题。③ 马克斯·韦伯指出，"我们必须明白，一切伦理性的行为都可以归为两种根本不同的、不可调和对峙的原则：信念伦理和责任伦理。"④

责任，是在道德义务基础上的一次升华。如果说道德义务主要体现为一种外在的道德要求，而责任则是要将外在的要求转化成内在的需要。因此，从某种程度上说，责任是一种积极主动，人们有着主动意识的义务，并且具有良心的成分。道德义务与道德责任，是同一种道德"命令"在外在和内在的两种表现形式。责任在道德规范的整个体系中，是处于最高层次的道德规范。

自由是责任的前提，无自由则无责任。只有通过自由，我们才能自由地认知责任、自由地选择责任、自由地实现责任、自由地承担责任。

二、"以人为本"的责任观念

在纪录片创作中，责任这个因素是否成为纪录片导演内化在心里的一种道德命令，还是仅仅体现在对外界赋予的一种责任压力，将决定着纪录片的社会价值的大小。

以人为本的责任原则，"文学即人学"。纪录片创作亦是如此。纪录片从诞生那天起，镜头始终对准的就是人和人所生活的这个世界。一个多世纪以来，无论纪录片的风格和样式发生多大的变化，对人的关注始终不移。它的触角几乎遍及人所生活的世界上的所有角落，人的生活方式，人的生存状态，人的苦悲喜乐，人的生死追求都是它首要关注的内容。纪录片探索着人的生活之谜，生命之谜。⑤

---

① 《伦理学小词典》，上海辞书出版社 2004 年版，第 78 页。
② 程东峰：《责任论》，中国林业出版社 1994 年版，第 14~15 页。
③ 甘绍平：《伦理智慧》，中国发展出版社 2000 年版，第 69 页。
④ 韦伯：《韦伯文集》，中国广播电视出版社 2000 年版，第 455 页。
⑤ 任远：《纪录片的理念与方法》，中国广播电视出版社 2008 年版，第 100 页。

在西方哲学发展过程中，经历过三个阶段，西方古代哲学研究的主要问题是本体论，即世界是什么的问题，近代哲学研究的主要问题是认识论，阐述的是认识的基础和标准问题，而在现代哲学中，哲学研究的重点是人的问题。以人为本的观念，强调的是个人的尊严，个人的理性和非理性精神，个人的行动和创造与个人的自由观念。早在古希腊时期，普罗泰格拉最早表述人本观念，他提出"人是万物的尺度，是存在事物存在的尺度，也是不存在事物不存在的尺度"。① 苏格拉底也提出了一个重要的哲学命题，"认识你自己"，把哲学的研究方向转向为人的问题，让哲学从天上降到人间，被誉为西方人文主义的始祖。真正人文主义的兴起，是在文艺复兴时期。市民社会的逐步确立，新兴资产阶级要求在争取经济和政治权利和独立的同时，在文化和意识形态领域，反对愚昧迷信的神权思想，提出以人为中心，而不是以神为中心，肯定人的尊严和价值。

纪录片创作要具备深厚的人文关怀精神，首先要从纪录片的题材选择、主旨立意、拍摄原则上体现出人文关怀的意识。在纪录片的题材素材中，涉及天文地理、自然动植物、人类风俗人情及社会活动等多样化，无论是对大自然和人类社会，首先要有一颗悲天悯人的心，要有同呼吸共命运的情怀，才能真正拍出引起大众共鸣的有价值的纪录片。而《穹顶之下》，是人文精神和以人为本的情怀最为集中的体现。

柴静的《穹顶之下》，无论是关注受雾霾困扰不能自由外出的女儿，还是采访山西孝义看不到蓝天白云的小女孩王慧卿；无论是浓烟滚滚背景下茫然不知所措的普通民众，还是为查处污染四处奔波的环保官员，柴静始终把镜头对准着人，以及人们所生活和面临的这个环境。

她在纪录片里讲述，一个人应该怎么活着，春天来的时候门开着，风进来，花香进来，颜色进来，有的时候碰到雨和雾的时候，你会忍不住深深地吸一口气，你能感觉到碎雨的味道，又凛冽又清新，什么是自然和生命的美妙，这些天空、河流、大地，都应该属于他们的。我们没有权利，只知消费，不知克制。我们没有权利，只知抱怨，不知建设。我们有责任向他们证明，一个被能源照亮的世界，同时可以是洁净和美好的。

---

① 北京大学哲学系外国哲学史教研室编译：《古希腊罗马哲学》，商务印书馆 1961 年版。

《穹顶之下》的结尾，有着深深的哲学意蕴。"每次在夜空中，看到这颗星球孤独地旋转，我总是有一种难以名状的依恋和亲切。将来有一天，我会离开这个世界，但是我的孩子还在其中生活，这个世界就与我有关，所以我才凝视她，就像我凝视你；所以我才守护她，就像我守护你……"

柴静关注的绝不仅仅是一个自我的小我，而是书写了一个大大的"人"字，一份为人类同呼吸共命运的责任和使命。

三、要有道德良心意识

良心是什么？良心是人们在社会实践过程中形成的对自己应负义务的道德责任感和对自己行为的是非、善恶的自我评价能力，是一定的道德认识、道德情感和道德意志在个人意识中的统一。在纪录片的历史长河中，每一部优秀的纪录片作品，都是用良心在创作；每一部优秀的纪录片作品，都是用良心在验证；它不仅仅是导演的良心，更是作品所处的那个时代的良心。在法国新浪潮电影的代表人物阿伦·雷乃的纪录片《夜与雾》中，这部在"二战"结束十年后拍摄的纳粹集中营主题的纪录片，在影片的开头论述道："纽恩格姆、贝尔森、瑞文斯布鲁克、达恰，这些本来是一些在地图和指南书上平淡无奇的地名，鲜血已经干涸、喉舌已经沉默，相机是那里唯一的访客，只有我们自己的脚步声……"这是第一部反映纳粹集中营的纪录片，导演阿伦·雷乃和曾经在集中营幸存的主创人员，用良心揭露了纳粹法西斯的罪恶累累。与之相反的是，同样在那个岁月，德国纪录片导演莱尼·里芬斯塔尔为希特勒拍摄了《意志的胜利》，这部纪录片在艺术上被誉为杰作，但是却成了助纣为虐的帮凶，《意志的胜利》使许多人聚集在希特勒的奋斗目标之下，美化法西斯主义，尽管在战后的审判中里芬斯塔尔以"只是个艺术家同政治没有关系"为由进行辩解而被开脱，但是她永远都逃脱不了道德和良心的谴责。

雾霾已经成为当下中国人生活的一种常态，大气污染和环境保护，也许是我们这一代人面临经济发展必须付出的代价。柴静的《穹顶之下》，也正是体现了纪录片承载历史、纪录现实的最为基本功能和使命。当若干年后，人们再回顾这段历史发展时期时，《穹顶之下》将成为这一时代最好的影像见证，而作为一名纪录者，柴静在听从自己内心道德与良知的召唤，正如她在自己的个人传记《看见》中所述，我试着尽可能诚实地写下这不断发错、不断推翻、不断疑问、不断重演的事实和因果，一个国家由人构成，一个人也由无数他人构成，你想如何报道一个国家，就要如何报道自己。

伦理思考二：纪录片创作之外引发的
动机与效果论讨论

在柴静的《穹顶之下》播出之后，社会舆论呈现出两种截然不同的态度。一种是对于柴静的纪录片肯定有加的。新任的环保部部长陈吉宁表示，他昨晚完整地看了《穹顶之下》纪录片，柴静从公众健康这一特殊的角度，唤起公众对环境的关注，值得敬佩。陈吉宁说，看完这部纪录片，让他想起了美国作家雷切尔·卡森，正是他的那部著作《寂静的春天》，唤起了全球对环境的关注。而这部纪录片对唤起公众对环境问题的重视、对环境问题引发的健康问题的关注，有其特殊意义。绝大多数公众对这部纪录片表示了关注和肯定，以网络视频播放统计为证。截至 3 月 1 日 21：00，柴静的《穹顶之下》累计播放已达 1.7 亿次：①腾讯播放 12260 万次；②优酷播放 2230 万次，超越乐视上升到第二位；③乐视播放 1221 万；④爱奇艺 422 万次；⑤搜狐播放 411 万次；⑥土豆播放 302 万次；⑦凤凰播放 235 万次①

然而，对于柴静，又有更多的不一样的声音出现。有人质疑柴静的动机、目的。柴静自己出资一百万，带领一个团队，耗时一年完成，这不是一件拍脑门的事情。一定有它的动机。那么动机是什么呢，网络给出了各种各样的猜疑，谁是最大的受益者，谁就是主谋。按照这个逻辑，环保部成为幕后的推动者。因为在这个纪录片里，环保部的电话被反复推出，环

---

① 引自：http：//www.dataguru.cn/article-6680-1.html。

保部的无奈和委屈、无权，成为雾霾不能治理甚至愈加严重的最好推脱；还有一些网友提出，人民网精心推出柴静的专访和视频，这里面是不是存在着官方的有力推动，是不是在为当前的各种形势造势？甚至许多网友把柴静的隐私给扒拉出来，"美国生孩子""常年烟民""开豪车""社交达人"等诸多真真假假、似真非假的信息给柴静定义了一个个"符号"。

围绕着这部纪录片的创作和传播，纪录片创作者的私德与公德、私人领域与公众领域的交叉批判，成为这部纪录片衍生出来的种种伦理现象和问题。公德与私德，是梁启超在《新民说》中提出，"人人独善其身者谓之私德，人人相善其群者谓之公德，两者皆人生所不可缺之具"。在伦理学看来，私德是指个人的内在修养，如勤俭、慎独、从善、勤学、坚毅、勇敢、善良，等等；而公德更多的是对待他人和社会的关系中体现的品德，如仁爱、宽恕、忠诚、负责、守信、正直，等等。对于公德与私德的关系，中西方国家由于价值观念和判断标准的不同，显现出截然不同的价值标准。

在西方的价值观念中，私德与公德之间的关系是可以分开独立进行判断的。在行为判断上，功利主义的评判标准使动机和效果可以不一致，甚至更加看重的是效果的好坏，而对手段和动机不予讲究。比如，克林顿与莱温斯基的性丑闻事件中，西方的民众更多的是带着一种看热闹的眼光来看待这件事情，克林顿虽然遭受弹劾，但是并不是因为事件本身而是克林顿在事件过程中有刑事伪证罪的嫌疑，弹劾最终也没有在众议院得以通过。在西方，有时候在道德上的小瑕疵还能够帮助一些政治人物进行竞选，让老百姓感觉到自己所要投票的人物也是和自己有着那么多的亲切感，而不是一个以道德圣人的面孔出现。

在中国人看来，私德与公德是一对密切的共同关系体，是统一和一致的。在漫长的封建中国，整个社会的结构是由君臣、父子、兄弟、夫妇、朋友五种社会关系组成的家天下，也就是所谓："父子有亲，君臣有义，夫妇有别，长幼有序，朋友有信"，构成封建社会的伦理评价标准。这种由私德推及公德的伦理关系，在古代选贤推达中，自律自省、对父母尽孝、对朋友有义的品德是成为官员考察的重要标准，官员、名士非常爱惜自我的声誉，如果名节坏了，那就在这个社会被人民唾弃了。

由此，中国的传统伦理中对于精英人物的道德洁癖，让人们对道德声誉的维护更胜于对生命的重视。以 2013 年的网络大 V 薛蛮子嫖娼案为例，每天如同"早朝批阅奏章"般在网络舆论中不断评论时事、指点江山、呼风唤雨的网络舆论领袖，顷刻之间，栽在了嫖娼这个为道德所不容的阴沟里。为此，从柴静《穹顶之下》纪录片被舆论包围之时，柴静的反对者们，没有从纪录片本身进行反驳，而是把精力更多地放在了对柴静本人的"私德"上做文章。无论柴静的"私德"好与坏，这种通过对"私德"的否定来加以推及"公德"的思维，正是中国千百年来"私德"与"公德"之间的一种延续和反映。

暂且抛开柴静及她的《穹顶之下》不谈，由此上升到纪录片创作中，我们除了重视在纪录片中要注意的各种伦理道德和原则，对采访对象的隐私、责任等多种伦理原则的坚持之外，对于纪录片创作者本身的伦理道德，也要放在同一层面需要审视和加以重视的位置，特别是在继承和延续传统伦理下的中国社会，导演的私德与公德同样的重要。

在这里，我们要深入探讨一下纪录片创作的动机与效果论。对于柴静的纪录片及本人的评价呈现出两种截然不同的评价。要真正做出客观的道德评价，就必须清楚动机、意图、手段和效果的关系问题。在一般情况下，人们的活动中动机、意图和效果是基本一致的，但是，在某些情况下，行为者的意图、动机甚至与效果背道而驰，那我们对于人们的行为的评判，是依靠动机还是效果进行判断呢。

在西方社会伦理发展历史上，对于行为的评价，一直存在着两种截然不同的判别标准，一是动机论，二是效果论。康德是动机论的最著名代表。他认为只有从善良意志出发，以善良意志为指导的行为，才是道德的。在动机和效果不一致的情况下，康德认为，"如果由于生不逢时，或者由于无情自然的苛待，这样的意志完全丧失了实现其意图的能力，如果他竭尽自己的最大的力量，仍然还是一无所得，所剩下的只是善良意志（当然不是单纯的愿望，而是用尽了一切力所能及的办法），它仍然如一颗宝石一样，自身就发射着耀眼的光芒，自身之内就具有价值"。[①] 康德的动

---

① 康德：《道德形而上学原理》，上海人民出版社 2012 年版。

机论，完全只从动机出发，导致了一种偏执的观点，就是一切不是从"善良意志"出发的行为，不论其效果如何，都不能认为是善的。这与孟德维尔在《蜜蜂的寓言》中提倡的个人的私利追求最终促进了社会的公共利益和经济的繁荣发展形成鲜明的对立。

边沁和密尔是西方 19 世纪功利主义思想家，也是效果论的最著名代表。他们认为评价一切行为的道德价值，最主要看它能否对人们产生快乐和幸福，即产生对行为者有利的效果。效果论认为，对人的行为善恶的评价依据，就是只看行为的后果，行为的结果是让人产生快乐和幸福的，那么它就是善的，而无论这个产生行为的动机是善还是恶。按照效果论的评价标准，一个极力把落水的人救起来，使人免于死亡，即使他救人的动机是要获得别人的报酬，他的行为也是善的，是有道德的。而更进一步，一个贪污受贿的官员，只要他把自己受贿或者犯罪所得捐给了寺庙或者慈善机构，从道义上能免除他受贿犯罪的恶，而肯定他的捐助的善吗？……

部分人从动机论角度来看待事物，只会陷入形式主义和僵化教条主义当中，而如果只追求效果论，则会把人的行为变成手段而不是目的，陷入极端功利主义漩涡之中。无论是对柴静及其纪录片的评价还是对于纪录片的创作活动，都需要兼顾考虑而不能只顾一端。

伦理思考三：真实的集体与虚幻的集体

柴静在纪录片的开头就强调，女儿未出生就得了肿瘤，不想让女儿长年被锁在家里，这是我和雾霾的个人恩怨。同在一片蓝天下，所谓"同呼吸、共命运"，这不仅仅是柴静的个人利益问题，更是广大的公众利益问题。

长久以来，在中国人的词汇里，不敢正大光明地来谈个人利益的问题，总是要遮遮掩掩地加以表达，这既受中国传统文化的影响，也是集体利益强化的一种极端化的表现。集体这个词在中国，具有多重的含义。在中国传统封建社会，家国一体化的伦理结构中，家族是一个个的集体，再由一个个的家族构成了国家这个集体，人在这个集体当中用"君臣有义、父子有亲、夫妇有别、长幼有序、朋友有信"来维系这个集体。个人利益在这些所谓的集体利益面前，更是需要"先义后利、重义轻利、以天下之利为利"，到社会主义伦理体系的建立，集体主义至上原则更是成为指导义利观的最高原则，集体利益的实现是个人利益实现的前提，集体利益的实现本身意味着个人利益的实现。

在柴静的《穹顶之下》纪录片中，我们需要明晰两个问题。一个是"真实的集体与虚幻的集体"之间的关系，另一个是"个人利益与集体利益"之间的关系。

在这个动辄以集体主义为名的时代，存在着各种以追求实现"集体主义利益"为目标，甚至把牺牲个人利益作为实现"集体利益"的一种借口和托词。在柴静的采访中，每一个相关方都声称自己是集体利益的代表者。石油化工企业的油品行业标准掌握在石油化工企业自己手里，既是裁判员也是运动员，地方政府在排污和治污上两难，在经济和环境保护之间两难，经济发展是维护群众利益，保护环境也是维护群众利益。在这里，我们要辨析的是真实的集体与虚幻的集体。这种虚幻的集体经常以国家或整个社会的面目出现，动辄声称代表社会的普遍利益，但是实质上"这种虚幻的集体，一方面不代表整个社会的真正的普遍的利益，另一方面，甚至也不代表或不能代表隶属于这个集体之中的各个成员的个人利益。"① 虚幻的集体，代表的仅仅是既得利益集团或团体的利益。因此，在各种以"集体的名义"面前，我们首先要分清的是哪些是真实的集体，哪些是虚幻的集体。

个人利益与集体利益的关系。个人利益与集体利益之间存在三种关系。一种是只强调个人利益，不顾及集体利益，甚至损公肥私，这是一种纯粹的个人主义或者利己主义；一种是只强调集体利益，忽视甚至抹杀个人利益，则变成了虚幻的集体利益，甚至异化成了集权主义和专制主义。前述两种关系都是较为极端的利益关系体。但是，在现实生活中，人们往往陷入这两种极端之中。当《穹顶之下》刚刚发布之时，部分舆论就认为这是柴静在借话题炒作自己，甚至认为在片子后面一定有商业利益的存

---

① 罗国杰：《伦理学》，人民出版社 1989 年版。

在，就连柴静本人，也要在访谈结尾强调，"此次拍摄完全是个人性质调研，没有接受基金或其他方面的资助，播出也完全是公益的。"对于利益的忌讳和避谈，无助于环保事业和污染治理的推进与解决，更无助于类似涉及广大人民群众集体利益的问题的推动与解决。

在这里，我们要建设的是第三种个人利益和集体利益的关系。这种利益关系是个人利益与集体利益的统一体，不是虚幻的集体利益，而是一种个人的集体利益，它既包括个人利益又与个人利益相区别，并体现大多数人的利益意愿，这种利益关系与西方个人主义中的温和利己主义或者说合理利己主义是有部分相通性的，承认、保护、实现个人的正当利益，只会有助于实现更多更广泛的集体利益。

进阶阅读

1. 罗国杰：《伦理学》，人民出版社 1989 年版。

2. 约翰·罗尔斯著，何怀宏、何包钢、廖申白译：《正义论》，中国社会科学出版社 2009 年版。

3. 克劳德·让·贝特朗：《媒体职业道德规范与责任体系》，商务印书馆 2006 年版。

4. 斯特拉·布鲁兹著，吴畅畅译：《新纪录：批评性导论》，复旦大学出版社 2013 年版。

5. 约翰·艾尔德里奇著，张威，邓天颖译：《获取信息——新闻、真相和权力》，新华出版社 2004 年版。

6. 哈贝马斯著，曹卫东、王晓珏译：《公共领域的结构转型》，学林出版社 1999 年版。

（作者系中国传媒大学继续教育学部副学部长、培训学院执行院长）

调动观看欲望和"好奇心"的心理机制

——纪录片叙事心理浅析

宋素丽

【内容摘要】

人类进行视觉探索的欲望是影视作品得以传播的生理和心理基础，这样的欲望首先满足的是人的好奇心，对纪录片来说，更是如此。除了纪录片题材本身的新奇独特可以吸引观众，叙事手法的正确使用也能保证好奇心的延续，本文列举了"设置悬念""捕捉冲突""展示事件中的新闻价值要素"三种叙事策略，通过具体案例的分析和叙事手法的使用帮助研究者和创作者理解掌握调动观众观看欲望并延续好奇心的方法和原理。

【关键词】

观看欲望　好奇心　纪录片叙事心理

任何媒介文本的叙事都是在受众的接受过程中完成的，电影、电视也不例外。不同的是，在电影和电视中叙事时关键是要调动观众视觉探索，即"看"的欲望，在观众"看"的过程中满足其好奇心理。

弗洛伊德认为，人类在自己创造的文明社会中并没有找到真正的舒适感，反而时常觉得受到压抑。当我们一步步靠科技实现对自然的征服、延伸自己的能力、获得新时空的控制权时，期望中的幸福感并没有如期而至。德国社会学家埃利亚斯将这一点阐释得更为清楚。他说，人类社会走向文明的过程，实际上是一个不断克制和压抑人的原始情绪的过程，这是为了保证这个社会秩序的维持。但被压抑的情绪，或者是被压抑的本能并没有在人体中消失，而是进入了弗洛伊德所说的"潜意识"中。

于是，人类又利用技术，制造能让自身宣泄情绪、让潜意识的深层欲望得到满足的条件。除了参加体育比赛发泄战斗欲和攻击欲外，"这些欲望的满足主要表现在'观看'中，比如像在拳击赛的观看中以及类似的白日梦中，人们把自己与那些可以在压抑的、有节制的范围内宣泄这些情感的人等同起来。这种在观看中、甚至在倾听中，比如通过收听无线电广播来宣泄情感的作法，是文明社会的一个明显的特征。这一特征对书籍、戏剧的发展起到了一定的作用，对确定电影在我们这个世界上的位置起到了决定性的作用。"① 之后，电视的发展，互联网的兴起，更是试图全方位地满足人类的这些不断被文明挤压的原始情绪和实现本能的欲望。

埃利亚斯绘制的一张示意图形象地展现了人类情感和欲望释放的方式（见图1）。

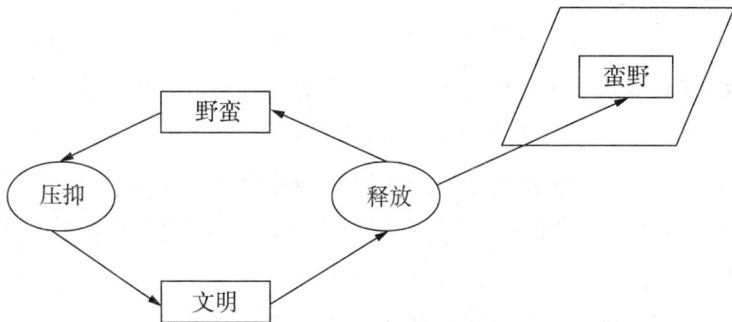

图1 埃利亚斯文明理论示意图

从图1中，我们可以清楚地看到，人类经由对野蛮的压抑走向文明，对野蛮的发泄有两条途径。一是同过去一样，用野蛮的方式发泄。在现代社

① ［德］诺贝特·埃利亚斯著，王佩莉译：《文明的进程》，北京三联书店1998年4月，第310页。

会，这种发泄常常被视为犯罪。另一种途径就是通过一些模拟物来发泄，从古代社会的图腾崇拜、民间游戏到现代社会的电影、电视、网络、爵士乐、奇装异服等都是帮助人们实现发泄的替代物。

在纪录片的观看中，观众要满足的心理主要是好奇心。

心理学研究表明：人进行视觉探索的冲动是由好奇心引起的，好奇心的强弱"与外界刺激的新奇性和复杂性密切相关，刺激愈新奇或者说愈复杂，个体对之愈好奇。"纪录片总是能给观众提供不同的生活场景。鲁迅曾在日记中描述他为何喜欢看纪录片："每有暇，携广平，乘车直奔电影院，看的是非洲纪实之类纪录片；因此生恐去不得那地方，只可望从银幕上了解那里的实情"。[①]

技术的进步使纪录片创作中的表现元素和手段也逐步增多。从黑白到彩色，从无声到有声、立体声，从广角镜头到长焦镜头、从模拟到数字……心理学的研究范围也随之扩展，如对色彩、音响、音调、味道等更细致的领域的研究。心理学用大量的实验不断探索新技术条件下好奇产生的条件，电影、电视通过实践不断创造、实现着这些条件。技术机制和心理机制结合起来，"制造出执迷于不断回归的受众"。[②]在电视媒介中，"收视率、消费和经济交换等组成的复杂网络要求有越来越强烈的心理机制，扩展魅力结构，从而补充其对分散断裂的主体性的吸引力"。[③]美国的制片厂总是能够最早地应用一切技术的、物质的和心理的研究成果，最大限度地吸引观众。在叙事学家对画面和声音的各种组合关系进行科学考察之前，"他们就已经发现并建立了一个完全经验化且又十分严谨的模式上的成套程序，并形成了编码；它们（程序和编码）在工业化生产故事的同时，确保无止境地激发观众的好奇心"。[④]

纪录片叙事中，满足好奇心的方法主要有三个，一是设置悬念，二是

---

① 转引自仲呈祥为刘效礼主编的《2006 中国纪录片前沿报告》（中国传媒大学出版社 2006 年版）所作的序。

② ［美］S. 弗-刘易斯，刘北成译：《心理分析：电影和电视》，《世界电影》1996 年第 1 期，第 28 页。

③ 同上。

④ ［法］皮埃尔·索夫兰著，刘云舟译：《视听美学新问题》，载《世界电影》2004 年第 3 期，第 54 页。

捕捉冲突，三是展示事件中的新闻价值要素。

一、设置悬念

日本电影史学家小笠原隆夫认为，悬念主要体现在时间和空间之中。当影片在限制的时间内预告将发生某事时，悬念便产生了，如午夜，灰姑娘华丽的服饰将失去，时钟正指向 12 时，而灰姑娘还在跳舞……①

上海同济大学教授聂欣如在《电影悬念的产生》一文中将对悬念的诸多看法归结为四点："（1）悬念是求知的欲望；（2）悬念是感觉和期望、回忆间的一种特别的感受；（3）悬念是情绪和知觉的中间物；（4）悬念是某些外部条件造成的。"② 在对这四种看法一一评点后，聂欣如认为："悬念是一种情绪。这一情绪是由两种不同的情绪合成的，或者说这种情绪具有两个要素：紧张和疑问。由这两种情绪要素合二为一的情绪便是我们所说的悬念。"③

这和电影悬念大师希区柯克通过多年电影创作实践总结出来的公式是一致的："悬念=紧张+疑问"。④ 只有关注、没有紧张和疑问的影片不能说是有悬念的影片。

纪录片中的悬念设置，首先要利用观众对情感反应的本能，通过镜头中人物的紧张情绪感染观众。

亚里士多德在《诗学》中就有阐释："被感情支配的人最能使人们相信他们的情感是真实的，因为人们都具有同样的天然倾向，唯有最真实的生气或忧愁的人，才能激起人们的愤怒和忧郁。"

电视栏目中的一些纪录短片常常通过让当事人直接讲述来吸引观众。以《谁让他们坠入黑暗》为例，主持人的简短介绍后，镜头直接呈现一个女人的悲切无助的声音吸引了观者的注意力，景别为一位年轻母亲的面部

① 参见［日］小笠原隆夫著，苗棣等译：《日本战后电影史》，北京广播学院出版社 2001 年版，第 229~244 页。

② 聂欣如：《电影悬念的产生》，《世界电影》2004 年第 5 期，第 23 页。

③ 聂欣如：《电影悬念的产生》，《世界电影》2004 年第 5 期，第 28 页。

④ 参见弗朗索瓦·特吕弗的《采访希区柯克先生》。

特写，同期声为："心就像刀子割一样，讲不出来的难过，然后上了出租车，我老公坐在前面，就在那里使劲地哭，我坐在后面哭都哭不出来，抱着孩子，我想怎么会这样？不相信啊，接受不了（擦眼泪）。"原来，是一位年轻的母亲讲述五岁儿子失明的心酸事实。特写和近景排除了人的正常视野中的其他东西迫使观众的注意力集中于一点，观众用全部的精力看年轻母亲的脸，注意她的表情。在她的讲述中，观众完全进入了人物的主观心理，被悲伤的情绪深深的感染，产生了对事件原由的深深的关注之情。这时，观众的心其实已超越了屏幕，进入了人物的视线和心灵空间中。聂欣如将这种完全由角色情绪传递而形成的悬念称为传递悬念。"①

其次，通过巧妙扣押信息来制造悬念也是纪录片创作者常用的方法，这种方法不断刺激观众好奇心引起连续观看的行为。

美国剧作大师罗伯特·麦基说："你不是靠给予信息来保持观众的兴趣，而是靠扣押信息，除了那些为了便于观众理解而绝对必需的信息。"②在古老的故事集《一千零一夜》中，聪明的山鲁佐德在讲故事的过程中不断扣押信息，设置悬念，引起国王连续听故事的好奇心，不但使自己逃过被杀的厄运，还通过故事解开了国王的心结，治好了国王的心理疾病。

中国古典小说中的"欲知后事如何，且听下回分解"也是在叙事中适时扣押信息、调动听者的好奇心。

电影作品中，最常见的扣押信息的方法是对一个秘密的千方百计的遮掩，或者对一种可以预料的结果的千方百计的延迟。麦基说，自信的作家总是善于将解说内容一点一滴地融汇于整个故事，常常到最后一幕的高潮时还在不断地披露解说信息。这样，才能让观众的心在一个半小时的时间里始终能和剧情的发展牵系在一起。

南京大学杜骏飞在《弥漫的传播》一书中说："在新闻作品中，如果牵涉到某种暧昧不明的事物正得到逐渐的展示，或者某一新闻人物处在结局不明的状态之中，或者某一事件正处在结局逐渐到来之际，那么该新闻文本就会具有较大的吸引力，同时也会使阅读与传播的双方形成情感上的

---

① 聂欣如：《电影悬念的产生》，《世界电影》2004 年第 5 期，第 38 页。
② ［美］罗伯特·麦基著，周铁东译：《故事——材质、结构、风格和银幕剧作的原理》，中国电影出版社 2001 年 8 月版，第 391 页。

联系，这种联系也构成了我们所说的人情味的一部分，因为它迎合了人性中好奇的一面。"①

BBC 的大量作品都用巧妙扣押信息的方法增强片子的吸引力。以 2011 年 5 月中央电视台纪录频道引进的八集纪录片《人类星球》为例，每一集都由七到八个小故事构成，每个小故事的主人公都要有一个特定的任务，每一次任务能否完成都是一个大悬念。如第七集《河流：亦敌亦友》中，开篇故事便是主人公山酿到水量充足，河流湍急的湄公河孔恩瀑布附近捕鱼，目的是为一家七口提供食物。能不能捕到鱼，捕鱼过程中又遭遇哪些困境和危难，成为这个故事最大的悬念。湍急的河流之上，当山酿没有任何保护措施地通过用旧电缆和绳索搭起的通道时，观众的心悬了起来，为他捏了一把汗。最终，山酿捕到了鱼，一家七口共进晚餐的画面消除了原先扣押信息造成的紧张感，对生活不易的感慨也油然而生。接下来的故事中，居住在喜马拉雅山谷中的斯坦金要送两个孩子去上学，学校在一百公里之外，所经路途是一条冰冻的河，所需时间是在冰冻的河上行走六天七夜。斯坦金和孩子们能不能顺利到达学校？路途中又要经过怎样的考验和困境？一层层扣押信息，一个个克服挑战……这又构成了新的悬念。当斯坦金和孩子们穿过已经开始融化的冰河，终于到达学校时，舒缓的音乐、快乐入学的孩子笑脸让观众紧张感消除的同时，似乎也给了观众心灵的抚慰。

近几年，中国优秀的纪录片作品也越来越重视这种方法的使用，如 2015 年 3 月 25 日中央电视台中文国际频道播出的 6 集纪录片《第三级》中就多次通过扣押信息，逐渐展示事实来吸引观众。在第二集《一方热土》的一个有关"尼玛采摘蜂巢"的故事中，除了渲染蜂巢地势的险恶，体型硕大的喜马拉雅悬岩蜂的毒性，片子还设置了一个最大的悬念，即解说词里所说的："尼玛每年都要等上珠峰采蜂巢，不是为了蜂蜜，而是要完成一个重要的使命"，而这个使命是什么，片子并没有直接给出，而是在尼玛经历了"找人—下雨—火把熄灭—采蜂巢"等若干困境后才给出答案——制作佛像。这样的叙事策略中，扣押信息就起到了很好地调动观众

---

① 杜骏飞：《弥漫的传播》，中国社会科学出版社 2002 年版，第 134 页。

好奇心、激起"看"的欲望的作用。

电视频道的策略往往是在广告时段中播出预告片、提供片子内容的部分信息或事件发展的暗示性信息以刺激人心。对于一个频道来讲，不时插入的片子导视或宣传片发布的都只是一些主要信息或是提炼出的事件情节点。大部分的过程或内幕信息被扣押，观众按着提供的播出时间按时收看后才能知晓。而且，对于频道建设者来说，制作播出的系列产品的大部分效果是预先设定好的，目的很简单：确保无止境地激发观众的好奇心，从而促使"看"的行为连续或持久发生。

纪录片《大国崛起》用十二集的篇幅描述了公元 1500 年前地理大发现后大国崛起的步伐，讲述了人类现代化进程的大舞台上，相继出现的 9 个大国之间相互对话和相互竞争的、兴衰更替的故事。[①] 从第一集《海洋时代》到第九集《风云新途》，每一集的开头都会在一段或者交代背景或者承上启下的一个设问中引出正文。如"那么，究竟是什么力量推动小小的伊比利亚半岛征服海洋，进而主宰世界长达一个多世纪呢？"；"荷兰人创造奇迹的故事，应该从什么地方开始叙述呢？""究竟是什么原因，让这个原本在海洋中安详飘荡的小岛，孕育了超凡的能量，改变了自己，也影响了世界呢？""在寻找自己发展道路的两个世纪里，这片广袤的土地上发生过怎样的故事呢？"……观看中，这些问题的提出将观众的思绪带入创作者的叙述轨迹，走进一个又一个波澜壮阔的时代。

二、捕捉冲突

叙事心理学研究表明，引起好奇的方法除不断提供新的刺激外，还可以通过相异元素的组合来实现，即展现冲突。

"冲突"一词最先由黑格尔针对戏剧明确指出，他在《美学》中谈道，"充满冲突的情境特别适宜于用作剧艺的对象。""因为戏剧受到舞台时空的制约，所以，反映现实矛盾时，必须将生活现象凝聚和概括起来"。[②] 所

---

① 任学安、陈晋等：《大国崛起》解说词，中国民主法制出版社 2007 年版，封二。
② 《电影艺术词典》，中国电影出版社 1986 年版，第 151、152 页。

以，冲突律一直都是戏剧创作的主要规律。

传播学的研究也表明，在传播史上，每一种新媒介都把一种旧媒介作为自己的内容，因此"作为最古老的媒介的言语，几乎存在于一切新媒介中"。① 电影、电视中不可避免地包含戏剧的诸多因素。美国剧作大师麦基说，"若无冲突，故事中的一切都不可能向前发展"，② "冲突法则不仅仅是一条审美原理，它还是故事的灵魂，故事是生活的比喻，活着就是置身于看似永恒的冲突之中"，③ "生活就是冲突，冲突是生活的本质"。④

纪录片创作中，首先要建构由于拍摄对象的"自觉意志运用"而产生的冲突。

"自觉意志运用"是从黑格尔、布轮退耳到十九世纪最伟大的剧作家易卜生都提到过的剧作指导思想，认为剧作家要用笔墨描写人物运用意志达到目标时的场面。二十世纪心理学的研究使人们认识到仅仅表现"自觉意志运用"是不够的，还要展示活动的因果性。通过活动表现人物的情绪和精神状态，要在对立和冲突的情境中，在戏剧化的场景中展现意志向目标前进或者达到目标或者无法达到目标的过程。这样，冲突才会具有社会和心理层面上的逻辑性，而不是盲目的、不惜任何牺牲的行动或是一些假造的人物的胡蹦乱跳与胡作非为。确切说，就是指不符合观众心理需求规律，缺乏社会基础的"意志运用"是乏味而无聊的，是不能引起长久观看的，更别说好奇心的激发。

当然，由于人的"自觉意志运用"而产生的冲突是在多个层面上展示的，所以，仅仅有一个层面的冲突的影视作品对观众好奇心的调动往往不够充分。

一般来讲，冲突的层面有三个主要层次：一是个人内心冲突；二是个人与个人间的冲突；三是个人与环境间的冲突，这里的环境指广义上的环境，包括自然、社会、人文、文化等多方面。

---

① ［美］保罗·莱文森著，何道宽译：《数字麦克卢汉——信息化新纪元指南》，社会科学文献出版社 2001 年版，第 58 页。

② ［美］罗伯特·麦基著，周铁东译：《故事——材质、结构、风格和银幕剧作的原理》，中国电影出版社 2001 年版，第 248 页。

③ 同上书，第 246 页。

④ 同上书，第 248 页。

优秀的电影常常在一个情境中将人物同时引入三个层面的冲突。如《克莱默夫妇》中，克莱默为儿子烤法式面包的场景：克莱默的内心冲突来自他的自信，他想让儿子情绪稳定，想让儿子知道妈妈回来之前他们会过得不错。个人冲突来自于克莱默和儿子，儿子歇斯底里，害怕没有妈妈会被饿死，儿子看不到能吃上早餐的希望而不时啼哭。个人与环境的冲突即是克莱默和厨房的格格不入，他越努力，厨房里的一切就越和他作对，先是找不到原料，接着又不知道如何打鸡蛋，用什么容器盛鸡蛋，倒奶时奶溢了出来，油锅里溅起的油星又烫伤了儿子……这个场景三分钟，没有对白，却展现出了一个男人与生活的复杂层面同时发生冲突时的尴尬局面，成为电影史上令人难忘的场景。

好看而深刻的纪录片也常常是那些能展现这些冲突的片子。如《一个狙击手的独白》中，表达王达的内心冲突是在镜头和王达的画外独白中实现的。如：镜头是王达对着镜子涂伪装泥、穿伪装训练服，画外音是："那是我第一次出那种狙击任务，也是第一次狙杀罪犯，但我几乎没有什么成功的喜悦。你有了勇气做那个事，之后需要更多的勇气去面对你做的这个事"。王达在窗台上边摆弄自己要断的指头上的戒指，边说："断指这两边血管难受，箍一下还好一点。这是我生日的时候自己选的生日礼物，我觉得我全身上下就这儿是个缺陷吧，戴个戒指对它好一点。"讲述的平静更反衬出一个狙击手内心"职业道德和伦理冲突"所带来的煎熬。个人和个人的冲突主要通过每次狙击时王达对离他有一大段距离的犯罪嫌疑人的行为动作的描述和对开枪时机的确定，这个时候，两个生命对峙的冲突性是极强的。如在执行一个小伙子劫持女朋友的现场，王达距离犯罪嫌疑人有九十米，片子在王达和犯罪现场间交叉剪辑，两个回合中，王达抓住小伙子从宾馆出来往车边走的几秒钟内的一次左右张望的时机，扣动扳机，而小伙子的头因为被女朋友挡住，王达只能看到二三个指头宽。个人和环境的冲突贯穿全篇，犯罪现场的骚乱和王达内心的镇定；狙击成功后现场的欢呼和王达内心的痛苦。由于这些冲突和狙击手独特的职业使得整个片子始终牢牢牵着观众的视线。

20世纪80年代以前，中国纪录片由于受特定政治环境的影响，大多围绕政治宣传需要而进行，对人物的内心冲突、个人间的冲突涉足不深，甚至文化、经济环境的冲突都不涉及。于是，模范和"模板"等同，有血有肉有思想的人成了政治概念的代名词。80年代引起轰动的文化类纪录片大都"见景不见人，见人不传声"，大量的解说词直抒胸臆，也谈不上冲突的设置。进入90年代，纪录片对普通人、日常生活进行记录后，才逐步在多个冲突层面展示的人物和事件。

以《东方时空》播出的一期教师节特别片子《山里·山外》为例。①

这期片子并没有按照惯常的"宣传"思维在教师节这样一个特定的"宣传"时机选择一个具有宣传价值的教师的典型来正面报道，而是选择了一个不安于民办教师岗位、一心向往城市生活、引起极大争议的人物——贫困山区民办教师王向英。这种选择本身就为表现冲突创造了条件。

王向英曾因为热爱山区教育事业、富有理想和热情而成为北京电视台专题片子《拨亮烛光》的典型，但"出名"不但没有改变王向英艰难的生存状况，反而让她承受了更大的压力。她想从民办教师转为正式教师，有人就认为她是以荣誉为资本来要待遇。同时，上电视后社会各界的反馈信息让她感觉到了山外世界的精彩和诱惑。最终，王向英背弃了她的荣誉，选择出走，到城里打工去了。她的选择让无数关心她、支持她、给她荣誉的人感到失望甚至愤怒。这期片子中，编导者没有沿着习惯的思路把王向英作为一个反面典型来批判以达到宣传教育的目的，而是在展示她的内心冲突、和周围人的冲突以及和环境间的冲突中反映了她的真实工作、生活和心态。从而把观众引向了对人物精神境况的关注、对人物真实情感的体会，进而进入对中国现行基层教育体系乃至教师作为一个社会自然人的个人生存状态的深层次思索。

系列纪录片《中国人的活法》最初由中央电视台新闻频道推出，首次播出在2015年春节期间，初一到初六，六部"强化了对当下时代特征以及人物命运冲突的要求"②的纪录片吸引了众多观众的视线，"中国人该怎么活"成为大家热议的话题。不到半年，这部系列片第一季的完整十集又

---

① 参见中央电视台内部资料，关海鹰：《试论中国电视的现代新闻观念》。

② http://jishi.cntv.cn/2015/07/09/ARTI1436406098249802.shtml。

于 7 月 8 日至 17 日在中央电视台综合频道播出，除了春节期间的六集，又增加了四集。于是，这样一批在各种冲突中坚守梦想的普通人出现在我们的视野中：在大都市的喧嚣中，坚持在理想与现实的重重冲突中追求绘画梦的卡车司机孔龙震、在大巴山深处种植玫瑰完成梦想的农民工老伍、渴望回归土地与内心的草根歌手"大衣哥"朱之文、紧张的医患关系背景下的医生团队、做机械手臂的 90 后创客、执着于交响乐普及的 90 岁老指挥家曹鹏、巨变之下的传统文化守护者沈晓、在尘世繁杂中恪守工匠精神的工人群体……

靠冲突引起观众好奇心还可以通过巧妙建构二元对立结构来实现。

世界中充满着各种各样的故事，从远古口口相传的神话、童话到现代印刷、电子媒介中的故事，"故事的世界只是一个各种力量和关系的机制"，① 这些"关系集束"中，一切关系都可以还原为两项对立的关系，一切故事都是由对立结构组成的。故事的思维就是由对立走向对立的解决，而对立力量间发生的各种各样的冲突就是激发好奇、吸引人视线和注意力的因素。

俄国学者普洛普用七种角色概括了童话故事中的所有人物，总结出了童话中角色动作的三十一项功能。法国学者列维—斯特劳斯在此研究成果的基础上对神话中的对立关系进行了分析，法国学者格雷马斯更进一步，他从二元对立的原则出发，发现了人类在聆听故事中构造知觉的结构公式（见图 2）。②

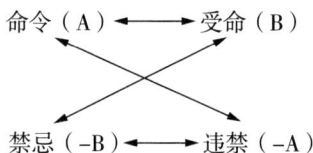

命令（A）◀━━━▶ 受命（B）

禁忌（-B）◀━━━▶ 违禁（-A）

图 2 故事中的知觉结构公式

这个公式是二元对立结构的基本的简洁的表达，是一切意义产生的基

---

① 列维-斯特劳斯语，转引自游飞、蔡卫：《世界电影理论思潮》，中国广播电视出版社 2002 年版，第 341 页。

② 参见彭吉象：《影视美学》，北京大学出版社 2002 年版，第 104 页。

本细胞。公式中，A 和 B 的对立等于–A 和–B 的对立，将公式展开，就包含了对一个实体的两个方面的确认和区分，也就是实体的对立面和对实体的否定。格雷马斯认为，普洛普的三十一项人物功能中，有许多包含着逻辑上相反的关系，这种基本的对立关系使得各种故事的意义得以产生，并由此组成了一个具有相互关联的矩阵符号图形。

这种建立在二元对立基础之上的模式蕴含着两种不同的对立关系，形成了四元相对体。虽然抽象，却是一种普遍的、有效的基本分类模式，其中的四个角完全可以由不同的实项来取代。这个公式，既可以用于静态的非叙事文本的分类，也可以用于动态的叙事文本的分类。

电影研究学者威尔·赖特 1975 年出版的《六响枪和社会》讨论了通俗西部片的神话特性和结构。赖特运用斯特劳斯和格雷马斯的理论，分析了西部片中的对立关系，阐述了这种对立在叙事中的体现，以及叙事中如何运用冲突吸引观众的注意力。

赖特发现，西部片中体现在故事和视觉方面（如衣服、场景、动作、表情）的基本对立有四种（见表 1）。这四种对立是西部片的核心，人物和情节围绕这四种对立结合和交换。

表 1　西部片中的冲突与对立

社会内部	社会外部
善	恶
弱	强
文明	荒野

故事片中的这种二元对立结构的建构在纪录片中也很普遍。

以纪录片《眼球丢失的背后》为例。在 45 分钟的片子中，对立冲突是不断展示的。片子中间的隔断（电视专题片子中的隔断设置是为了总结前文、引起下文；娱乐类片子的隔断设置是为了插广告；新闻类片子的隔断更多的是为了调节观众收视，也符合电视观众的间断性收视习惯）就是冲突的凝缩。

四个隔断（配以节奏感很强的音乐）分别出现在片子开头、片子进行到 11 分钟、21 分钟和 37 分钟时。这期片子中，第一、第三个隔断内容相同。

第一个隔断：记者：你觉得医生的动机是什么？

死者家属：我觉得他是牟利

记者：跟高大夫本人有过经济来往吗？

接受眼球移植的患者一：没有。

记者：给过高大夫钱吗？

接受眼球移植的患者二：没有。

死者家属：你不牟利，不代表你不犯罪。

医生：我对得起病人，对得起我的职业。

法律顾问：高博士的行为，有他违法的一面，但是不构成犯罪。

专家：中国已经到了要给器官移植立法的时候。

第二个隔断：解说：告别仪式发现眼球丢失。

（同期）患者家属：两只眼睛，都是假的。

解说：谁偷走了眼球，警方投入了调查。

（同期）患者家属：是眼科的医生。

解说：医生为何偷取眼球？

（同期）医生：这时候唯一的方法就是作角膜移植。

解说：偷来的眼球使两个病人恢复了光明。

（同期）记者问：你觉得医生的动机是什么？

死者家属：我觉得他是牟利。

解说：高伟峰是否为自己牟利，请继续收看《新闻调查》。

第三个隔断：（同一）

第四个隔断：医生：没有什么东西，再比救人更重要。

法律顾问：这个行为毕竟是一个违法行为。

解说：职业行为靠什么来规范。

专家：政府应该通过立法来规范这种行为。

记者：解决这个角膜需求矛盾出路在哪里？

专家：国家应该立法。

专家：高博士这个案子，也说明了在中国，器官移植立法的迫切性。

解说：器官移植法能否出台，高伟峰的命运如何变化？请继续收看《新闻调查》。

片子中的冲突和对立可以用下面的表格来展示（表2）：

表2　《眼球丢失的背后》中的冲突和对立

人物	冲突范围	冲突焦点	人物
死者家属	道德 法律	是否牟利 是否违法	医生
死者家属	法律	是否违法	医院
医生	道德 法律	遵从道德 还是遵守法律	接受眼球的患者
医生	法律	盗取眼球	派出所干警
接受眼球的患者	法律	医院是收费的	医生
医生	道德 法律	遵从道德 还是遵守法律	政府

片子前35分钟是很吸引人的。片子中主要的冲突线索是死者家属和医生间的冲突，冲突产生有两个层次：一是盗取眼球是否牟利？当发现医生并没有牟利后，死者家属提出质疑：不牟利就不违法吗？因为死者的眼球是在未经家属知晓的情况下被取走的。死者家属和医生间的冲突吸引着观众的视线，观众期待着对立的消除。应该说，这样的叙事是成功的。

但之后片子将冲突对立的焦点转移到了医生和政府之间，开始讨论立法必要性，试图从法律不健全的角度来讨论医生的行为。但实际上，死者家属和医生还有道德方面的冲突未解决，因为即使没有合适的法律可以拿来界定医生行为，道德上医生对死者家属也应该有所表态。片子中没有将这一层次的冲突解决，是一个失误。而且，正因为对这一层次冲突的认识不足，片子在37分钟后一直没有出现死者家属的反应。严格来讲，这便失去了观众关注的主要方面之一，因为观众关心医生的命运，也关注死者家属的最终态度。作为45分钟的调查类片子，这样的编排会减弱观众继续收看的好奇心。

— 101 —

《新闻调查》片子的收视曲线也表明，收视点的下滑往往出现在 30 分钟之后。所以，如何展开并维持、把握冲突也是新闻叙事中的关键一环。

另外，片子中没有展现死者家属和医院间的冲突以及两位接受眼球的患者和医院间的关系。因为医生虽然没有收取患者的费用，但医院是收了钱的，眼球的钱其实交到了医院，医院是有利益的。因此，死者家属和医院之间的对立也就自然存在。片子回避了这些问题，在叙事中没有任何交代，这就使得冲突的解决有很多不合理性。观众对采访编排的合情性产生了疑问，也影响了收视兴趣。

总之，叙事结构中二元对立因素的寻找和合理设置直接关系到给观众提供的信息刺激量的累积，关系到观众好奇心的保持强度和时间。

三、挖掘事实新闻价值

在纪录片中，对事件的新闻价值的发现和挖掘也是调动好奇心的重要方法。在这方面，国外的纪录片要比中国的纪录片做得好，忽视事件和现场的新闻价值也是中国纪录片在世界市场上难以获得丰厚市场回报的原因。

新闻价值指新闻事实满足社会需要的客观功能，具有新闻价值的事实一般具有时新性、重要性、显著性、接近性等价值要素。这些价值要素的判断是从观众角度来鉴别的。其中，时新性指时间新、内容新；重要性指事实对社会生活的影响程度；显著性指事实参与者的知名度；接近性指新闻事实和观众地理或者关系上的接近性。

2007 年 7 月 9 日美国时间晚 8 点，美国历史频道播出了长达两个小时的纪录片《郑和——美洲的真正发现者？》。这部片子是阳光卫视 2005 年的纪录片作品，撰稿人是朱大可。这也是美国主流商业电视台第一次完整播出中国原创纪录片。

在美国历史频道播出时，唯一的改动是题目。原先的题目只有两个字《郑和》。当添加了"美洲的真正发现者？"这个疑问句式时，郑和与美国观众一下子就有了独特的联系。这是对事实新闻价值要素中"接近性"进行挖掘的结果。江苏广播电视总台创作的五集纪录片《1405·郑和下西洋》的纪录片获得了 2004—2005 年度中国电视纪录片系列片十佳作品，片子有很多优点，比如史料翔实、悬念迭起等。但就题目来看，并不具备国际传播的优势，因为"西洋"的提法很明显是从当时中国人的视角出发的，现在的外国观众能有多少人熟知这个称呼就很难知晓了。

中央电视台科教频道的纪录片导演廖烨曾在中国传媒大学就中国纪录片如何走向国际市场的问题做了一个专题讲座。现场播放了由中国导演完成、国外导演改编后又在国外播出，并且创造了良好收益的纪录片。最典型的是对历史探秘系列纪录片的改动。中国纪录片导演讲述的习惯性思维是直接进入谜团重重的历史，如《复活的兵团》。这部片子在国内获了大奖，在国外市场却卖得不好。仔细分析经国外导演修改后获得较好市场效益的纪录片，不难发现：他们要么是寻找片子中具有超出常人意志力、取得非凡业绩的人，由人物串起全片；要么就改变叙事的切入点，先呈现现在的时空，插入现实生活中的环境音响，再经由现实中的一些地点、物件或者人物回到历史。那么，这些正在进行时的现实的"生活团块"① 呈现了中国的现实社会状况和老百姓的生活状态，对外国观众来说，这是比历史更容易吸引眼球的。这些事实对国外观众来说，不仅是新的，在生活的层面上也有接近性。因为，我们认为的我国的历史大事不见得是世界的大事，即便是，也不容易和海外观众产生关联性。

许多国际纪录片评委和国外纪录片研究者、导演都在不同场合谈到过，国外的观众其实更想通过纪录片了解中国普通人的生活和情感，可较多的纪录片只是靠边缘题材或者符合某一个纪录片奖的拍摄风格而在国外获了奖，那里的普通观众并不感兴趣。而且，这些片子并不能反映中国大多数人的生活。

相比之下，国外的纪录片在进行国际化传播时就有很多地方是值得学习的了。以纪录片《难以忽视的真相》为例。题材是环保方面，关于全球变暖的，这是很多纪录片创作者都表现过的题材，也有不少佳作。但这部片子不仅获了奥斯卡纪录片大奖，还摘走了诺贝尔的橄榄枝，赢得了票房，吸引了观众。且不说整部片子的结构像一场 PPT 演示报告，且不说导

---

① 电视研究学者朱羽君经常用这个概念来说明用纪实手法拍摄的现实生活场景。

演手法如何娴熟，单看纪录片题材和片中主要叙述者——戈尔的选择及其背景和经历，就占了新闻价值要素的三大项：时新性——最新舆论报道显示戈尔拍摄制作完这部片子后决心再不参与政治选举，一生投身环保宣传；重要性——全球变暖的问题全世界的人都关注；显著性——戈尔曾是现任总统布什的竞选对手。最让人产生触动的是片子中让戈尔讲述了两段自己亲人的故事，一下子又体现了接近性——来自亲情的影响。两段故事分别是戈尔的儿子被汽车撞成植物人，离开人世，而汽车尾气是使全球变暖的重要因素。戈尔的美丽善良的姐姐因抽烟四十多岁就死于肺癌，这使得一生从事烟草产业的父亲因此关闭了所有的种植烟草的庄园。两段故事的讲述，生命体验的感伤和深刻让观众和讲述者心灵相通，体现接近性的同时还注入了浓浓的人情味。

事实上，在很多的优秀纪录片中都可以寻找到具有时新性、重要性、显著性、接近性这样的新闻价值要素的事实，这些事实，使得纪录片更能符合观众的社会心理需求。

综上所述，满足观众的好奇心，调动观看者"看"的欲望，是纪录片创作者讲好故事的出发点，设置悬念、捕捉冲突，发掘生活事实中的新闻价值要素，纪录片就能紧紧牵引观众的视线，牢牢抓住观众的心，实现传播价值和目的。

进阶阅读

1. 车文博：《西方心理学史》，浙江教育出版社 1998 年版。

2. 杜骏飞：《弥漫的传播》，中国社会科学出版社 2002 年版。

3. 郭庆光：《传播学教程》，中国人民大学出版社 1999 年版。

4. 黄希庭：《心理学导论》，人民教育出版社 1991 年版。

5. 叶浩生主编：《心理学通史》，北京师范大学出版社 2006 年版。

6. 孙玉胜：《十年——从改变电视的语态开始》，三联书店 2003 年 8 月版。

7. 宋素丽：《自我的裂变——叙事心理学视野中的中国纪录片研究（1978—2008）》，中国传媒大学出版社 2009 年版。

8. 宋家玲、宋素丽：《影视艺术心理学》，中国传媒大学出版社 2010 年版。

9. ［德］舒里安著，罗悌伦译：《影视心理学》，四川人民出版社 1998 年版。

10. ［美］悉德·菲尔德：《电影剧本写作基础》，中国电影出版社 2002 年版。

11. ［美］苏珊·郎格著，滕守尧、朱疆源译：《艺术问题》，中国社会科学出版社 1983 年版。

12. ［美］比尔·尼可尔斯著，陈犀禾、刘宇清、郑洁译：《纪录片导论》，中国电影出版社 2007 年版。

（作者系中国传媒大学副教授）

电视纪录片传播效果提升路径研究

孙 杰

【内容摘要】

本文研究的内容为在外部环境无法优化的前提下，如何通过媒体内部安排实现电视纪录片传播效果的提升，即如何实现传播范围和好评度两方面的最大化。本文结合实际案例，具体地提出了四条实现此目的的途径，分别是提前介入策划、整合配套编排、打造团队品牌和多媒介推广。

【关键词】

电视纪录片　传播效果提升　实现路径

【引言】

这是一个对大众眼球争夺白热化的时代。随着信息传播媒介的多样化，大众接受信息的渠道越来越多，已经没有哪种媒介能够完全主宰观众的视线。

这同样是一个信息过剩的时代。随着我国传媒业的迅猛发展，大众可选择观看的节目种类也越来越多，没有哪种节目样式可以独领风骚。

在上面两个前提环境下，作为电视节目中"大块头"的电视纪录片应该如何找到自己的生存发展之道呢？

一、传播效果的追求：范围与美誉

（一）传播效果

效果，指的是人的行为产生的有效结果。在传播学研究领域，传播效果这个概念具有如下的双重含义：第一，它指带有说服动机的传播行为在受传者身上引起的心理、态度和行为的变化。第二，它指传播活动尤其是报刊、广播、电视等大众传播媒介的活动对受传者和社会所产生的一切影响和结果的总体，不管这些影响是有意的无意的、直接的还是间接的、显在的还是潜在的。①

传播效果具有不同的层面：认知层面上的效果，心理层面上的效果，行动层面上的效果，这是一个效果的累积、深化和扩大的过程。以报刊、广播、电视为代表的大众传播的社会效果有三个层面：一是环境认知效果，也称"视野制约效果"，即大众传播制约着我们观察社会和世界的视野；二是价值形成与维护效果，这种功能是通过传媒的舆论导向功能发挥出来的，它可以通过舆论引导形成新的规范和价值，又可以通过舆论监督来维护既有的规范和价值；三是社会行为示范效果，大众传媒通过向社会提示具体的行为范例或行为模式来直接、间接地影响人们的行为。②

电视作为一种大众传播的媒介，目的就是让信息被大众分享。如果电视节目不被观众观看并接受，这种传播就没有了归宿，这种行为本身也就失去了意义。从这个角度说，传播范围是衡量传播效果的一个重要指标。

但是，范围的广度并不是全部，衡量传播效果的另一个重要维度是好评度，或称美誉度。它直接决定着观众的忠实程度。好评度高的节目，有利于培养固定的收视群体、提高媒体的品质、趋向于形成品牌的力量。如果没有好评度，飞速上涨的节目数量只能是一个数字，势必无法有良好、持续的收视结果。现在在电视业界，往往用收视率来考量传播效果，而缺乏对好评度的考量。

---

① 郭庆光：《传播学教程》，第二版，172页。
② 郭庆光：《传播学教程》，第二版，173页。

本文所研究的传播效果提升指的是大的传播范围与高的好评度的统一，二者是"量"与"质"的统一。

（二）传播中应注意的电视纪录片的特性

电视纪录片没有新闻类节目的快捷、高时效性，也不能像电视评论类节目那样直白、平铺直叙。它有自身的特点，我们在传播中应该注意这些区别于其他节目形态的地方。

一是制作周期长。电视纪录片是电视节目中的"大块头"。电视纪录片因为内容厚重往往投资较大、周期较长。另外电视纪录片把"美"作为自身的重要追求之一，讲究的是既有明显的纪实风格，不容许弄虚作假，又追求艺术性，字、句、镜头等各个元素都要设计，以达到"对事实和对真实自然的人、人性的高度尊重与揭示"的目的。制作周期长的特点给宣传策划留出了足够的时间。

二是具有文献价值。一旦制作完成，可以反复播出，并因其内容的特殊性有值得保存的价值，经常成为所属制作机构的"旗帜"。尤其是文献类电视纪录片——如中央电视台制作的《再说长江》《大国崛起》《复兴之路》，新华社摄制的《感动中国——共和国一百人物志》《共产党人》《中国故事》等——不仅有纪实性、艺术性的追求，而且有文献价值，是这个时代的影像志。一般来说，文献纪录片是社会主流意识形态的反映，暗含国家意志。相对于对日常生活琐事的细腻描写，文献纪录片的内容更趋向于对社会大趋势的反映与记录。因此，文献纪录片在表现上往往呈现出宏大的叙事特点，也就是往往上升到国家、民族、时代的高度来展现主题。

二、电视纪录片传播效果提升途径

我国战国时期的思想家荀子曾写道："谈说之术：矜庄以莅之，端诚以处之，坚强以持之，譬称以喻之，分别以明之，欣驩芬芳以送之，宝之，珍之，贵之，神之。如是则说常无不受。虽不说人，人莫不贵。夫是之谓为能贵其所贵。传曰：唯君子为能贵其所贵。此之谓也。"这是对

"说服性"传播技巧的高度概括。

1960年，美国学者克拉伯在其著作《大众传播的效果》一书中，说受众的心理归结为选择性接受、选择性理解和选择性记忆。"选择性"的前缀说明了，传播的受众在接受信息时并不是全盘接受的，人们只是有选择地接受自己感兴趣的、与自身价值观相符合的信息。克拉伯认为，选择性因素是传播过程中的主要干扰，传播方要提高传播的效果，就必须减少选择性因素。

在区别于理论研究的实际操作中，对于一个媒体、一个导演来说，减少传播过程的其他竞争对手几乎是不可能的。对于信息源，我们无法控制其他媒体对于信息的无限量提供；对于传播渠道，很难为了某部纪录片作品去短时间内拓展播出渠道；对于受众，我们也无法控制大众千人千面的选择标准。

所以本文的研究内容是，在外部环境无法优化的前提下，如何通过媒体内部安排实现传播效果的提升。当我们听到一部新的纪录片要播出时，我们往往会问几个问题：这个片子讲什么的？谁拍的？能在哪里看到？要寻找实现纪录片传播效果提升的路径，或许可以从这几个问号入手。我们可以通过改变传播形式、更新配套内容、培养受众选择习惯等方法增强纪录片的传播效果。

(一) 提前介入策划

"这个片子讲什么的？"对主题策划的提早介入可以成为一个突破口。

这种情况就像"提前"为受众设置议程。美国传播学家麦库姆斯和肖1972年在论文《大众传媒的议程设置功能》中总结出他们一项调查研究的成果。他们认为，大众传播具有一种为公众设置"议事日程"的功能，传媒的新闻报道和信息传达活动以赋予各种"议题"不同的显著性的方式，影响着人们对周围世界何为大事的判断。[①]

第一，借势策划。在传播学研究中，学者韦弗等人发现电视的"热点化效果"比报纸突出；报纸形成议程的基本框架，电视则挑选出议程中若

---

① Maxwell E. McCombs&Donald L. Show, "The Agenda-setting Function of Mass Media", 1972.

干最主要的"议题"加以突出强调。① 这与我们的实践尤其是纪录片创作实践是相符的。由于周期和投资的掣肘，电视纪录片应该在"热点"上用力。当我们已经预见到某个时间社会上会出现某项议程时，可以提前介入策划。

这种"议程"的代表之一是可以预见的重大事件纪念日。比如 2009 年是新中国成立六十周年，央视在十月一日之际推出了《走进新中国》等为国庆献礼的专题片；2011 年，不仅是建党九十周年，而且是中国加入世界贸易组织十周年，中央电视台也在做针对这两个庆典的献礼片。新华社的视频部门曾经做过《重生——汶川地震一周年》，也是有前瞻性的节目策划。新华社拍摄的为建党九十周年献礼的专题片《共产党人》也是提前策划的很好的例子。又如 2016 年是中国共产党长征胜利 80 周年，由中国传媒大学中国纪录片研究中心承制的央视重点项目《长征纪事》于 10 月在央视纪录片频道播出。

还有一些记者节、护士节等相关的现在并未被人注意的值得纪念的庆典日，我们都应该多加关注。

第二，培养策划。这是对传播学"培养"理论概念的化用。美国学者伯格那提出了"培养"理论，认为社会作为一个统一的整体存在和发展下去，就需要社会成员对该社会有一种"共识"，也就是对客观存在的事物、重要的事物以及社会的各种事物及相互关系有接近的认识。只有在这个基础上，人们的认识、判断和行为才会有共通的基准，社会生活才能实现协调。②

"培养分析"理论尤其强调电视媒介在形成共识中的作用。对于那些尚不明显、但是正隐隐成为社会热点的事件，我们应该给予适当关注。正如美国现代报业奠基人普利策所说："倘若一个国家是一条航行在大海上的船，新闻记者就是船头上的瞭望者。他要在一望无际的海面上观察一切，审视海上的不测风云和浅滩暗礁，及时发出警告。"比如，近些年我们给予了较多重视的艾滋病、同性恋选题，在还未成为热点之前，央视

① D. H. Weaver, Media Agenda-Setting in a Presidengt Election, 1981.

② 郭庆光:《传播学教程》(第二版)，中国人民大学出版社 2011 年版。

《新闻调查》记者柴静就已经对此投入了关注并做了相关的报道，从而在一定程度上提升了《新闻调查》的口碑。

（二）整合配套编排

曾经有一位资深电视人说，"自己的平台就是最好的平台"，这句话意在说明我们应该充分利用好自己的平台，把它的潜能开放到最大。

我们在节目编排上或许可以让节目之间的联系更多一些。电视是一种伴随性媒介，面对不再"一心一意"的观众，我们给的提示越多，留住他们的可能性就越大。在一个节目中做另一个节目的宣传，用免费的广告把另一个节目推荐给本节目的受众，这是一个基本的方式，如在一个节目中预告"关于这条新闻的详细情况会在稍后的节目中呈现"。

一般情况下，电视编播人员采取的两种重要的编播方法是"带状"（strip）与"块状"（block）节目的编播。带状编播方式，是指一个频道在每天同一时间内安排同一节目，这个节目的长期样态呈现出连贯性和系列性，比如电视剧的编播。另一种编播方式是块状编播，是一种纵向的编播方式，其具体操作就是把类型相同的节目有机组合在一起，让受众在频道内部形成顺流，有助于维持稳固的收视群体。①

湖南卫视对带状和块状编播方式的有机运用可以给我们一些启发。2008 年，湖南卫视要推出娱乐脱口秀节目《天天向上》，于是，2008 年 8 月初，编播人员首先策划了《天天向上前传》，并于 8 月 7 日正式播出。它通过知名人士做客节目现场、幽默小短片等形式为正式节目预热，从而为《天天向上》吸引收视群做好了伏笔。

因此，当我们准备播出一部纪录片时，是否可以考虑提前在本媒体访谈节目里做创作人员深度、系列的访谈？是否可以相应地调整其他节目的内容配合宣传？是否应该在纪录片拍摄过程中注意留下影像资料？纪录片较长的制作周期留给宣传人员充分的预热筹备时间，纪录片丰富的拍摄过程给这种宣传预备了充足的素材资料，为提前介入策划提供了可能性。

---

① 李宥儒：论文《湖南卫视电视编播方式研究》，2011 年。

（三）打造团队品牌

"这个片子是谁拍的？"按照人类的惯性思维，一个值得信赖的导演或者团队往往可以拍出值得关注的片子。这就是团队的品牌。

电视品牌，是广大受众通过持续观赏收听广播电视节目，对物化的节目、频道（率）和电视媒体的质量、形态、服务、信誉、市场的普遍认同，是电视媒体的品质、个性和价值的标准化体现，是电视媒体文化的具象化表征，是一个电视媒体区别于其他的重要标志。[①] 对于纪录片团队的品牌建设，有两条路径，一是知名编导路径，二是类型团队路径。

知名编导路径，指的是在宣传过程中突出编导地位，这一点的根本原因是艺术个性化的创作。欧文·戈夫曼认为"在日常活动中会注入一些标志，使得原本含混不清的事实得以明晰"[②]，在这一路径中，编导成为片子的标志。例如，2012 年 5 月，《舌尖上的中国·第一季》在央视首播后，不仅成为国人挂在嘴边的谈资，而且获得业界专家好评。这部片子的总导演陈晓卿、执行总导演任长箴在之后都成为纪录片界的代表人物，任长箴成立"任长箴纪录片工作坊"，不断塑造编导品牌。

类型团队路径则是在核心人物不突出的情况下，使团队整体成为标志。比如提起自然类的纪录片，我们就不能不提起 BBC。BBC 的纪录片创作团队已经超越某个个体成为观众期待的标志。

以新华社音视频部和 CNC 为例，为了进行品牌化建设，2009 年曾设立"朱玉工作室"，2010 年陆续推出了"新锐编导""新锐记者"系列，这些都是主动创立品牌的举动。但是在实际推广中，对于标志性的人物和团队并没有持续发力，对团队的类型化也没有做分类与巩固。团队博客、公众号很少见；在工作室印制的光盘封面上的醒目位置见不到某工作室制作、某编导导演的提示；可以在节目间隙滚动播出的小片花也几乎没有从团队品牌角度制作。

当然，形成品牌的根本是拿得出优秀的作品，这需要策划、导演、摄

---

① 徐明明：《谈广播电视的品牌的结构》，载《中国广播电视学刊》2007 年 2 月。
② 欧文·戈夫曼：《日常生活中的自我表现》，云南人民出版社 1988 年版。

像、剪辑等各个环节共同努力。本文研究的是传播学领域的效果提升路径，将把关注重点放在节目之外的配套工作上，对节目内容不做具体考量。

（四）多媒介推广

"这片子哪里能看到？"美国政治科学家拉斯韦尔在 1948 年发表的《传播在社会中的解构与功能》一文中将传播过程解析为五个主要环节——谁、说什么、通过什么渠道、对谁说、产生了什么效果——即著名的"5W"理论。如果没有受众接受信息，那此传播行为是不完整的，传播效果更是无从谈起。作为传播者，我们有义务用尽可能多的手段把节目传播给尽可能多的人。当这五大要素中传播者、传播内容都已经确定时，传播渠道就变得非常重要了。

一是在传播过程中借力渠道合作伙伴。

民营网站的力量不应忽视，如优酷土豆、爱奇艺等国内大规模的视频网站。优酷土豆月度用户规模已突破 4 亿，意味着已有 1/3 的中国人成为优酷土豆的用户。① 随着我国民营商业视频网站的体系日益成熟和规模日益扩大，纪录片在传播过程中寻求与他们合作应该是首推的方式之一。常用的方法有设立视频主页、首页推荐等多种方式。2011 年，新华社 CNC 的作品《共产党人》在推广的过程中，曾在优酷网、爱奇艺首页设置了滚屏推荐，点击率在发布几个小时内过万，应该说效果是比较明显的。

宣传的侧重点应该向移动网络偏移。中国互联网络信息中心互联网发展研究部副主任王常青表示，"目前我国网民已经突破 7 个亿，其中手机网民就占据 6. 65 亿，占比 92. 5%。甚至有四分之一的网民只用手机上网。目前网络新闻用户已达 5. 79 亿，只用手机看新闻者占比为 62. 9%"② 这说明未来手机成为网民获取新闻的单一渠道的趋势明显。新华社音视频部主任陆小华也表示："三网融合"的核心价值取向应当是满足移动化重组生

---

① 《优酷土豆股份有限公司》，http：//baike. baidu. com/link？url＝cSdrRGHHqDk9 GFGEjZf-ZLGLMiRyXplBa-ClG0RUtlzeNgJT6olVU4sEViRNQYh4Wy20UzO05tZuRqJIT1wvLO_
② 《王常青：网民需求日益细化引领网络媒体转型》，http：//news. 163. com/16/1017/16/C3JFG5DG00014SEH. html，中国青年网（北京），2016. 10. 17。

活需要，应当是向移动互联方向发展。①

二是注意采用适应渠道的呈现方式。

这一点在纪录片的传播上，第一表现为宣传方式与媒介形式相适应，如话语体系、引荐图片等。如重庆电视台 2015 年为纪念中国抗日战争胜利 70 周年而作的历史题材纪录片《大后方》，在做微信公众号推荐时用了这样的表达方式："纪录片《大后方》的正确打开方式 get√""走心纪录片《大后方》"。这样的表达方式与厚重的历史题材并不相符，却符合移动网络传播的表达习惯；第二表现为节目呈现。比如为了适应移动网络传播的碎片化特点，长纪录片可以进行单个主体或情节的拆分；第三提示我们应注意利用知名公众号、业界名人等意见领袖推广等方式。20 世纪 40 年代，拉扎斯菲尔德提出了两级传播理论，认为意见领袖是两级传播中的重要角色，是人群中首先或较多接触大众传媒信息，并将经过自己再加工的信息传播给其他人的人。具有影响他人态度的能力，他们介入大众传播，加快了传播速度并扩大了影响。

三是提高自身平台影响力。

2010 年 5 月，有这样一条新闻，《汪文斌：与优酷合作有助提升传播效果最大化》②，写道"央视国际网络有限公司（旗下有 CNTV）总经理汪文斌在出席优酷世界杯战略发布会时表示，与优酷合作，借助双方的平台优势展开合作，有助于提升世界杯项目的传播效果"。仅仅四年之后，CNTV 已经今非昔比。2014 年巴西世界杯，中央电视台宣布不向任何视频网站开放直播权，只通过 CNTV 播出。③ 那时，中国网络电视台已建设网络电视、IP 电视、手机电视、移动电视、互联网电视五大集成播控平台，建立了拥有全媒体、全覆盖传播体系的网络视听公共服务平台，基本不需要向其他平台借力了。这一点，是媒体在传播力量上的终极追求。

在当代娱乐风行的电视媒体中，纪录片以其对严肃性、文献性及理性的追寻成为电视媒体的文化标杆和精神旗帜。当编导们尽心尽力制作出一

---

① 陆小华：《三网融合：最大机会在满足移动化重组生活》，载《中国数字电视》2010 年 6 月。

② 赛迪网，2010 年 5 月 12 日 14：43。

③ 新浪微博，认证博主董路（知名足球评论员），2014 年 5 月 9 日。

部纪录片时，传播者有义务争取更广更好的传播效果，这是媒体人对自己的作品应尽的责任。本文结合实际案例，具体地提出了四条实现此目的的途径，分别是有提前介入策划、整合配套编排、打造团队品牌和多媒介推广。当然，更多的纪录片传播效果提升的方式，值得我们在今后的实践中继续总结、积累。

进阶阅读

1. 詹姆斯·布·恩特：《传播效果概论》，中国传媒大学出版社2006年版。

2. 安德鲁·古德温：《电视的真相》，中央编译出版社2001年版。

3. 胡智锋：《中国名牌电视解析》，学苑出版社2006年版。

4. 郭庆光：《传播学教程》（第二版），中国人民大学出版社2011年版。

（作者系新华社 CNC 纪录片中心编辑）

新媒体传播环境下微纪录片
发展特征研究

史哲宇

【内容摘要】

近年来，我国纪录片行业取得了跨越式发展，其中微纪录片以后发优势取得的发展成绩更为令人瞩目，本文以微纪录片的概念区分、题材范围、创作主体、创作手法、融资渠道、传播模式、宣传推广等角度为着眼点，对当前我国微纪录片的发展趋势和创作特征进行了相关研究。

【关键词】

微纪录片　新媒体　特征　传播

自美国哥伦比亚广播电视网技术研究所所长戈尔德马克于 1967 年提出新媒体这一概念至今已整整 50 个年头，新媒体已经从一个抽象概念演变成了现如今在我们身边切实可感的媒介形态。新媒体时代伴随着互联网技术的发展来到我们的生活中，其深刻地改变了传统的媒体形态，其本身也正处于方兴未艾的发展期。为了适应新媒体时代的传播特性，一批新媒体时代的概念随之涌现，诸多新的"微"传播形态开始出现：从微博到微信，从微电影到微纪录片。

2010 年凤凰视频推出的以"微纪录片"命名的新产品为微纪录片在国内诞生的源头。如果说长纪录片是适应电影传播的，系列纪录片是适应电视传播的，那么微纪录片毫无疑问是适应网络传播的纪录片形态。但是这里需要厘清的是，并非所有篇幅短小和在网络上传播的纪录片都是本文所述及的微纪录片。篇幅短小和基于网络传播仅是微纪录片特性的一部分。

微纪录片应是指依托于新媒体时代的传播媒介，适应网络化传播的时间较短、篇幅有限，但是能够以小见大，进行多种艺术尝试的纪录片作品。网络上也将其定义为"微纪录片是用微电影的语言，记录现实社会生活的片段或再现真实的历史"。①

作为纪录片这一大家族中的新成员，微纪录片的发展受到了强力的政策支持，2010 年广电总局出台的《关于加快纪录片发展的若干意见》和2014 年 8 月 18 日习近平总书记在中央全面深化改革领导小组第四次会议上的《关于推动传统媒体和新兴媒体融合发展的指导意见》的重要讲话等政策性文件都为微纪录片的发展营造了良好的政策环境。微纪录片在近年来的发展也体现出总量大幅增加、质量逐步提高的特征。

对国内的几家主要视频网站的纪录片和微纪录片进行关键字检索和对比，通过数据分析可以看到，在网络传播环境下，微纪录片的产量大幅增加，其产生的影响也日益扩大，点击量最高的微纪录片在网络上往往能够获得几百万甚至上千万次的点击，这是传统媒体无法想象的高关注度。

网站名称	浏览量前十名纪录片中微纪录片数量	点击量最高的微纪录片总点击量
优酷	3	3549 万
搜狐	3	1531 万
腾讯	10	753 万
土豆	6	545 万
乐视	5	101 万
我乐	9	6 万

注：截至 2014 年 08 月 18 日，主要视频网站微纪录片占比和最高点击量统计表。

---

① 百度百科．微纪录片［DB/OL］．http：//baike．baidu．com/view/8766816．htm，20140818．

微纪录片近年来取得的快速良好的发展势头，与其自身适应新媒体网络传播环境的特性有着紧密的联系，这些特性主要包括：

一、微纪录片的题材范围极为广泛

互联网时代将无数个体集结在网络上，这些个体在线上、线下以不同的方式被区分为一个个受众群体，基于不同的年龄、性别、职业、地区、收入、教育水平、兴趣爱好所形成的小众性的网络聚落，使其对微纪录片有不同的观看需求。与此同时，技术门槛的降低，使得更多的人有能力进入微纪录片的创作环节，由于这些人大多远离传统媒体体制，其创作的微纪录片也展现了不同的题材倾向。受众需求的多样化和制作者创作理念的众声喧哗，导致微纪录片的创作表现出明显的题材多样化倾向。除了传统的人文历史类微纪录片，如中央电视台拍摄的总计100集，每集仅6分钟的《故宫100》等题材类型外，还有自然题材、社会题材等大量涌现。特别是社会题材类型的微纪录片由于拍摄者可以使用手机、相机等家用设备进行拍摄，使得"公民记者"以无处不在的便利身份出现在社会生活的各个角落，任何具有记录价值的事件都可能成为微纪录片的拍摄对象，这样海量的拍摄者和拍摄题材在过去的传统纪录片时代是完全不可想象的。对网络上点击量较高的微纪录片进行统计可以发现，影视作品的花絮类微纪录片很受观众的欢迎，如《〈人在囧途之泰囧〉独家纪录片》就获得了高达3550万次的点击，此外公益类纪录片也颇受欢迎，如《关爱留守儿童，可口可乐新年公益纪录片》也获得了227万次点击，这样高的点击总量和关注度在传统媒体上是难以实现的。"在传统媒介环境下，边缘群体的生活往往很难登上大众媒介的传播平台，微纪录片则将关注的视角转向了这些原本无缘呈现于人们视野之中的题材，使纪录片选题更为多元与平民。"[①] 除以上提到的几种类型外，还有反映举国体制下运动员退役生活的《红跑道》、同性恋人群的《彩虹伴我心》、大学生自制的美食纪录片《舌

---

① 谭俐莎：《当新媒介遇见纪录片：试论微纪录片的创作语境与特征》，《中国报业》2013年第11期（下）。

尖上的重邮》、环保题材微纪录片《迷失的家园》等传统纪录片极少涉及、甚至从未拍摄过的题材领域。

二、微纪录片创作主体的多元化

传统上，纪录片的创作一直为国有影视制作机构所把持，其资金来源和从业人员的单一性，也在相当程度上限制了纪录片的多元发展。20 世纪 90 年代后，纪录片创作领域开始逐步出现了脱离于体制的独立纪录片人和民营纪录片制作公司，但是由于国有媒体掌握着纪录片的播出平台和发行渠道，民营的纪录片制作机构就不得不依附于国有媒体，使其成为国有媒体的制作单位，其独立性在相当程度上受到削弱；而独立纪录片人则往往以脱离体制的身份自傲，其拍摄的内容往往因触及边缘、政治、宗教、民族等敏感题材而难以获得通过大众媒体与公众见面的机会。随着新媒体时代的到来，传播渠道的扩展从根本上改变了独立纪录片的传播困境。

有学者指出新媒体语境下的微纪录片在创作来源上主要包括："草根原创、视频网站自制、电视台自制、大赛推动几个方面"，[①] 其中尤以草根模式最为引人注目。新媒体为广大普通人、为任何想要从事纪录片创作的个人提供了施展才华的舞台，特别是提供了播出的中介平台。如优酷网、酷 6 网的视频发布模式极为鼓励用户上传其自己制作的视频，这就形成了 UGC 模式（User Generated Content，用户生成内容），这些用户自行上传的纪录片虽然质量参差不齐，但是并非无人问津，其中相当一部分通过网络传播获得了较大的社会影响和点击量，有些甚至能够成为社会话题进而引起广泛的讨论。"在互联网时代，这无疑是对草根纪录片最好的注释。时代的裂变、价值观的迷惘、疯狂追求物欲后的失落、人与人之间的隔阂、精神慰藉的极度需求，使草根纪录片的数量比以往任何时候都要多得多。"[②]

事实上除了草根原创、视频网站自制、电视台自制、大赛推动几个

① 王春枝：《微纪录片：新媒体语境下纪录片的新样态》，《电视研究》2013 年第 10 期。
② 徐思红：《互联网时代纪录片的新特点》，《当代电视》2014 年第 4 期。

方面，还有不少已经成名的纪录片导演通过拍摄微纪录片来进行自己的艺术探索与实践。如中央电视台著名纪录片导演孙曾田拍摄的反映康有为戊戌变法之后思想变化的微纪录片《康有为——变》，其被誉为"在纪录片虚构方面实现了真正意义的突破"①，《康有为——变》对传统的纪录片创作手法进行了大胆的突破，利用影视艺术的特性突破了时间的限制和空间的束缚，实现了古人、今人的对话，思维极为深邃，促人反思、回味。

三、微纪录片的创作手法有新的突破

新媒体时代的到来，使得从影视艺术的创作层面来说，技术不再是决定性因素，对于微纪录片的创作来说更是如此。创作手法的多样化成为微纪录片的显著特征之一。微纪录片的开放性、共享性使得个性化的创作日益受到欢迎，场景再现、真人扮演、动画特效等在传统纪录片创作领域曾引起过争论的创作手法几乎从未在微纪录片创作中引起过反对意见，似乎从一开始人们就意识到微纪录片的试验属性，因而给予其更多的包容。与传统纪录片相比，很多微纪录片在具体视听元素的处理上可能尚显粗陋、随意，但另一方面其则更具创新意识、探索精神，因而也更具个性化特征。

麦克卢汉曾经说道："技术进步一次又一次地使每一种情景的特征都发生逆转。自动化时代将是一个自己动手的时代。"② 对于新媒体时代来说，其带来的首要特征是使得微纪录片的制作门槛大大降低，人人都可以制作自己的纪录短片。各种表现手法、创作手段都可以被引入到微纪录片的创作中，特别是微电影的方兴未艾为微纪录片的创作提供了很好的参考，也有相当多的微纪录片事实上在采用微电影的手法进行拍摄制作。甚至互联网本身也成为微纪录片创作的工具和手段。2013 年由网络发起的国内 56 个素未谋面的摄影师分别拍摄自己所在城市的延时摄影美景，并通过

① 赵玉亮：《纪录片虚构与搬演、再现关系辨析》，《青年记者》2013 年第 12 期（下）。
② 麦克卢汉，何道宽译：《麦克卢汉精粹》，南京大学出版社 2000 年版。

网络上传后编辑完成一个仅11分钟的微纪录片《韵动中国》的摄影活动。通过互联网的链接，56位分处各地的摄影师以UGC的形式上传自己拍摄的视频，打破了时间和空间的限制，完成了一个单一媒体难以完成的任务，其运作模式极富想象力和创造力。

四、微纪录片多样化的融资渠道

多元文化语境的发展、分众化传媒格局的日益形成，使得纪录片不再是高高在上的殿堂艺术，不再是影视艺术从业者的自娱自乐，也不再是仅能在赛事上一露芳容的艺术探索。随着越来越多的观众对纪录片产生了浓厚的兴趣，纪录片的经济收益日益提高，有些纪录片甚至能够得到较高的经济回报，其回报的资金来源也日益多元化，除了传统的电视媒体播出费用外，网络媒体的播出版权费也占有日益重要的地位。"以良友公司的纪录片营销为例，播出权所产生的签约额中，有接近1/3的贡献来源于新媒体。在传统电视版权之外，新媒体版权售卖已为纪录片提供了新的盈利模式。"[①] 此外还有相当多的微纪录片是由企业为了塑造良好社会形象投拍的，其在一开始就解决了资金回报的问题。"碎片化的收视习惯、微博的链式传播特性、视频网站的编辑推荐制度将进一步扩大微纪录片的影响力，从而吸引高端广告主，满足其对细分市场品牌宣传的需要。微纪录片将因此获得更多的商业机会。"[②]

经济效益的保证，吸引了更多的社会资金注入包括微纪录片在内的整个纪录片行业，整体来看，当前微纪录片的投资来源主要包括以下几个方面：①个人投资，其不以经济效益为主要考量，主要出于兴趣爱好而进行纪录片的制作；②传统媒体转入微纪录片创作，如中央电视台投资拍摄的总计100集，每集6分钟的微纪录片《故宫100》和总计20集，每集8分钟的《资本的故事》均属此类；③网络媒体投入资金，自制微纪录片，典型的如搜狐视频制作的《搜狐大视野》，其已经播出了超过1000集自制纪

---

① 李宁：《生产形态、传播方式与营销手段的改变与创新——纪录片在新媒体平台的发展现状研究》，《当代电影》2013年第08期。

② 何苏六：《中国纪录片行业趋势新观察》，《传媒》2013年第02期。

录片，产生了较大的社会反响；④民营媒体公司和商业企业出于宣传和营造自身良好形象的目的，也投入资金拍摄了多样的宣传类纪录片。⑤聚沙成塔式的众筹模式也成为微纪录片创作资金的来源之一。多种类型的资金注入，改变了过去纪录片资金来源的单一情况，资金的多样化也为纪录片选题和呈现手段的多样化提供了基础的物质保障。

五、微纪录片依托于新的传播模式

新媒体时代是一个媒介融合、媒体跨界的时代，诞生于新时代的微纪录片自然也秉持了该时代新媒体传播形态的共通特征。不同于传统媒体环境下纪录片只能通过电视和极少的电影院线进行传播，新媒体环境下的微纪录片传播突破了空间和时间的束缚，实现了微纪录片传播的大众化，特别是依托新型传播平台，其往往可以产生几何级数的聚合传播效果，进而打破纪录片传播的封闭局面，实现微纪录片传播的开放性特征。互动性是微纪录片传播的突出特性，其可以实现传播者与受传者、受传者与受传者之间的交流互动，其交流既可以通过网上进行，也可以由线上发展到线下。有学者指出新媒体环境下的纪录片迎来了新的传播方式："①在信息量上，网络视频纪录片的海量传播，拓展了纪录片的传播渠道；②在交互性上，各种新媒体形态促使纪录片资讯自由交流，互动性更强；③在受众层面，消费者与生产者合二为一更为明显，传播平台更为开放；④在消费层面，点对点的消费模式，实现个性化传播，打破收视时空制约；⑤传播效果上，下载量与点击率等消费模式影响了纪录片的生产制作理念。"①

六、微纪录片创新性的宣传推广

微纪录片的宣传推广也完全不同于传统纪录片的宣传推广模式。依托

---

① 赵志伟：《新媒体背景下的纪录片文化传播及其美学特征》，《现代视听》2013 年第 12 期。

于新媒体特别是社交媒体强大的宣传推广能力，其可以进行更有针对性的高效宣传。新媒体环境下，移动视频终端的点击量远远超过传统媒体的收视率，基于此产生了新的宣传推广模式——SoLoMo 模式：该模式于 2011 年 2 月由著名 IT 风险投资人约翰·杜尔提出，其即是指：Social（社交的）、Local（本地的）、Mobile（移动的）的综合宣传营销模式，其以社交加本地化加移动的方式代表着未来互联网发展的趋势。微博、微信等具有广泛社会影响的社交媒体日益成为微纪录片最主要的营销宣传渠道，甚至可以通过对营销对象的直接宣传来达到品牌建构和形象营造的目的，使得营销内容本身也可能因此成为微纪录片的表现对象。当然，微纪录片与营销模式的深度融合一方面给微纪录片带来了前所未有的生机，另一方面也在相当程度上会对其纪录片的本体属性产生冲击。有学者表达了对"微电影可能死于广告的隐忧"①，这种隐忧对微纪录片也同样具有启示意义。当前，比较成熟的营销模式应该是以搜狐视频为代表的，其提出的"矩阵营销理念，主要包括矩阵内部整合、矩阵跨媒体整合和跨产业整合三个方面"，② 具有一定的创新性和实践价值。当然，由于微纪录片尚处于快速发展阶段，其营销方式、传播理念也在不断更新，新的理念不断涌现，新的实践也将不断地给予我们新的启示。

　　作为一种新兴的纪录片类型，微纪录片具有诸多的发展优势，也具有良好的发展前景。但是，由于其尚处于起步阶段，在基本理念、制作手法、内容创新、传播方式、生存环境、投融资渠道、经济价值实现等方面还面对着各种挑战和发展中的困境。如何应对这些挑战和困境，需要微纪录片的创作者们不断对微纪录片生产的各个环节进行大胆的探索和创新尝试。

---

① 陈湘鹏：《微电影：生于恶搞，死于广告》，《华夏时报》2012 年 07 月 23 日。
② 搜狐营销中心：《如何运用搜狐营销平台实现互联网营销》，http：//ad.sohu.com/matrix/.

进阶阅读

1. 石屹：《纪录片解读》，复旦大学出版社 2012 年版。

2. 余权：《纪录片新研究》，厦门大学出版社 2016 年版。

3. 何苏六、丰瑞：《纪录片创作》，中国传媒大学出版社 2015 年版。

4. 赵曦：《真实的生命力——纪录片边界问题研究》，中国传媒大学出版社 2014 年版。

（作者系国家测绘地理信息局中国测绘宣传中心总编室记者、博士）

从《历史的拐点》看历史人文
纪录片宏大叙事的创新

韩　岳

【内容摘要】

　　系列纪录片《历史的拐点》突破了传统历史人文纪录片的宏大叙事模式，在没有新的历史考古发现、缺乏信息第一落点的情况下，采取新颖的历史解读和影像表达方式，塑造了鲜活可感的历史人物形象，拉近了现代观众与历史事件间的心理距离，有效提高了历史人文纪录片的艺术品质和观赏价值。

【关键词】

　　历史的拐点　　历史人文纪录片　　宏大叙事

　　历史人文纪录片是我国电视纪录片最主要的类型之一，它通过历史资料汇编、当事人口述、情景再现和历史遗址纪实拍摄等手段，完成对"已发生事件"的真实还原和创造性解读。近年来，中国纪录片人尝试突破传统的宏大叙事模式，开始以不同的角度和方法关照历史，在追求厚重文化内涵的同时，着力塑造鲜活可感的历史人物形象，拉近现代观众与历史事件间的心理距离，有效提高了历史人文纪录片的艺术品质和观赏价值。

　　系列历史人文纪录片《历史的拐点》是 2016 年央视纪录频道推出的一部优秀作品。顾名思义，所谓"历史的拐点"就是改变历史进程方向的转折点，该片选取的"商鞅变法""汉匈之战""檀渊之盟""下西洋""甲午战争"都是中国历史漫漫长河中具有里程碑意义的重大事件。面对这些耳熟能详的历史大事件，在没有新的历史考古发现、缺乏信息第一落点的情况下，"如何讲"比"讲什么"更加重要。《历史的拐点》没有落入传统宏大叙事高深晦涩的窠臼，而是以一种新颖而富有感染力的方式呈现历史重大事件、探讨历史发展规律，从中我们可以看到处理历史题材的一些新思路、新方法。

一、"锥子扎牛皮"式的历史解读

　　历史呈现给人们的往往是编年史家笔下由一个个事件链接而成的一条时间线，以往历史人文纪录片的宏大叙事是将这条历史之链摆在观众眼前。然而，纪录片《历史的拐点》改变了惯常采用的对历史的线性讲述，转而采用一种"锥子扎牛皮"式的历史解读方式。作品首先挑出历史链条中的关键节点，重点关注那些站在历史转折点上的关键人物，放大历史进程中的关键瞬间，再由此引出之前的背景和后续的影响，有如往历史深潭中投入的巨石，先是激起漂亮的水花，然后才荡起层层扩大的波浪。这一策略将繁杂的历史进程去繁就简，突出了历史关键节点的戏剧张力，迅速拉近历史与现代人之间的距离，也为创作者的深度思考与合理想象提供了更多空间。

1. 以戏剧化的历史细节迅速吸引观众

　　中国文化习惯于"从大到小"的文本叙述模式，正所谓"名不正而言不顺"，以往作者总喜欢先交代历史事件的背景、意义、价值等，在一番"穿衣戴帽"后才进入到具体的历史细节中。这一做法往往导致历史人文纪录片的"皮太厚"。《历史的拐点》从历史大事件的关键点切入，开篇就营造一种具体的历史情境，呈现饶有意味的历史细节。例如，《商鞅变法》的开篇是病重的魏国相国公叔痤向魏惠王荐举年轻的商鞅，魏惠王却不以为然，公叔痤再次嘱托魏惠王：不用商鞅，即杀之，别让他走掉。又如，

《汉匈之战》的开篇是年轻的汉武帝决定对匈奴开战，听到这个消息的人都不禁颤抖了一下，他们认为皇帝"一定是疯了"。不难看出，作品开篇所呈现的历史细节都是生死攸关的关键时点，在此矛盾一触即发，命运随触即转。这些历史细节有着强大的戏剧张力，能够引起观众对历史人物命运的关切，进而吸引观众迅速进入纪录片呈现的特定历史情境中。

2. 对历史人物和历史事件的全新读解

在历史人文纪录片中，对历史的切入视角往往决定了对历史解读的深度。《历史的拐点》以独特的视角切入，回避了流水账似的历史记录，并且在夹叙夹议中，升华出具有思辨性的观点。由于作品对历史采取"锥子扎牛皮"式的深入挖掘，使得创作者有了更加充裕的篇幅对某一历史事件做深入讨论和重点突破，由此我们才能穿越历史的表面现象，一窥其深层的运作机制。例如，根据以往历史教科书给我们留下的印象，清政府将北洋水师的军费挪用于修建颐和园，应归咎于慈禧太后的昏庸与贪婪，正是她兴办六十寿诞的一己之私，牺牲了国家的长远利益。《甲午战争》对这一历史事件进行了深入的剖析，指出真正积极兴修颐和园的其实是光绪皇帝，因为只有将慈禧调离皇宫这一政治中枢，光绪才能真正掌权。与此同时，皇帝的生父醇亲王、皇帝的老师翁同龢也为了让光绪能够尽快执政，为了自己能够登上人生的权力巅峰，于是从海军衙门和户部大量筹措资金，积极保障修建工程。因此，挪用军费修建颐和园其实是多方博弈下的一场"权力交易"。《甲午战争》深入揭示了传统独裁国家权力传递的政治逻辑，使观众对熟知的历史事件和历史人物有了新的读解。

3. 暗合新媒体受众碎片化的阅读习惯

在互联网为代表的新媒体时代，碎片化阅读已经成为新媒体受众习惯化的信息消费模式。碎片化意味着完整的大文本被切割成若干的小文本，文本间原有的内在联系被弱化了，而文本中具有话题性的点被放大。《历史的拐点》放弃了对某段完整历史进程的顺序讲述，而直接跳到关键的节点上，在每一集中着重呈现两至三个看点。每一集单独看时都能够独立成篇，而放在一起后又能够相对完整地还原历史的面貌。《历史的拐点》虽然选择了在电视媒体上首播，但这种对历史影像文本的结构和解读方式，使创作者在处理素材时更加的灵活，从某种程度上讲，也暗合了新媒体受众碎片化的阅读习惯。此外，与以往历史人文纪录片动辄四五十分钟的篇幅不同，《历史的拐点》每集时长定在 25 分钟，据主创团队介绍，这一做法也是为了照顾电视媒体和网络新媒体二者的播出需要。每集 25 分钟既方便电视台安排播出时间，在新媒体上收看时也不会觉得太长。

二、再现创作者思想、心灵的运作

在历史人物纪录片的创作中，为了还原"已经发生的事件"，弥补"画面缺失"的遗憾，最大限度地向观众呈现历史的真实面貌，"情景再现"成为一种常用的创作手法。营造历史的真实并非照搬史书资料并将其图像化处理那么简单，历史人文纪录片的创作者要以独立的精神对历史事件、历史人物进行重新考察，那么开展合理的想象是一个必然的过程。"情景再现"在这里的作用不仅限于为弥补历史影像的缺乏，在叙事时空的"断点"处填空；其手法也远远超越了以背影、剪影制造抽象效果，以特写镜头展示局部，以全景、远景镜头忽略细节的那种"点到为止"；而是以更加多样、绚丽的形式完成一种对创作者思想、心灵运作机制的描述。纪录片《历史的拐点》在提炼、营造各种意象来表现某种主观上的历史景象时，大量使用精致考究的"情景再现"画面成为该片的一大亮点。

1. 精巧的镜头设计传递作者思考

在大量历史人文纪录片中，创作者常常用全视角的解说配合专家学者的采访来完成宏大的历史叙事。"情景再现"更多是作为一种配合解说词和采访的画面填充技巧，其本身传递的信息量有限。《历史的拐点》中的"情景再现"部分通过精致的镜头设计创造了富有深意的画面意象，它为贯穿全片的历史思辨提供画面依托的同时，强烈传递着创作者对历史的思考。首先，《历史的拐点》中再现部分画面的景别、角度、影调、色调都十分考究，使得画面的形式感极强，具有明显的象征意味。其次，创作者十分善于利用前景的设置，运用镜头的起幅、落幅等，巧妙表达了作者对历史的诠释，大大增加了画面的信息含量。例如，在《商鞅变法》中多次出现以铺开的《法经》竹简为前景，而画面正中是商鞅推开大门的背影的镜头，门内和门外形成了强烈的明暗对比，象征着商鞅的变法思想马上就要推行于全国，将秦国带入强盛的未来。又如，在《汉匈之战》中，一个表现战场厮杀的摇镜头最后落幅停留在草地上阵亡将士的头盔上，象征着战争的残酷和代价，暗合了解说词中表达的"战争中没有胜者，任何一方都是失败者"的判断。

2. 艺术化地描绘创作者的合理想象

作为一种修辞手法，"情景再现"是对视听语言的创造性的利用。《历史的拐点》在写实的同时更加注重写意，其再现部分多次采用了"虚构"的表现手法，以极具创造性的方式表现了一部分在历史上不可能发生，纯粹基于创作者对历史艺术化想象的画面。例如，在《商鞅变法》中，有一个宝剑出鞘的特写镜头，在寒光四射的剑身上倒映出了秦惠王和商鞅的头像。这一再现镜头完全是艺术化的处理方式，象征着变法图强的目的使秦惠王和商鞅走到了一起，也意味着变法有如利剑出鞘，势必冰冷无情地指向秦国的广大民众。又如，在《汉匈之战》中，创作者根据想象设计了一组因为匈奴的连年侵犯使得汉武帝噩梦连连的再现镜头。在这组镜头中，被噩梦惊醒的汉武帝手持宝剑战战兢兢，而象征着匈奴的狼的身影如鬼魅般在皇帝的寝宫里穿梭游荡，恐怖的狼嚎此起彼伏。而在汉武帝晚年的"巫蛊之祸"中，狼的形象又再次出现，它与手持宝剑、披头散发的汉武帝的形象反复叠加，象征着一个穷兵黩武的统治者晚年令人难以置信的残暴。虽然这些场景是完全基于创作者想象虚构出来的，不再是再现具有历史依据的事实，但却有效地使某些抽象化的事物有了具体指向的实在感，更加接近人们心中的历史景象，这不仅不会影响观众对历史事实的理性判断，还能够增强作品的感染力，激发观众的思考，使观众在短时间内形成对历史片段的鲜明印象。

三、营造强大的情感张力

历史是由人创造和书写的，历史也如同人生，紧要处往往只有几步，这几步既是个人命运走向的大转折，也是历史走向的大转折。历史的改弦更张必定伴随着历史人物内心激烈的情感纠葛，然而历史往往记录下个人在关键时刻的选择行为，却无法记录行为背后的内心情感变化。一部优秀的历史题材纪录片，永远不会满足于简简单单地再现历史，将历史沉浸在枯燥的数字和考据中，而是会设身处地地感受和体味历史亲历者的命运流转，通过外部环境和行为逆推他们的心理活动。正如钱钟书先生所言，"史家追叙真人真事，每须遥体人情，悬想事势，设身局中，潜心腔内，忖之度之，以揣以摩，庶几入情合理。"① 这种站在历史人物当时立场上的"理解的同情"，形成了一种既带有情感温度，又带有理性锋芒的历史关照，这正是历史人文纪录片的魅力所在。《历史的拐点》将传统的宏大叙事与国际流行的私人叙事做了有机的整合，从而在很大程度上成就了创作者从现代人心灵到历史人物心灵的"体验"和"感受"，使全片呈现出一种强大的情感张力。

1. 以丰富的手段描绘历史人物的心理活动

以往历史人文纪录片在涉及人物的心理活动时，主要是依靠解说词来描述。在《历史的拐点》中，除了借助解说词和专家采访外，还有大量的篇幅以恰当的画面意象暗示了人物的心理，使复杂抽象的情感在具象的画面形象中获得了真实的力量，形成大历史下一个个具有情感张力的片段。例如，在《商鞅变法》中，创作者在描绘商鞅偏执的人格造就了他不留退路的变法策略，进而积累了整个国家对他的怨恨时，反复多次再现了商鞅在昏暗的房间里，手舞利剑的场景，犀利的剑锋和商鞅坚毅的目光交替呈现。正如解说词中所阐述的："他（商鞅）一直像一个冷静的刀客，躲在黑暗里。一旦决定出手，商鞅对犯法的人从不留情面。""商鞅在表明法的威严，也是为自己壮胆。只有凶狠能够掩饰他内心的忐忑。"又如，在《檀渊之盟》中，解说词讲述了生于和平年代的宋真宗因为惧怕辽国南下的铁骑，在南下逃跑和北上御敌的两难选择中饱受内心的折磨。此时画面多次再现了宋真宗忧郁的神情和笼中受惊的鸟雀，暗示了宋真宗惊恐忧惧的内心。创作者又通过再现寇准和宋真宗下棋的场景，表现了宋真宗在进退之间的内心较量。

2. 浓墨重彩地描绘人物的情感爆发

《历史的拐点》虽然旨在呈现历史转折点的重大意义，探讨蕴藏在历史偶然之中的必然，但却使用了"以人物带历史"的方法，使一个个鲜活的人

---

① 钱钟书：《管锥编》，中华书局1979年版。

物贯穿了历史大事件的始终。如《商鞅变法》中的商鞅、《汉匈之战》中的汉武帝、《澶渊之盟》中的寇准、《下西洋》中的郑和、《甲午战争》中的李鸿章等。除了这些改变历史走向的主角外，一些配角人物的命运也被该片处理得十分抢眼，他们的性格、心理、命运也得到了充分的描绘，形成了历史转折之外一处动人的风景。例如，李广虽然不是击败匈奴的关键人物，但《汉匈之战》还是给了他足够的笔墨，在这里李广不再是唐诗中描绘的能骑善射的"飞将军"，而是一位壮志难酬的悲情英雄。李广有着典型的军人性格，但个人能力与战斗功绩的割裂，造成了他的心理失衡。由于迷路李广错过了会战匈奴的时间，也失去了对阵匈奴单于的最后机会。面对主帅卫青的问责，李广悲愤难当，最终自刎身亡。《汉匈之战》浓墨重彩地描述了李广临终前的情感爆发。为了形象化地描绘李广的悲愤和哀怨，画面中反复出现疾风吹过枯黄的草地和李广渐行渐远的落寞背景，再现李广自刎时更是用了仰角的逆光拍摄，将这位悲情英雄结局处理得可歌可泣。

总而言之，《历史的拐点》对历史人文纪录片的宏大叙事做了有益的创新，也形成了该片鲜明的影像风格。但同时不得不指出的是，该片的叙事节奏依然较慢，延续了以往四平八稳、娓娓道来的节奏模式，有个别一些历史情境被反复描述，难免造成一点拖沓之感。其美中不足之处多少影响了全片的观赏效果，希望今后历史人文纪录片的创作者们能够继续改进，呈现更多更好的作品。

进阶阅读

1. 比尔·尼科尔斯：《纪录片导论》，中国电影出版社2016年版。

2. 王迟：《纪录与方法（第一辑）》，中国国际广播出版社2014年版。

3. 钟大年：《纪录片：影像意义系统》，北京师范大学出版社2006年版。

（作者系中国传媒大学电视学院博士研究生）

叙事表达

媒介融合背景下跨媒介叙事创新路径

邻颖波

【内容摘要】

互联网的普及、电子科技的创新、媒介的融合发展拓展了叙事发展的多样化前景，内容跨屏流动成为日常景观，跨媒介叙事成为网络代际下新的叙事方式和行为特征，更为重要的是，这不仅是在叙事学范畴或传媒界范畴，而是人类社会文化发展变迁带来的思维方式的变革。作为"媒介融合"最具代表性的内容呈现方式，"跨媒介叙事"（transmedia storytelling）越来越成为全球文化产业的核心发展理念。本文将以媒介融合为背景，从"跨媒介叙事"这一视角，深入考察现今影视内容生产方式的发展，把握媒介融合给影视内容生产带来的深刻变化，感知媒体制作者如何在不同媒介平台上展开同一故事叙事，不同的媒介平台对故事文本与叙事逻辑产生怎样的影响，粉丝在跨媒介叙事中起着怎样的能动性作用等。本文希望通过这种考察，能更好理解和把握媒介融合背景下媒介内容生产方式的变革趋势，挖掘跨媒介叙事在媒介融合发展中所承担的意义，并最终试图回归国内影视艺术发展情况，找出值得信奉的理念和值得探索的路径。

【关键词】

融合　跨媒介叙事

缘起与背景

媒体与媒介这两个词都源于英语 medium，复数形式为 media 一词。它们的含义，一方面，指的是信息传递的载体、渠道、中介物、工具或技术手段，另一方面也指信息的采集、加工制作和传播的社会组织。一般人们用媒介一词时，更多强调它的介质属性，也就是侧重于第一个含义，而用媒体一词时，更多指的媒体机构，也就是第二个含义。媒体与媒介这两个概念经常混用，不过在学术研究中，更偏重于介质属性，因此更多采用"媒介融合"的翻译；在新闻出版广电宣传文件中更多的偏重于媒体机构，因此多使用"媒体融合"的概念。在本文，由于更偏重于学术研究中的 media 的介质属性，因此在翻译中多采用"媒介融合"和"跨媒介"的翻译称谓，而在涉及媒体机构改革，则多沿用政策文件中使用的"媒体融合"这一名词称谓，以作区别。

"媒介融合"（Media Convergence）这一概念最早出现于 1983 年，美国马萨诸塞州理工大学的伊契尔·索勒·浦尔教授在《自由的科技》一书中明确提出了这个概念，他认为，"随着媒介的发展和技术的更新，媒介融合呈现出诸多全新的特质。媒介融合的核心思想是'随着媒体技术的发展和一些藩篱的打破，电视、网络、移动技术的不断进步，各类新闻媒体将融合在一起'。"[①] 浦尔认为媒介融合就是各种媒介开始呈现出多功能一体化，这是媒介发展的必然趋势。很快，随着世界的多元发展、经济全球一体进程加快、文化多样化、科技的不断进步，媒介融合在人类社会各个层面施加影响。

我国目前已经进入全面深化媒体融合改革的时代。与国家政策相对应，一方面是媒介所有权的融合，例如：全球化的传媒集团的并购和重组，资源整合带来的经营范围的扩张，旨在创造媒介资源和内容资源的有机生态系统，也在各领域不断扩张影响力。甚至国内一些大的房地产公

---

① 徐沁：《媒介融合论：信息化时代的存续之道》，中国传媒大学出版社 2009 年版。

司，不断建设影院的同时也投资拍摄电影，通过资本已经可以影响到好莱坞；另一方面，则是个体内容生产和分享的空前活跃，这得益于技术的平民化，各种直播平台似乎一夜之间就遍地开花，网络主播的粉丝数量可能远超过某些电视台的观看人群，主流的创作方式受到草根的影响，为了收视率也要向草根学习。大有大的魄力，小有小的策略，媒体机构、产品、观众和生产主体之间的原本清晰的界限，在两方面力量的推拉作用下正变得日益模糊。面对新局面，学界也出现了"跨媒介""参与文化""界面/屏幕媒体"等概念，试图先从概念入手，阐释新技术带来的传媒产业巨大变革，跨媒介叙事也由此进入内容创作者和学者的研究视野。

1991年，美国南加州大学玛莎·金德（Marsha Kinder）在其《电影、电视与游戏中的权力关系》一书中，首先提出了"商业性跨媒介超系统"（commercial transmedia supersystems）的概念，描述横贯电影、电视和电子游戏等各种大众媒体平台的"跨媒介"叙事；以跨媒介互文性（transmediaintertextuality）一词描述不同角色设定横跨于多元媒体平台的企划作品。例如《忍者神龟》（TeenageMutantNinjaTurtles）等大众娱乐产物。[1]

其后，原麻省理工学院、现南加州大学传媒与电影学者亨利·詹金斯（Henry Jenkins）在此基础上提出了"跨媒介叙事"（transmedia storytelling）概念，在他的专著《融合文化——新媒体和旧媒体的冲突地带》明确提出"跨媒介叙事"是指随媒体融合应运而生的一种新的审美意境——它向消费者施加新的要求，并且依赖于在知识社区的积极参与。他指出跨媒介叙事是一种创造世界的艺术。[2] 认为有意识地通过不同媒体平台交相呼应地讲述一个故事，可以使故事人物更具熟知度，也更具说服力；他还将之拓展到消费者、读者、玩家、观众领域，在当代文化转型的宏观背景下讨论不同媒体平台之间的互相指涉和融合。[3]

其实早至亚里士多德时期，人们就已开始尝试探讨叙事与媒介之间的

---

[1] Marsha Kinder. Playing with Power in Movies, Television, and Video Games. Berkeley & Los Angeles: University of California Press, 1991.

[2] 亨利·詹金斯，杜永明译：《融合文化：新媒体和旧媒体的冲突地带》商务印书馆 2012 年版。

[3] 同上。

关系，近现代新传播媒介的不断涌现，叙事产生出集中、深入的研究，并日渐被学术界和实践界重视，被宽泛运用在文学、影视艺术乃至广告公关等理论和实践层面。自 20 世纪 80 年代中期，叙事学热潮渐至中国，它所关切的核心问题，用一句话来说就是探究人类叙事中的稳定模式。费舍尔（Walter R. Fisher）将叙事定义为："一种符号行动——包括语言和行为，这种符号行动对那些生活其中、创作或诠释它们的人们具有意义。"① 叙事学者认为，全世界看似千差万别的故事文本其实都隐藏着一种稳定、趋同的要素和结构；叙事学可被广泛地用来阐释、创造某些历史和社会生活文本。但基于研究角度的不同，目前国内尚无媒介融合背景下影视艺术的跨媒介叙事研究的专门著述。同时与本文存在弱关联性的相关评论文章与相关论述也没有形成一个相对完整的理论体系，多为单个案例的跨媒体叙事分析。但是随着发展，国内关于跨媒介叙事的研究将不断涌现。

国内对"跨媒介叙事"的研究主要出现在 2007 年以后，但是主要是集中在媒介社会中的热点问题，相关方面的文献有一定的积累。国内学者围绕"跨媒介叙事"研究的主题可分为概念辨析、理论阐释、理论应用等几个方面；研究方法则以文献研究、内容分析为主。国内关于"跨媒介叙事"研究，主要概括起来有三类。第一类是从叙事学角度，多以文学本体出发进行研究。第二类是集中在传媒相关领域的跨媒介叙事研究。第三类是针对某种具体的现象或案例进行的分析。

在创作领域，近年来国内影视界《三生三世十里桃花》《花千骨》《琅琊榜》《老九门》等荧屏热播剧，有一个共同特点：都是网络文学改编，在推出电视剧的同时，连带开发电影、网络游戏、动漫或者网络剧等相关内容产品。不同媒介平台在同一个大的故事框架中建构各自的故事文本，产品形态不同，内容各有侧重，这种影视文化产品的新生产方式显现出鲜明的"跨媒介叙事"特征，为本文的创作提供了较为丰富的案例。

---

① WR Fisher. The Narrative Paradigm：In the Beginning. Journal of Communication，1985.

一、概念辨析

2003 年，明确提出"跨媒介叙事"概念的亨利·詹金斯，将跨媒介叙事的概念概括为："为创造完整的叙事体验，通过多种传播渠道进行故事创作的过程；故事系统性的散布于多个平台，各个平台以各自擅长的方式做出独特的贡献。"跨媒介叙事的理想形式，就是每一种媒介各司其职、各尽其责，任何一个产品都是进入整体系列的切入点，切入故事世界的每个系列项目都必须是自我完备的，不看电影也能享受到游戏的乐趣。这样一个故事才能以电影为开头，进而通过电视、小说和漫画开展进一步的详述，故事世界可以通过游戏来探索，或者作为一个娱乐公园景点来体验。①跨媒体叙事是在学界业界近几年来才崛起的"新"名词，并随着时代的快速变化，不断演变，提出并完善。跨媒介叙事不同于跨媒体传播、跨媒体营销和多媒体叙事。

误解一：跨媒介改编就是跨媒介叙事

在以"说故事"为主的影视艺术的发展过程中，同样的故事可以通过不同渠道重现。电影改编自漫画和小说，经典电影又改编成电视剧的情况普遍存在。但是单一改编并不能算是跨媒体叙事。很多人也许会把跨媒介叙事简单地理解为不同媒介形式间简单的改编，跨媒体叙事是故事元素在跨媒体过程中，系统性地分散到多种媒体平台中，每个平台都对整体故事情节有着自己独特的贡献。亨利·詹金斯为此特意强调了"改编"和"延伸"的区别。跨媒体叙事强调的是利用不同媒介的优势将故事构建的文本框架不断深入、扩展，而并不是简单地将故事转移到不同媒介载体上进行单纯的形式转变。这也恰恰是文化产业特许经营正在面临的转变，即利用跨媒体进行整体式的故事延伸。每个媒介都发挥自己的长处，漫画提供背景故事，游戏或许允许用户探索整个世界，电视剧提供故事发展的过程。

---

① 亨利·詹金斯，杜永明译：《融合文化：新媒体和旧媒体的冲突地带》，商务印书馆 2012年版。

新的媒体平台，如大众媒体产业、虚拟现实互动游戏平台的兴起，使得故事底本结合了多重文化吸引力，能够吸引更多的能投入的拥护，并产生多方位的文化催化力（让用户有事情可做），但单媒体平台在各自的"战场"内都要发挥应有作用，才能合并成一次成功的跨媒体叙事。

误解二：跨媒介叙事就是一种大型营销推广战略

跨媒介宣传与行业新近关注的"用户参与度"和有时使用的"病毒性"媒体战略有着紧密的联系。但是，跨媒介叙事并不仅仅只是一种营销推广战略。跨媒介叙事，本质是一种融合，通过创意和设计，让内容得以在不同的媒介之间流动。虽然它经常在大的品牌推广中使用，但是最佳的跨媒介叙事，是由创意来推动的，不管是大片巨制还是独立低成本制片。成功利用多重媒介来为低成本和独立媒体产品构建公众注意力的例子也不少，比如 1999 年的《女巫布莱尔》、2009 年的科幻电影《第九区》或 2009 年的《鬼影实录》等。

误解三：跨媒介叙事就是尽可能多跨几种媒介进行叙事

跨媒介叙事是开拓多种媒介联合叙事，但是跨媒介并不是尽可能多跨几类平台传播，多运用几种媒介叙事而已。虽然跨媒介叙事确实是个充满创意性的机会，但不应该用于所有叙事产品之上。有些故事通过单一媒介就可以完美地呈现出来，而且用户对此感到十分满意，期待下一阶段的内容。而且，有些经典作品的跨媒体续写、重现，一方面要经得起怀旧粉丝的挑剔，一方面要顺应时代变化，获得新的簇拥者。如经典电视剧《编辑室的故事》发出要拍新电影的消息后，舆论一片唱衰，可以预见，其之后需要面对的生存环境，将比启用新底本故事的新跨媒体文化产品要恶劣许多。同时还应考虑的是，有些伟大的文本，本身是超出时代的，有很大的跨媒体叙事潜力，但以目前的社会经济、技术、文化发展水平，还不适宜将其进行跨媒介展开，如科幻巨著《三体》，其电影立项后，迟迟无法播出预告片，最后拍摄计划流产。作者刘慈欣在谈到本作改编时，也称《三体》所涉及的主题太复杂，一方面有先天性的改编难度，另一方面，有些偏离了主流价值观，难以被目前的主流观众群体接受。美国跨媒介游戏设计师安德莉雅·菲利普斯（Andrea Philips）也反驳了这一观点。以《蓝精灵》为例，它的确包含有关蓝精灵的电影、动画片和人物玩具等，但所有这一切并没有构建起一个单一的叙事主线，所以只能称其为多媒体使用。因此，跨媒介叙事考虑的重点应该是不同媒介形式之间的关系，而并非仅仅是媒介使用种类的多少问题。作为全新的文化生产方式，跨媒介叙事具有很多颠覆性的特点，只有深刻理解了这些特质，才能更深入地理解跨媒介叙事的本质。

"跨媒介叙事"的内容需要在不同的媒体上传播，但不同的媒体上传播的内容必须是有所区别的，这和媒体本身的特点也有着直接的关系。纸质的图书、漫画可以反复阅读，可以给读者更多想象的空间，所以更适合展现整个故事世界的历史及背景设定，比如《魔兽世界》官方小说《上古三部曲》主要就介绍了各种族的起源及相互之间产生矛盾的原因；电影可以将想象中的虚拟的形象具象化，便于展示各种细节，此外，巨大的银幕带来的视觉冲击也更适合表现宏大的场景，比如 2016 年上映的《魔兽世界》电影就以宏大震撼的战争场面著称；而游戏则可以让玩家有更多的选择，《魔兽世界》的玩家有的只是在游戏中交友，有的热衷于在游戏中赚钱，还有的只是探索游戏中虚拟的不同的风景，随着新版本的不断发布，可以探索的内容还在不断衍生，持续生长。

总而言之：跨媒介叙事是为创造完整的叙事体验，通过多种传播渠道进行故事创作的过程；故事系统性的散布于多个平台，各个平台以各自擅长的方式做出独特的贡献。跨媒介叙事模式突破了重复改编或植入模式的窠臼，电影、小说、游戏、主题公园等媒介相融合建造出了更丰富和完备的故事世界，这一系列的变化使受众获得高参与度的叙事体验，逐渐形成新的媒介叙事美学。跨媒介叙事的核心是"表达的解放"，即故事讲述在不同主体、不同媒介中自由穿梭，同步交互进行。

二、跨媒介叙事文本特征

在融合文化领域深耕的亨利·詹金斯总结了跨媒介叙事的七项原则，于 2009 年首次发表于他的博客上，这七项原则包括：扩展性与互动性、统一性与多样性、沉浸性与可提取性、构建独特的世界、可持续性、群体性和用户积极性。

与传统的单一叙事文本不同，跨媒介叙事的文本，其形式具有更多的表现形式：文字、声音、影像、动漫、虚拟网络空间中的人物及场景，现实世界中的主题公园和周边产品（如吸引了全世界小朋友的迪士尼乐园），其文本形态与传播媒介之间有着极为密切的关系。詹金斯认为："跨媒体叙事最成功的模式，就是每一种媒体都能利用自身的特长，扬长避短、各尽其责、各司其职。"① 这样一来，生产者即可从一个简单的网结，捞出一整张媒介传播网。比如魔兽这个 IP 是以单机游戏《魔兽争霸》作为开端，风靡全球后开发出网游版《魔兽世界》，同时通过一系列小说展开更全面更深入的详解；继而通过电影进一步扩大影响，接下来还会建立主题公园。任何一个形态的产品，都可以看作是打开整体产品的一把钥匙，比如音乐爱好者本来对宫崎骏的动画电影并不了解，但对同系列的电影交响音乐会却有着浓厚的兴趣，借助音乐这把钥匙，可能会进一步地去了解电影、宫崎骏博物馆等其他形态。传统的媒介叙事文本是较为单一并相对封闭的，茅盾文学奖获奖小说《平凡的世界》，自路遥离开后即成为绝唱。但跨媒体叙事的文本却有所不同，其中不仅有以创作者为源头的精良制作，也有源自受众带有闪光点的创意，在制作者和受众不断互动的良性循环中，跨媒介叙事的文本一直处在被开发、被改写的进程中，因此展现出强大的生命力。又如，在《魔兽世界》的虚拟世界中，有数以万计的 NPC（非玩家控制角色，Non Player Character），这些角色中的一小部分其实是现实世界中玩家的化身。如其中一名名叫"芝源"的 NPC，便是暴雪公司为身患重症的玩家曹芝源而设立的，以此鼓励他抗争病魔，乐观面对生活。玩家最终不治，却在虚拟世界中获得了永生。这个例子并不是孤例，在游戏世界中，有许多此类案例，这是受众参与创作，改变文本走向的典型模式，正是有了这些受众的创作，才使得跨媒介叙事的文本呈现出多元开放、生生不息的面貌。

---

① 亨利·詹金斯，杜永明译：《融合文化：新媒体和旧媒体的冲突地带》商务印书馆 2012年版。

经过众多取得较高认同的跨媒介叙事实践案例研究，可以初步总结出跨媒介叙事的文本特征包括：开放性的叙事空间、非线性的叙事结构、互文性的叙事系列以及多元化的叙事元素。

（一）开放性的叙事空间

跨媒介叙事文本是一个开放的叙事空间，具有延展性。原创作者、影视制作者、游戏玩家、观众都有机会成为叙事主体，参与跨媒介叙事的创作。詹金斯称其为可挖掘/探索性（Drillability），他认为这一特性是故事世界扩张的最为有效且最易于操作的方式，这一特性也意味着有多个角度的叙事模式，将故事扩展到新的方向、新的领域。

2016 年 7 月，电视剧《老九门》播出，迅速登上收视排行榜榜首，并在男主陈伟霆粉丝群、男二张艺兴粉丝群、原作者南派三叔粉丝群中引起大量讨论，粉丝们自发地收集自己感兴趣的、想传播的信息，抛开原作者，自行分析剧情细节、人物性格，制作番外小说、MV、广播剧等全新形式的作品上传至网络和其他粉丝分享，有的作品甚至按照自己的喜好改写了电视剧中的故事走向，比如由粉丝创作的番外小说《老九门——樱花惜》《老九门——长生》大多是围绕电视剧中配角的故事展开想象，极大地扩充了整体故事的表现力。而电视剧《花千骨》的粉丝们，出于对改编剧情的不满，纷纷自发创作番外小说，如《落花锦年歌》《花千骨之重生再爱》《只是当时已惘然》等，拓展甚至改写了花千骨的命运，重塑了花千骨与白子画的感情线。除了番外小说外，还有许多粉丝利用电视剧片段剪辑全新的视频，将剧中角色的镜头与其他电影或电视剧的镜头剪辑到一起，形成新的故事线。如《花千骨》中的主角白子画与《琅琊榜》角色梅长苏、《三生三世十里桃花》角色白真等角色之间发生的故事。这类创作主要被发布到 bilibili 或 ACFAN 等同人视频网站上，形成了跨媒体影响，有着大批粉丝围观，也鼓励了更多创作者加入同人视频创作。

叙事主体的大规模扩长，有其利弊。利的一方面，是会引发大面积讨论，使得产品吸引更多观众或读者认可，并填补被原作者遗漏的部分，使得故事完整；弊端在于，有些所谓的"遗漏""bug"，有时候是作者主动留下的线索，而同人作品的出现，抢占了该线索的叙事路线，使得原作者无法按照自己的想法进行下去，只得关闭这个路口。例如，同样作为《三体》系列作品的衍生文本，发表在网络上的《三体 X》"宝树著"，将原作者刘慈欣预留的云天明故事线"抢注"，叙写了云天明的大脑被三体人捕捉后的故事，直接影响了刘慈欣对这条人物线的后续写作计划；而同样衍生于《三体》的《三体中的物理学》（李淼著），则获得了刘慈欣的肯定，称该书："是以《三体》中的科幻内容作为引子和起点，描绘了一幅现代物理学和宇宙学的宏伟图景。……在一本篇幅不长的书中展现了如此广阔的视野，呈现出如此丰富的内容，令人赞叹。"①

图 1 美国动画片《我的小马驹》

当然，也有一部分基于故事底本创作，对原著进行各类设定的同人作品得到了官方（或原作者）接纳，其中一个典型案例，便是美国动画作品《我的小马驹》（又译为《小马宝莉》）。有评论称，该动画目前获得的成功，有相当一部分来自于官方（孩之宝公司）给同人粉丝的自由和接纳。其中，小马 Derpy Hooves 的设定，被称为同人界的传奇。

在《我的小马驹》第四代第一季第一集中，出现了一只眼睛歪斜的小马，当时，这只小马是作为"群众演员"出现在画面背景中（图片，后排右二），没有姓名和台词。

这只因画师失误造成歪眼，显得有点傻呆呆的小马，引起了观众们的

―――――――――――

① 李淼：《三体中的物理学》，四川科技出版社 2015 年版。

注意，并立刻被粉丝们起名为 Derpy Hooves（小呆）——Derp 在欧美网络流行词中带有"傻"的意思。第一季第四集中，它出现了唯一一句台词"玛芬"，粉丝们因此认为这匹小马喜爱玛芬蛋糕。根据这些细枝末节的信息，粉丝们为小呆做了全套的角色设定，包括家庭情况、与哪些小马是好朋友、做什么工作，等等。小呆设定的完善，奠定了同人作品的泛化走向。

小呆的名字在第一集首次播出后便被粉丝确定下来，但据称官方一直到制作完第 14 集时才注意到这匹小马被同人界所关注，而在这之前制作完成的 11 集中，出现了一个叫作 Ditzy Doo 的角色，被认为是小呆的"原名"。由于粉丝为这匹小马取的名字影响力更大，更广为流传，作者劳伦·浮士德和制作组以及播放台最终接纳了 Derpy Hooves 这个名字，同时也认可了小呆被粉丝们设定的"邮差"身份。

贴近同人界，是《我的小马驹》第四代成为现象级作品的一大前提。版权方孩之宝公司对同人作品采取"又打又拉"的政策，在接纳一部分同人创作的同时，也时不时地给一些同人作者发律师函进行打压，而当这种打压引发粉丝圈大规模不满时，又特地制作了第五季第九集（A Slice of Life），将同人创作作为这一集的主角。这自然是出于对自身利益的考量，无限靠近粉丝使他们获得了极大的产品收益，但同人作品确实对原作叙事线产生了影响，对作品的后续发展造成障碍——在引入新角色之前，制作团队需要检查一遍同人网站，以防止角色设定冲突或重复。

这种开放性的叙事空间，还造成了版权方面的空档。现代，尤其是欧美的版权意识不断进步，这类延伸叙事，其版权所有还是一块争夺之地。第五季第九集的制作和播放，可以看作是孩之宝公司对这类版权所属的一次试探，为今后如何使用优秀同人设定、剧情提供底线参考。

受众的积极参与，有的是出于对角色演员的喜爱，想让演员的表现得到更多人认可，而自发创作的宣传视频；有的是出于自我满足，想让文本按照自己的走向进行，等等。这些都可称作是基于个人利益的生产。值得肯定的是，目前跨媒介叙事的开放性、延展性特点，使得他们有参与生产的途径，以填补叙事缺口，创造新的细节关联……种种努力，有效推动了文本的自延展、自成长。

（二）非线性的叙事结构

传统类型的叙事大多是按照时间的先后顺序展开，倒叙、插叙等手法的使用，并不影响故事的线性走向，故事结构是自洽的、封闭的圆环。如小说《三国演义》，就将故事圈定在东汉末年至西晋初年这段时间。但这种传统的、封闭的叙事模式，在当前媒介多元融合的时代，已无法满足生产者和消费者的需求。因此，一个好的跨媒介叙事文本，必须突破封闭的架构，才能与时代相呼应，我们所能采用的最为便捷的手段就是拓展叙事的范围来发展情节，使之以松散的网络结构突破边界额，获得更多可能性。目前，大量传统叙事文本都在努力打破束缚，寻求新的可能，多家生产者在多种媒介平台上共同建构了一个立体的、可参与性极高的故事王国。例如，在以《三国演义》为背景的游戏《三国群英传》中，玩家可以选择各类身份，对故事进行深入了解，既可以扮演曹操、刘备等知名人物，体验运筹帷幄的感受，也可以扮演并不出名的文臣武将。这一游戏的独特之处，是将历史掌控权交给玩家，玩家可以自立新君主，培养新武将，每一步选择都有可能改变既有的三国历史，创造出全新的故事线，在玩家的操作下，最终完成统一大业的甚至可以是公孙瓒，还可以是玩家自己命名的全新的人物，给玩家带来了传统叙事文本无法比拟的全新的感受。

以《我的小马驹》第四代为例。这部动画作品，其原定观众群是4~8岁的少女，这个年龄段小观众的接受力、专注力都有限，决定了其叙事结构必须松散、非线性，能让孩子轻易就可以理解，无论从哪里看起都会引发兴趣，不会产生因不知前后文而放弃观看的情况。该剧目前完结的一共五季，平均每季为26集，而在这26集中，官方设计了只有四集负责主线故事的进展，四集中的两集还主要分部在每一季结尾处。其他的大量剧集则不负责讲主线故事，而是通过独立的小故事分别完善一个个小马的特点，侧面塑造出整个小马世界的丰富性。这一松散的设定，使得叙事线无限扩张，无论是官方还是同人，都能随时从这些小故事的一个角色、一句台词、一个道具，延伸出一个全新且自洽的故事。而不进行创作的纯观众，也可以根据这些小故事，得到故事底本的部分细节，拼凑出自己的一套小马世界，在某种程度上，也成为叙事的一环。

与之有着类似叙事处理的动画片，还有国内的喜羊羊系列及虹猫蓝兔系列等。可见，非线性叙事结构的采用，使得动画作品有更加丰富的可能性，其角色会一步步完善、世界会一步步拓展，最终建构起庞大的叙事网和引人入胜的情节结构，有很大可能造就长寿动画片。相关从业者可对此进行深入探索，以振兴我国动漫产业。

扩展叙事范围的案例，还有《鬼吹灯》系列。这一系列原本是网络小说，后来出版，近几年被两次搬上大荧幕，定名为《鬼吹灯·九层妖塔》《鬼吹灯·寻龙诀》，但无论是九层妖塔还是寻龙诀，都是部分使用原著设定、大部分故事情节进行了重新设计，这虽是出于审查的需求，但可以从侧面看出这一底本的无限叙事可能：三个主角的探墓故事，不是线性的，没有"一生的故事"，只有"片刻的故事"。而这些片刻中发生了什么，怎么发生的，前后情节如何，可以生成无数新的故事。这也是相比其他类型片，为什么探案、探险类作品可以不停出续集，如徐克的狄仁杰系列、法医秦明系列、盗墓笔记系列，甚至历史上已有故事原本的《大宋提刑官》，也拍出了续集。如何继续延伸现有类型片，同时开发出能延伸的其他影片类型，也是相关从业者应当关注的方向。叙事模式从单一到多元，从线性到网状，再到无限可能，这是传统叙事结构向跨媒介叙事转变的重要手段和路径。

（三）互文性的叙事系列

符号学家指出的互文性（intertextuality），被广泛地应用到叙事学的文本分析中来，在翻译过程中，有人也称之为文本交互性。互文性指叙事文本都是互为引用的，每个文本都吸收和转换了别的文本。某些未完成甚至未透露的信息，可以在其他文本中获得线索。在跨媒介叙事中，不同媒介平台向四面八方延伸的故事线，并不是孤立的存在，而是互为补充和阐释，互相交织。数个单行文本聚集起来后，使故事底本的意义空间得以细化、延伸，形成内涵更丰富的故事王国。

1977 年，《星球大战》系列的第一部电影面世，至今仍在不停地推陈出新，截止到目前，已经有七部电影与观众见面。受到形式的限制，电影中对人物的内心描写有所欠缺，而这些欠缺的部分自然而然地出现在了系列小说中。目前，关于《星球大战》的系列小说已经出版了几十部，小说除了扩展时间线（采取前传后传的处理方法，在宇宙背景下，原则上可以对时间线进行无限拓展）外，还可以通过细节描写，展现人物性格。有的小说作品，采取了陌生化处理，除了将电影配角的故事线作为主线进行讲述外，还设置了电影中未出现的情节。小说与电影、游戏互为补充，共同构建起星球大战的文化帝国。

程耳导演的《罗曼蒂克消亡史》也是小说和电影互为注释关系的典型案例。电影和小说同步推出，但小说并不是"低廉的电影衍生品"，而是自成一个丰富的小世界，同时扩展了电影的内涵。以绰号"童子鸡"的马仔的故事线为例，在电影中，渲染了他进城当杜家马仔这一时间段的事，详细刻画了他第一次杀人、第一次被杀、第一次遇见妓女的经过。但电影的后半段，他不再出现，下落不明。而在书中，他的故事是其中一个小短篇，作为小说作者的程耳，在其中详细交代了他之后的去向：他被介绍给大佬老张当打手，平步青云，抛弃了收留他、给他介绍老张的妓女，羞辱了曾经地位极高的黄老板。而在电影中并没有正面展示的"砍手"桥段，在小说中则得到了大量渲染，突出表现了角色无情麻木的性格。

电影的镜头语言和叙事选择，也丰富了小说的观感。如与书名同名的小短篇《罗曼蒂克消亡史》里，结尾描写杜逼迫渡部走出战俘营，只用了两句话："杜杀了他的大儿子，自己亲手带大的外甥。渡部为保住小儿子自愿从战俘营出来了——小六开枪打死了他，最后的日本鬼子倒下了。"①但在电影中，这里被剪辑成结尾高潮部分，有十几分钟的长度，详细展示了战俘营如何搭建、杜是怎样一枪打死了外甥，特写了血在地上蔓延的场景和小外甥的反应，极大丰富了小说叙事者选择性省略的部分。程耳在小说和电影两种叙事语言之间的差异性取舍，体现了他对互文性叙事的探索。

同样的互文性叙事，在李安导演的《比利·林恩的中场赛事》里也有呈现。这部电影改编自本·方登的小说《漫长的中场休息》，在电影中，

---

① 程耳：《罗曼蒂克消亡史》，江西人民出版社 2016 年版。

李安着力刻画了人之孤独，尤其是战士之孤独，主角比利·林恩大部分时间是沉默的，在默默地做着激烈的思想斗争，加之痛苦的战场回忆。而在小说中，则将林恩的内心想法完整地刻画出来。如士兵们在赛场看台上入座时发生的事，电影场面上，只表现了前后的观众各类打招呼的言语，林恩的反馈只是点头，或者说"谢谢"，而在小说中，则用不短的篇幅，表现了林恩的心理活动："'你和你的兄弟们在铺路'一个男人低声说。比利没有傻到反问铺什么路。下一个男人指着比利的银星勋章，那感觉就像弯腰去摸他的下身一样下流。那人说：'这是你挣来的，你应该感到骄傲。'比利并无恶意地想，你怎么知道？几天前，他接受地方电视台的采访，一个满口胡言的蠢货新闻记者居然问他：那是什么感觉？对方朝你开枪，你也朝他开枪。杀人，自己也差点儿被杀。看着战友和伙伴死在自己面前，是什么感觉？比利结结巴巴地挤出一些含糊的话，说话时他的脑子里却开通了另一条线，一个陌生人也在讲话，悄悄说出比利说不出口的真话——打仗就是他妈的野蛮，他妈的不是人干的。"[1] 这些文字，将读者引入比利·林恩一直关闭的内心世界，对他之后的取舍、内心的煎熬有了直观的感受。

实际上，我们可以将电影叙事当作冰山，其下有着庞大的故事底本作为根基，与海面上的部分互相支撑，一起构成了整个故事世界。而在叙事中显露哪部分、隐藏哪部分，则可根据需要进行自由取舍。

（四）多元化的叙事元素

跨媒介叙事之所以能够得以实现，得益于丰富的、多元的叙事元素。以《变形金刚》电影版为例：波澜壮阔的空战场面、扣人心弦的赛车场景、性感热辣女主角、不可思议的怪物、出人意料的造型、战争、拯救、亲情、背叛、搞笑、科技、哲学思考、人类命运……再来看《星球大战》的叙事元素：浩瀚的宇宙星空、错综复杂的星球秩序、极具想象力的科幻场景、英雄的历险、女神的激励、导师的启蒙等，除此之外，星球大战还提供了一系列丰富的便于开发成玩具带来额外收益的小人物——机器人、

[1] 本·方登著，张晓意译：《漫长的中场休息》，南海出版公司2016年版。

外星生物、武器装备……受众一旦走进这个高度完备的世界，就很难不被吸引。收藏家、COSPLAY 扮装团体、机器人建造者、光剑爱好者、怀有科幻梦的年轻作家，都能从自己的角度与星战取得共鸣。正是有了如此多元化的元素，我们才能被这个世界所吸引，也正是因为具有如此丰富的故事元素，《变形金刚》《星球大战》才能几十年如一日地风靡全球，衍生出极受欢迎的电影、动漫作品，以及相关游戏及周边产品，成为一座故事富矿，留待辈辈创作人继续挖掘。

单纯一部电视剧如《花千骨》，或者一部电影如《黑客帝国》，并不能称之为跨媒介叙事文本。只有在故事核心基础上联合开发的，可以在影视、游戏、出版物等不同媒介平台上展示的一系列产品所形成的集合，才是真正意义上的跨媒介叙事文本。只有这样的文本，才具有多元互动的特质，能够多点刺激受众，满足各类受众的细节化需求，最大限度地吸引更多受众。

开放、拓展、互文、多元，这些是跨媒介叙事文本的基本特征，以这些特征为指导准则，结合今天内容生产的方式及层出不穷的新现象，希望能够挖掘其中折射出的内容生产方式的重大变革，理解不同媒介平台的特质，体会粉丝经济的巨大动能，把握正在进行中的跨媒介变革趋势。

小　结

在传统媒体上，我们是在已经被限定的介质上生产内容。但是在移动互联网时代，媒介融合让媒介之间的界限逐渐消融，文本的迁徙变得越来越容易。今天，内容已经成为新的、可以用来沟通的介质；而明天将属于能够创作出有价值意义的内容创作者——内容为王的时代真正到来了。

在传统媒体上，我们是在已经被限定的介质上生产内容。但是在今天，媒介融合让媒体的边界在消失。传统的纸张限定了内容，网页要求图文并茂，到今天移动互联网时代，媒介即是信息，如果我们还在追逐形式生产内容，那么必定是死路一条。把内容仅仅作为消费品的时代已经成为过去，在今天，内容已经成为新的、可以用来沟通的介质。媒介融合，让媒介之间的界限逐渐消融，文本的迁徙变得越来越容易。内容为王的时代真正到了，内容将成为最具价值的品牌。未来属于能够创作出有价值意义的创作者。比如《中国诗词大会》里备受网友关注的上海复旦附中高一女生武亦姝，以10场比赛最高分的成绩夺冠！这位曾靠"飞花令"出口成章、圈粉无数的00后美少女，恰是中国诗词大会这一节目个体化、人格化的表现。

因此，跨其实是表象，融才是背后的核心。

融，是将单一融为世界。跨媒介叙事超越了单一媒介文本，将多种具有不同特点的媒介文本如：文字、声音、图像、游戏等，以某一故事核心或元素为纽带融合在一起，构建起一个崭新的、让人沉浸在其中的故事世界。《哈利波特》系列电影、小说、游戏就以哈利波特和伏地魔的恩怨为故事核心，构建起引人入胜的魔法世界；《魔戒》系列电影、小说、主题公园以一枚具有魔力的戒指为核心元素，展现了波澜壮阔的中土世界。

融，是将对立融为合作。跨媒介叙事以协同合作、互动创新为艺术创作基础，它促进了不同的专业艺术创作者之间，以及专业艺术创作者与普通受众之间的深入对话与融合。

融，是将个体融入群体。传统媒介更依赖于创作者个体的经验，作品往往打上个体的烙印。比如小说《白鹿原》就来自于陈忠实对陕西关中地区民俗风情、历史变化的深刻理解。而跨媒介叙事往往突破了个人的创作经验，更多的是来自于集体的智慧，比如电影、电视剧《白鹿原》就加入了大量其他创作人员的创作，话剧《白鹿原》更是加入了老腔等元素，不仅推广、扩大了老腔的影响力，也促进了创作方式的转型。

跨媒介是协同合作的态度，跨媒介是思维范式的变革，跨媒介也是社会资本的汇聚。跨媒介叙事，是从鸦雀无声到互相交流，再到众声喧哗。它是一种力量，也是一种思维方式，更是一场正在进行中的革命，在融合背景之下，我们应当主动地、积极地察觉并利用这种象征着关系、力量和环境的改变。正如《生活大爆炸》对于《星球大战》的致敬，文本的互文和流动，粉丝不断创造内容，充实本体。跨媒介叙事的本质是创作者和受众的共谋甚至是合一，是故事和世界的可衍生和再创作，是内容宇宙的自我生长生生不息。

进阶阅读

1. 约瑟夫·坎贝尔著，黄珏苹译：《千面英雄》，浙江人民出版社 2016 年版。

2. 亨利·詹金斯著，杜永明译：《融合文化：新媒体和旧媒体的冲突地带》，商务印书馆 2012 年版。

3. WR Fisher. The Narrative Paradigm：In the Beginning. Journal of Communication，1985.

4. Chris Taylor. STAR WARS：How Star Wars Conquered The Universe. 高宝书版集团 2015 年版。

5. Andrea Phillips. A Creator's Guide to Transmedia Storytelling：How to Captivate and Engage Audiences Across Multiple Platforms. McGraw-Hill，2012.

（作者系中国传媒大学继续教育学部培训学院院长助理、传媒综合培训部主任）

九问如何做好叙述型电视访谈节目

江逐浪

【内容提要】

叙述型访谈节目具有内容与形式贴近大众生活、制作成本相对较低、情感性强等优势，是当前主要的节目类型之一，而且这种形式往往和其他内容的电视节目相结合。这种节目看似简单，很多编导却难以掌控访谈的节奏、难以挖掘具有吸引力的故事、难以渗透节目的价值观、烘托主题。要做好叙事型访谈节目，编导需要从九个问题入手。

【关键词】

叙述型访谈节目　故事性

一般来说，电视访谈节目分两大类：叙述型访谈节目和讨论型访谈节目。

叙述型节目一般是邀请有特别生活经历的人与观众一起分享自己的人生经历或生活情感的秘密；讨论型访谈节目是嘉宾们就一个话题进行讨论，大家充分表达自己的个人观点与见解。

叙述型访谈节目具有内容与形式贴近大众生活、制作成本相对较低、情感性强等优势，成为当前主要的节目类型之一，而且这种形式往往和其他内容的电视节目相结合。如，除了中央电视台《讲述》、北京卫视《光荣绽放》等节目直接以叙述型访谈节目的面貌出现外，北京电视台文艺频道的《影视风云》将叙事性访谈与影视节目的形式进行了嫁接，吉林卫视《沸点民生》将民生新闻节目与这种形式进了嫁接，都折射出这种节目形式广阔的适用空间。

但是，叙述型访谈节目（以下简称访谈节目）看似简单，却仍有很多编导不能胜任，与专题片、新闻片相比，编导似乎对访谈节目的掌控力明显不足。如何做好叙述型访谈节目？成为编导最关心的问题。

要解决这个问题，需要从以下九个问题入手。

问题一：该问多少个问题？——最常见的错误问题

作为点评嘉宾，我参加过一个访谈节目的录制现场。这个节目播出时长为半个小时，主持人上场之前拿到的手卡是厚厚一叠，每个嘉宾面前摆放的台本也是厚厚一本。粗略翻了翻，共有80多个问题。节目录制结束，我看了看录制时长，将近三个小时。

这是很多刚入行的电视编导经常会显露出的创作思维模式：为了得到丰富的内容，必须准备很多问题。

可以想见，从三个小时的素材中编辑30分钟的播出版，这位编导的后期编辑工作将会非常辛苦，可即使这样，我仍然担心他可能剪不出一期精彩的节目。不是因为新闻当事人没有故事或故事不精彩，而是因为他的素材量仍然不够。

6∶1的片比仍然不够？那一场访谈节目的片比应该是多少？一个30分钟的访谈节目，主持人问多少个问题才合适？

我在工作或教学中经常会遇到这样的问题。但我从不回答。因为这是些无法回答的问题——问问题的基本思路就错了。

问题二：吸引你的是状态还是故事？——正确编导思路的基础问题

为什么选这个嘉宾做节目？面对这个问题，有些编导会回答：这个人有意思。

如果这么来回答问题，就很难真正做出好看的访谈节目。

真正的回答应该是：这件事有意思！

很多访谈节目之所以失败，就是因为答错了这个问题。生活经历是一种状态，就算再有趣，也是静态的。

例如，有一个节目嘉宾做的是一个在生活中时时穿着汉服的大学生。"一直穿汉服的大学生"这个选题，如果在早间板块会是一个有则有趣的新闻，但放在访谈节目中未必会成为一个有趣的节目。

新闻和访谈节目不同，这是它们的时长决定的。新闻大多在 3 分钟以内，很多新闻甚至只有 1 分钟，这个时长内可以对一个状态三言两语地进行概括性描述。而访谈节目的时间容量比较大，必须有若干完整的故事情节作支撑。

一个状态能产生的持续吸引力很短，不能支撑起整个访谈节目。真正能让观众产生兴趣的是变化。节目要吸引人，必须展现人物在不断地与周围环境、人物甚至是自身产生矛盾，每一个矛盾都是一个故事。

状态是静止的，故事是变化的。

状态还是故事，这是一对很容易混淆的问题。如果把有意思的状态误认为是有意思的故事，很有可能就会做出没意思的访谈节目。

所以，面对一个有意思的状态时，编导一定要沉住气，仔细辨别，吸引你的是人物的状态还是人物的故事？如果仅仅是状态有趣，那是不够的。人们对一件事物的好奇心往往只能维系很短的时间，用一个好奇来维系一段较长时间的关注几乎是不可能的，必须不断给予观众以刺激，也就是不断释放出新的好奇来。

只有说故事能做到实现这个效果。说故事，可以把观众对于一个状态的好奇，转移到对于一个个事件的好奇上，不知不觉地从对一个状态的好奇，转移到对一个个事件的高潮、转折、结果的好奇上。这样，节目才能持续地保持对观众的吸引力。

所以，策划叙述型访谈节目的基本思路不是用什么奇特的状态吸引观众，而是用什么样的故事吸引观众。因此，正确的问题不是"访谈节目该问多少个问题？"，而是"访谈节目该说多少个故事？"。

无论故事本身是否精彩，访谈节目都要尽量还原故事本身完整闭合的结构。一个完整的故事结构必须具备以下几个要素：开端、发展、高潮、结局。具备完整故事结构的作品，即使篇幅再短，仍然具有吸引力，完整度越高，越饱满，吸引力越强。也就是说，在访谈节目中，一个完整的情节需要包括开端、发展、高潮、结局这一系列的过程。这些过程中的细节越丰富、越具体，故事就越完整。即使是它的高潮或转折不如编排的故事那样完美，但一个完整的故事最真实，有丰富的生活细节作为铺垫，也能够获得感人的魅力。

很多时候，编导只重视故事情节的高潮细节，希望嘉宾不断地讲述那些有意思的细节，殊不知，再有意思的小细节也只是故事的碎片，小碎片能够触动观众，却难以给人带来持续的关注。所以，碎片化程度高的内容反而不容易吸引人。

不仅如此，仅有碎片而没有完整的故事结构也不利于叙事。很多编导会为这样一个问题而苦恼：为什么这个故事的高潮没起来？很多人会把高潮平淡归结为对高潮情节的渲染不足，努力在高潮细节本身上下功夫，让嘉宾详细描述、让主持人反复总结意义，还辅以音乐渲染情绪，但有的时候还是达不到效果，这时，问题往往不是对高潮的渲染不够，而是高潮之前的铺垫不够，也就是说，高潮情节前的交代或压抑不够。情绪、意义常常是在对比中出现的，如果前面压抑的不够，后面的反弹自然也不突出。所以，完整的故事结构不仅是可以用持续一段时间的中心故事来感染故事，也可以让嘉宾有充分的时间做足高潮前的铺垫，从而让高潮感人。

所以，访谈节目编导的基础思路就是：我要在节目中说完整的故事！我要通过系列问题让嘉宾完整地说出他们人生中有趣味或者有意义的经历，完整交代前因后果，尽量详细地描述其中的细节，强调嘉宾在这些事件中所担任的角色、所面临的问题、解决的方法。

当你面对一个选题，开始形成了"我该挑哪些故事说"时，制作访谈节目的正确思路就建立起来了。

问题三：如何从状态中挖掘故事？——体现访谈节目编导能力的问题

要建立起以"讲故事"为支撑的访谈结构，编导就需要下功夫去挖掘故事。

有些节目的选题就是某个特殊的大事件，编导把一个突发社会新闻中的当事人请到现场，讲述当时的情况，相对来说，这样的节目比较好做，事件本身就提供了故事必备的完整结构，编导只需要从中挖掘到更多有代表性的细节就能够让节目精彩好看了。

但是，这是一种"靠天吃饭"的思维，即节目精彩与否，主要依赖于事件本身的精彩程度。正是由于有这种思想，许多访谈节目的编导会形成一个错误的认识：打动观众的是故事素材，也正因如此，凶杀、暴力、奇案、家庭纠纷之类的故事充斥在访谈节目中。

这种思维会让编导很被动。事实上，即使只具有奇特的状态、而没有特殊的事件，也能制作访谈节目。上面说过，访谈节目的编导在找选题时要时刻警醒自己一个问题：不要被人物的状态迷惑。只要下功夫，通常在其他的状态里也能够挖掘出一些奇特的事件。从状态里挖故事，是访谈节目编导的基本能力。

从状态中挖掘故事时，适宜应用以下两种手法：

首先，挖掘与那些状态相接处的"第一次"。事件的特点是瞬时性，状态的特点是长久性。但是，长久的状态也是由一个个瞬时的事件组成的。只是对于当事人来说，有些事情因为发生的频次太多，已经被他们视为正常，殊不知，这些事可能在其他人眼中，恰恰是非正常的。

仍以"穿汉服的大学生"为例，在节目中，其他被访者对他穿汉服的事表示并不觉得有什么奇怪。可是深入去挖掘，会发现，说这话的人是该生的同班同学。相似的专业背景，相似的喜好，以及更重要的，两年左右朝夕相处下来后的习以为常，都让这些同学们接受了该生穿汉服的行为。可以说"接受"已经成为一个状态。单独展示这个状态，是不利于节目推进的。可是，这个状态可以被分解出若干事件。

例如：

你第一次看到他穿汉服的时候他在干什么？你还记得自己当时的感受吗？

他第一次穿汉服上课时，老师怎么反应的？

他第一次穿汉服去食堂时，食堂师傅是怎么反应的？

你和他一起出门逛街时，别人是怎么看你的？

……

通过话题引到被访者回忆一个一个的事件，就有可能调动起被访者的记忆，挖掘出一些已经被他们自己遗忘的故事。

其次，追问特殊状态的人在特殊环境中的表现。特殊状态之所以特殊，恰在于他们与普通人的不同。访谈节目要好看，就要充分把"不同"给挖掘出来，尤其可以设置在某些特殊场合、特殊情境下的问题，来把"不同"突出地表现出来。

又如，有一个访谈节目的嘉宾是三位身材超重的舞蹈演员。他们每人的体重都超过300斤，却成立了一个舞蹈组合。肥胖的人在生活中并不罕见，如何挖掘这三位当事人与其他肥胖者的区别呢？

这期访谈节目依循常规思路，询问了很多他们在生活中衣食住行的问题。例如，穿什么号的衣服鞋子，这些衣服鞋子好买不好买？一顿吃多少东西等。这些问题很有趣，但是比较开放，与其他体重超重的人相似，观众比较容易猜到问题的答案。

事实上，节目可以设置一些更有特点的话题。例如：作为舞蹈演员他们经常要在全国各地演出，在乘坐交通工具时，他们能不能坐进飞机经济舱？舞蹈演员运动量大，一般食量也大，可是飞机餐是定量的，他们要吃几份？飞机上能不能提供那么多？他们有没有在演出中出现过把道具踩塌之类的尴尬？他们如果中止练功，体重会不会更迅猛地增长？因为肥胖，他们有没有什么不能做的舞蹈动作或者特殊的舞蹈动作……

设置特殊环境下的问题，就是把当事人放在特殊环境下，重新遭遇陌生性，从而打破他们日常生活的熟识性，有可能碰撞出有意思的故事。

状态不是节目要展示的全部，但有意思的状态是挖掘好故事的基础。

人物的状态常常是人物故事的背景，访谈节目所要做的，恰恰是挖掘这个背景下人物的故事。访谈节目不仅可以展现一个人的一个大故事，也可以展现一个人的一系列小故事，只要把人物放在一系列的冲突里，观众同样会在动荡的情绪中对人物投入更多的关怀和关注，会对人物产生更多的亲近和认同感——也就是对电视节目产生更多的兴趣。

所以，当节目编导遭遇一个"有趣"的人时，一定要问问自己：有没有从特殊状态中挖掘出足够的故事？

问题四：你的问题是在引导故事吗？——如何审视你的台本

有的编导虽然建立起了让嘉宾说故事的思路，也在背景采访中了解了嘉宾的一些故事，并设置了问题试图让嘉宾在节目中说出这些故事来，可他们常常在节目的具体录制时出现一个困惑：底下采访时说的故事，现在你怎么不说了？

有时候，编导甚至会不惜停下正在录制的节目，硬生生地对嘉宾说：你把某个故事再说一遍吧。

电视是录制播出的，观众当然看不到这一幕。但这不是一个好办法。它有可能打断嘉宾原先的话题，这不仅是对别人的不尊重，而且，硬生生打断别人的一个正在进行的话题也意味着硬生生转变别人的谈兴，嘉宾的整个情绪状态都有可能受到影响，轻则不会很快把感情投入到下一个被要求的话题中，重则干扰嘉宾整体的谈兴。

也许有的编导会说：不这样做不行！这个故事在我的节目中很重要，它起结构作用，或者它是我主题的最好显现，或者这是很有趣的故事，我希望嘉宾说出来——总之，嘉宾不能不配合。

很多编导都会碰到嘉宾"不配合"的情况。有些编导会把这种情况归罪于嘉宾，可是，如果出现这种情况，更有可能的却是编导错了。出现这种情况，常常是因为编导准备的问题无法正常引出故事。请看以下这些问题：

问题1：你在北京定居多少年了？

问题 2：你曾经是个背包客，游历过四十多个国家，是吗？

问题 3：你刚到北京的时候工作好找吗？

问题 4：当时有没有定居北京的打算？

这是一个访谈节目中主持人一上场对嘉宾连续抛出的四个问题。在这四个问题中，问题 2、3、4 都是选择疑问句，标准答案只有"是"或"不是"。除非回答这种问题的嘉宾有非常强的表达欲望，否则，这些问题本身就限定了他们继续深入表达的可能。

而问题 1 作为唯一的一个"特殊疑问句"，其答案也仅仅是一个数字。因为"多少"是一个很封闭的疑问词。

对于一个没有太多媒体经验的嘉宾来说，这四个问题的答案加在一起，还不到十个字。这十个字不足以向观众传达他丰富的人生经历，更不会成为吸引观众的有趣故事。

显然，这样的台本是失败的。一连四个问题都不能引发故事，这样的问题问得再多也是徒劳。要引导嘉宾说出自己的人生故事，应该少问答案只是"是"或"不是"的选择疑问句，要问些具有发散性，更具引导性的问题来。

例如，与其要问嘉宾刚到北京时找工作难不难，不如直接这么问：

问题 5：你到北京多久有了第一份工作？是怎么找到的？

问题 5 看似与问题 3 完全不同，但其问题指向的实质却是相似的。所不同的在于，问题 3 限制了嘉宾的表达，主持人必须用其他追问、暗示等手段才能引导嘉宾讲出自己的故事，而问题 5 直接切中了故事本身。把抽象的"难不难"具体转化为"多久"，进而用"怎么找到的"，来引导嘉宾对当时的情况做描述。"怎么"是一个很开放的疑问词，需要人们做描述性的回答，听到这样的问题，人们会情不自禁地描述起当时的具体情况来。

在制作访谈节目之前，编导必须与嘉宾已经进行过接触，了解了嘉宾人生的主要经历和一些特殊的细节。访谈节目就是要把这些人生故事还原给观众。所以，进行访谈节目策划的时候应该是围绕嘉宾的故事出发的，节目编导必须有意识地选取嘉宾特殊经历中最有代表性的故事，通过问题引导嘉宾把这些故事呈现给观众。为此，编导需要认真审视你的台本，仔细看一看，你的问题是指向故事的吗？亦即，有多少个选择疑问句，多少个特殊疑问句，多少个封闭性的疑问词，多少个开放性的疑问词——简单来说，你的问题有多少个"怎么""为什么"，而不是"是不是""多少"。

开放的提问，才能引出复杂的故事。好的问题能激发嘉宾讲述生活经历的欲望，这样的问题也就能成为推进叙述型访谈节目的动因。

问题五：你的问题之间有什么样的关联？——如何对你的故事进行组合

再看看上面的三个问题：

问题2：你曾经是个背包客，游历过四十多个国家，是吗？

问题3：你刚到北京的时候工作好找吗？

问题4：当时有没有定居北京的打算？

这是一组非常失败的组合问题。不论什么节目，如果主持人对嘉宾一口气抛出上面这三个问题，是不可能得到一个有意思的故事作为答案的——这些问题之间缺乏关联性。

这三个问题分别指向了被访者不同人生阶段的不同经历，没能形成一个合体，也就是说，它们不是围绕被访者某一个故事而形成的问题组合，三个问题的答案无法连缀出一个完整的故事。

这三个问题导出三个不同的谈话方向：

1. 问题2——嘉宾游历四十多个国家时的奇特经历。

2. 问题3——嘉宾初到北京时找工作的个人艰辛。

3. 问题4——嘉宾对自己的人生规划。

以上三个谈话方向中的任何一个，都是有意义、有深度的，也是容易引出故事的，但是当它们被组合在一起的时候，却会相互消解，形不成合力来说明某个共同的重点。

访谈节目的编导要在节目中让嘉宾讲故事，还要在自己的台本设置中编排嘉宾的故事。根据每个故事所蕴含的意义，对故事进行排列组合。

长久以来人们已经形成了一个习惯：在一个故事中寻找意义，以及在一组故事中寻找共性。好的故事必须是有主题的。梦境也很有趣，很神奇，但除非心理学家，普通人很少会在意梦境里的事，因为对于普通人而言梦境里的故事没有意义——无论故事的发生还是故事里的人物都没有因果联系、更没有目的性。故事中的意义，就是故事中的因果联系和讲述故事的深层目的。

听故事的人总是暗暗地在心中判断：你为什么花时间说这个故事？你是要说明什么？表达什么？如果人们听完故事却无法判断出你的目的，也许人们会觉得你的故事深刻，可是，如果人们经过判断发现你的故事没有意义，人们只会觉得无聊，即使这个故事听起来很热闹也会无聊。

此外，格式塔心理学研究发现，人类有主动在把获得的材料组织起来进行思考的特点。观众倾向于在若干故事中寻找共同点，把若干故事当作一个更大故事的不同侧面来加以接受，从而主动寻找若干故事之间的共同点。电视编导应该明确观众的这个心理特点，主动将若干内涵接近的小故事排列在一起，形成大主题。

因此，在编导心中，要建立起由上而下的"主题—故事—细节"思路，在心中依次问自己这样几个问题：

1. 我为什么要做这个选题？——确定节目主旨。

2. 我的节目主旨可以用几方面来表现？——确定节目的主题。

3. 有哪些故事可以分别说明我的主题？——为你的主题从各方面搜集事件素材。

确定了这样的思路之后，可能很多编导会产生一个问题：我需要多少个故事才能说明我的主题？

该有多少个？可以借鉴一下影视剧。人们之所以爱看影视剧，是因为那里面有紧凑的剧情，引人入胜的悬念和让人情牵的人物。

一部情节紧凑的影视剧，大多会遵循"三分钟一个小高潮"是编剧法则。事实上，这是基于观众注意力的特点而总结的规律。注意力容易分解是人类的天性，想让观众的注意力从头到尾都集中在自己的节目中，不是违拗人类的天性，不让人"走神"，而是顺应观众的天性，引导观众"走神"——牵引观众的注意力顺利、自然地转化到下一个节目预设的情节元素上。

所以，"三分钟一个小高潮"不独在影视剧中适用，叙述型访谈节目也一样适用。但是，电视节目的容量是有限的，如果一个嘉宾要在30分钟里介绍自己80多段人生经历的话，平均每个经历只能介绍20秒——这不是故事，这是点名。

访谈节目是要说故事的、每个故事是要完整的，这样，说完一个故事需要多长时间？因节目和素材各异。有的故事也许三分钟足够说完，也许八分钟也没说完。但是，既然观众是容易走神的，每一个具体的小故事不宜太长，三分钟，是一个不错的选择，每三分钟都能给观众一个具体可感的小细节，观众的注意力能始终被你牵引了。

充分表达一个大主题，至少需要三个三分钟的小故事，对于主题来说，这三个小故事的作用是不同的。

第一次是意外，第二次是偶然，第三次是故意。

人类认识事物的时候经常会情不自禁地寻找它们的共同点。对于第一次出现的故事，人们对它的认识可能是最多元的，可听到第二个故事之后，人们就开始会下意识地寻找它与第一个故事的相似性，但这种寻找有可能是连自己都没有意识到的，因为第二个故事对主题的重复还具有偶然性的特点，不很鲜明，但是，如果第三个故事重复了这个主题，观众就能鲜明意识到三者之间的相似性，从而深刻体会到三个故事的共同点。如果之后还有第四个故事能从另一个角度阐述主题，观众就会更容易接受。

三至四个小故事来共同说明某个主题，事实上也就聚合起了一个十分钟左右的段落。这就是影视编剧里的"十分钟一个大高潮"。但是，有两点需要澄清一下：

1. 无论节目有多长，三到四个主题是比较合适的。"十分钟一个大高潮"的原理适用于一些25~45分钟的访谈节目，通常，一个30分钟的节目需要有三个主题，40分钟左右的节目需要四个主题……但这不是说50分钟或60分钟的节目就需要五到六个主题。对于任何长度的节目来说，都最好把主题的数量控制在2~4个。即使是10分钟的访谈节目，也至少需要两个主题，否则难以形成跌宕的层次，而即使是70分钟较长的节目，也不宜有六个以上的主题。一个节目的主题太少，节目容易显得单调平淡，主题太多，又会干扰观众的记忆，给观众形成了凌乱、散碎的不良印象。

如果栏目的时间长、容量大，适合让每个故事都相对复杂些，细节丰富些，而不是主题更多些。

2. 不是每个故事都是 3 分钟。"三分钟一个小高潮"并这不意味着每个 10 分钟左右的主题段落内的每个故事都是 3 分钟。如果每个故事的长度一样，编导平均发力，节目有可能让观众觉得呆板。谈话节目需要节奏，所谓节奏，是有规律的强弱变化。有变化才有节奏，如果真的一个故事说满 3 分钟，这个节目的节奏就是平均的，缺乏变化的东西是最容易让人厌倦的。节目编导需要根据故事的精彩程度来判断，什么故事详说，什么故事略说，在段落内部形成重心。

问题六：如何对你的故事进行排列？——如何凸显你的主题

从策划上看，访谈节目是有不同主题的，在后期制作中，这些主题经常会被字幕、片花等加以间隔，形成了不同的板块或"幕"。因此，主题与主题之间，也就是板块与板块之间，要有起承转合的关系。

如果说，讨论型访谈节目是以话题的深入展开为节目推进动因的话，叙述型节目就是以展现他人人生经历的跌宕起伏为动因。因此，在同一个主题内部，故事与故事之间，也要有起承转合关系。要实现这两个目的，都需要精心排列你的故事。

（一）如何排列你的主题？

这个答案相对简单一些。"文似看山不喜平"，把你的主题基调进行一下分类，失败、痛苦、挫折等是低调情绪，成功、喜悦、顺利等是高调情绪，按照分类可以把高调情绪的主题和低调情绪的主题穿插排列。

一般来说，排列情绪的基调为"高—低—高"，即以高调的主题开始和结束，中间间隔低调情绪的主题。例如，先说个人事业的成果，事业中的艰辛，最后说下一步成功后的铺垫或个人成功后的新发展，这就是典型"高—低—高"模式。以高调情绪开始节目，可以用顺畅的情绪感染观众，吸引观众观看，用高调情绪结束，可以给观众以情感上的满足。

有的故事主题间具有时间关系，比较适合"现在—过去—现在"的模式。例如，采访某个著名科学家，以"现在事业生活—过去的经历—现在的日常生活"为叙事顺序比较适合。这样的故事重心大多会落在人物对过去的回忆上，可是人进入回忆状态时需要准备时间的，一个小小的"现在"板块能够帮助当事人和观众共同完成这个心理转换。

有的故事主题间具有因果联系，用"结果—原因—结果"模式。例如，先介绍某人做了某事，引出他的什么性格或价值观促使他这么做，再说他的这种性格或价值观是怎么形成的，过去的生活中还有哪些事能证明这种性格或价值观，最后再说他做了这件事之后对他的性格、价值观有什么影响。结果往往是事件，是能够第一时间作用于观众的，而从结果到原因之间的关系却要架设一条理性的桥梁，从事件开始，有助于观众慢慢进入节目的宗旨，顺利地沿着编导架设的理性桥梁走下去。

（二）如何在主题内部排列你的事件？

在主题内部排列事件，要比排列主题相对复杂些。在做这个工作之前，编导需要对你要讲述的故事做一个辨别，这个故事的主要动作，是主动型的，还是被动型的？

主动型事件，即主人公有目的地做了些什么，"我工作""我创业""我救人"都是主动型动作。对于一个主动型故事，问题常常会被设计成这样：

1. 你为什么想做这件事？

2. 你怎么做这件事的？

3. 你为什么用这种方式做这件事？

4. 你在做这件事中遭遇了什么困难？你如何克服？

5. 你还想做同样的事吗？/你还想做什么事？

被动型事件，是主人公面对问题时的应激反应。例如，去医院看病却没带钱，怎么办？找工作碰壁，怎么办？遇到被动型动作，问题常常被设计成了这样：

1. 这件事是怎么发生的？（导火索是什么？）

2. 你是如何遭遇这件事的？

3. 你当时的心情是怎样的？

4. 你最终是如何解决的？

5. 事件被解决的结果怎样？

很明显，主动型事件更偏重动作的目的和动作的细节，从而体现当事人的能力，被动型事件更偏重当事人的情感感受，体现当事人的性格。

如果主题内部全是主动型事件，会把当事人塑造得比较强势，但相对来说会与观众拉开距离，如果主题内部全是被动型事件，会为当事人赢得很多情感共鸣，但相对来说会显得当事人比较被动。要丰满一个主题，最好在主题内部同时安排主动型事件故事和被动型事件故事，把两者间隔排列，能更全面地展现当事人的特点。

问题七：故事讲不完怎么办？——如何控制录制现场

如果一个嘉宾有非常丰富的人生经历，通过采访挖掘了很多有意思的故事，可是节目的容量有限，该怎么取舍故事呢？这是很多编导会碰到的一个头痛的问题。虽然说删减素材比苦心孤诣地挖掘素材要容易些，可有的时候做减法未必比做加法更容易。

编导常常有三种心态：

1. 自己在前期采访中已经深入了解了整个故事的来龙去脉，不把前一个故事交代清楚，很难说清楚后一个故事的渊源，而要说明前一个故事，还需要再前一个故事做铺垫……总之，"一部二十五史，不知从何说起"，只好从最久远的故事开始说。

2. 自己在采访中投入了很多感情和经历，在自己的眼中每个故事都是最精彩的，不知道该如何取舍。

3. 自己为每个故事都付出了努力，不希望自己的努力被白白浪费，希望把嘉宾的所有故事都讲述出来。

这三种心态，都是做访谈节目的大忌。先说第一种心态：很多编导会不自觉地在节目中让嘉宾从头说起，把生命中最早的故事都说出来，似乎想以此来说明他们日后人生选择的合理性。这种心态不能说不对。可是，访谈节目毕竟不是影视剧。

影视剧采用影像叙事手段，即所有的故事必须"演"出来，访谈节目是以话语叙事为手段，即绝大部分的故事可以"说"出来。虽然看上去讲故事与演故事都可以呈现一个清晰、完整的故事，但是这两种形态给观众带来的审美感受却是不同的。演故事是不断给观众制造一个虚拟的时空，让观众自己沉浸到这个时空中去，用一种"偷窥"的方式关注故事的发展，对故事的进程有着基于审美假定性的认同。这种手段的优点是情感性强，弱点是说理性差，所以，必须在故事中将所有与之相关的细节完整呈现出来，否则会割裂观众对故事的认同。

而访谈节目所采用的是话语叙事手段，"说"故事的好处是可以利用语言的抽象性和高度概括性作用于观众的理性，直接与观众交流，推进节目的叙事，因此，它呈现的故事可以是碎片化的，主持人、当事人、嘉宾随时可以用语言解释、弥补故事中的断点，所以，这种叙事手段决定了访谈节目不需要"从头说起"。直接从事件的发生开始，而不必从交代故事的背景、肇始原因开始，因为在话语中，这些内容是随时可以被简捷凝练地表现的。

第二种、第三种心态是编导的人之常情：从理性上希望把所有的好故事告诉观众，从感性上不希望自己的努力白费。但是，这两种心态都有可能妨碍节目整体性的建立。

编导在制定访谈节目台本时，需要站在观众的立场上审视自己的工作，问自己以下两个问题：

我要讲的故事里，有没有同义重复的内容？

我要讲的故事里，谁是主，谁是次？

编导之所以从人物的众多经历中选取某一个事件来讲述，不仅仅因为这个事件本身的冲突、矛盾，还因为这样的冲突、矛盾暗含着某个主题。例如，讲述创业故事中，总少不了讲述创业期的各种艰难，如：资金上的、推广上的、理念上的、合作上的……观众不仅希望听到不同的故事，还希望听到不同主题的故事。若干个主题聚合在一起，会在观众心中形成"创业阶段各方面都很艰难"的整体印象。但是，如果嘉宾一连讲述四个资金上的困难，对于观众来说，这些故事仅仅在讲述一个主题：创业期有资金上的困难。这个概念观众在听到第一个故事时就能够建立起来，听到第二个故事重复该主题也许会加剧情感投入，但是听到第三个、第四个故事仍然重复这个主题，只会感到冗余、重复。

编导需要意识到：讲述故事的目的是证明自己的某个主题，一旦观众已经建立起了对这个主题的认同，再重复类似的故事，反而会影响观众对故事的投入。

因此，当编导遭遇故事太多、节目容纳不了时，必须做出一个判断：有没有故事是同一个主题的重复？如果有，只保留那个最精彩的，把其他重复的故事删掉，哪怕它们也很精彩。

如果每个故事都在主题上没有重复，但节目的容量仍然容纳不了，编导就需要进行第二轮选择：哪些故事的主题与整个节目的主旨更接近？

节目的每一个小主题都是为节目的整体宗旨服务的，主题与宗旨的距离有近有远。距离节目宗旨远一些的，就是次要的主题；不能够充分表现人物特点的主题，也是小主题。

例如，上面的例子中，如果节目的宗旨是表现一个在北京的外国人的创业经历，那么，问题 2 "你曾经是个背包客，游历过四十多个国家，是吗？"就毫无意义。他作为背包客游历多国的经历与他在中国创业之间没有必然性，这是他的一段人生经历，却不是他的创业经历。这段人生经历也许很丰富多彩，但是，与节目的主旨却比较遥远。所以，虽然关于游历四十多国的人生经历可能会引出很多有意思的故事，但整个主题却可能是首先被舍弃的。

"故事讲不完"的问题除了出现在策划台本上，更经常出现在节目的录制现场。

有时候，嘉宾的谈兴被一系列现场因素激起，很有可能说起了一些原本策划台本之外的故事，以至于节目的录制时间被改变，迟迟难以进入下一个策划环节。在这个时候，很多编导常常会着急地向主持人示意：赶快结束这个话题，进入下一个预先设定好的谈话环节。但是，这不是一个很好的做法。谈话节目中的"谈话"属于一种半开放型的结构，谈话一方既有事先准备好的问题，在节目开始后，随着交流的展开，谈话不可能完全依照原有的结构按部就班地进行。随着谈话双方语言交流活动的推进，主持人根据谈话进程中出现的与谈话主题相关的新信息进行追踪提问，灵活地应对变化，扩展谈话的基础结构。

主持人不是提示机，主持人需要去倾听每位嘉宾的故事，同时也是推动者，主持人应该密切注意嘉宾话语中的细节甚至是微表情，抓住每个细微的信息。这些信息常常是编导在策划环节难以把握到的，却又是最容易打动观众的。如果在谈话现场，嘉宾详细地表述一些事件的细节时，编导需要有一些耐心。对于观众来说，丰富的主题不如生动的细节。编导宁可舍弃一两个原本设定好的次要主题，也要保证故事的完整性、生动性，尤其是那些丰富的细节。

所以，当编导面对"故事讲不完怎么办"的问题时，需要在叙事情节的取舍上保持冷静，主题的丰富性与叙事的生动性、完整性相比，后者是访谈节目最主要的标准，要想取得好的艺术效果，不要急着走流程。

问题八：你的节目对故事有评价吗？——如何体现节目的立场与价值观

一般来说，电视访谈节目分两大类：叙述型访谈节目和讨论型访谈节目。讨论型访谈节目的特点是用节目的话题来激发和呈现嘉宾的思想，展现的是嘉宾个人观点与见解的表达与阐述。观看这类节目的观众会因节目而产生强烈的内心参与意识，用自己的价值观来判断节目抛出的话题，进而将这个结果与嘉宾的观点进行比较、判断、辨析和思考，从而提高自己对于这个问题的认识。因此，讨论型访谈节目的问题设置既要能层层深入话题，又要能展现话题的方方面面，还要能激发起场上嘉宾和场外观众的参与。

叙述型访谈节目看似与此相距甚远。叙述型访谈节目的主旨在呈现他人的人生经历或生活情感的秘密，用叙述的过程和细节来吸引观众，以满足人们了解他人生活与内心秘密的心理作为动因。似乎看起来，前者诉诸观众的理性，后者诉诸感性，是截然不同的制作理念。但是，就如同人类很难讲自身的理性与感性截然分离一样，观众在观看节目的时候也是理性因素与感性因素在共同起作用的。同样是讨论型节目，有的轻松诙谐，有的客观严肃，有的对抗激烈，不同性格的观众会被不同的节目吸引，这是节目营造出的不同情感风格对观众影响所致。

同样，叙述型访谈节目看似只是在展现人物跌宕起伏的命运，但这些内容只能打动人们的情感。而要真正深入观众的内心，还需要打动观众的意志。因此，即使是叙述型访谈节目，设置的问题也需要有把握要害、透过现象看本质的洞察力和分析判断力，这就需要在引导嘉宾完成故事讲述之后，有一些回顾、评论式的话题。

例如：

你当时为什么这么想？

你现在怎么看当时的决定？

你周围的人怎么看你当时的决定？

用你当时的理念看你现在的行为，你怎么看？

……

这样的问题既能紧扣话题，又能推进话题的深度，引发嘉宾与观众的思考，甚至可以隐晦地表现出制作者的立场，在叙述型访谈节目中也是必不可少的。

问题九：如何用问题塑造人物个性？——如何让你的节目被人牢记

比较一下这两个问题：

问题1："你为什么要做这件事呢？"

问题2："你为什么要这么做这件事？"

显然，问题1是一个目的指向的问题。很多情况下，这不会是一个好问题，因为无论是编导还是观众几乎都可以得到一个预期的答案，这个答案通常与人物的道德有关。例如，如果主持人采访一个在街头救助心脏病患者脱离危险的游客，如果问题是："你为什么要救？"那么可能的答案不外乎两类："我是医生，这是我的责任。"或"这是我的道德感驱使（类似的话）……"

如果一个问题仅有几个可能的答案，而且答案显然是可以预期的，那么这样的问题就是封闭性的。对于观众来说，封闭性的问题没有吸引力——与观众的心理预期相似，问题的提出就不能让观众形成对答案的期待，也就是说，这样的问题不能引发悬念。

不仅如此，在现实中，目的指向型的问题也很难塑造人物。中国传统的文化习俗以谦逊为美德，如果一个嘉宾在电视荧屏上面对大众直接表达自己的道德感如何高尚，往往会被观众心里排斥，认为这样的人物骄傲、不知羞耻、甚至虚伪造作。事实上，在更多的情况下，讲述人自己也会基于同样的文化立场而将这个问题轻轻回避掉。于是，目的指向型的问题不仅会成为封闭的问题，还常常成为无效的问题。

在叙述型访谈节目中，编导应该尽量少设计封闭式问题，更不应该设计无效问题。人们做一件事的原因常常是相似的，所以，这样的问题常常指向一个可以预期的答案，这样的回答是没有个性的，作出这个答案的嘉宾是没有个性的。

如何在节目中挖掘出人物的特性来？如何在看似平淡的事件中挖掘出人物的个性？

人物的特性，大多不是体现在人物的目的上，目的涉及价值观，电视访谈的价值观要符合公序良俗，当事人的价值观不会与电视机前观众的主题价值观有太大偏差。人物的个性，常常鲜明地体现在人物解决问题的方法上。

在相同的条件下，不同的人会做出不同的选择。例如，上述例子中的问题2"你为什么要这么做这件事？"是一个典型的开放型问题，其开放性不仅体现在答案的可能性会比较丰富外，还体现这样的问题往往能勾连起很多其他方面的内容。

同样以上面的情形为例，讲述的对象如果仍然是一个救火的英雄，主持人引导主题展开故事时，如果问的问题不是"你为什么要救人"，而是"你为什么选用这种方式救人？"时，可能的答案就会很多。

被采访者也许会回答因为病人当时情况危险，需要在几分钟内迅速施救，如果送到医院很有可能会耽误时间。这样一来，讲述内容就会自然引入病人当时具体危险到什么程度，救助的及时性有多重要，从而自然而然地让观众们感受到救人者所做的事有多么重要。

被采访者也可能会回答，因为自己经过专业训练，救助的实际效果可以与专业救护人员相同，所以有自信采取行动。这样一来，救人者的人生经历可以被很自然地牵引出来。

被采访者也许还有可能会回答：当时在场的人有很多都提供了帮助，有人叫了救护车，而他是那个救人的人，这样一来，现场场景被还原了出来。

被采访者还有可能会回答，事实上他是想过若干种解救方法，但是之前的几种方法要么不适用当时的情形，要么就是中途遇阻不能采用，这样一来，叙述救人事件的坎坷遭遇也就有了线索。

……

可能的情形还有很多。与目的指向型问题不同，一般来说，方式指向型的问题更容易成为开放式的问题，有可能会得到观众无法预期的答案，而且有可能自然而然地成为引出下一个问题的线索。

人与人之间的不同，常常不是本质上的善恶差异，而是面对不同问题时，每个人的思考方式、行动方式有所不同，电视节目要让一个讲述者能够成为个性鲜明、丰富立体的主人公，仅仅挖掘主人公的思想品质是不够的，挖掘他"为什么这么做"往往会更好。一个人解决问题的思考方法、行动行为才往往真正带有一个人鲜明的个性色彩。

要塑造人物的个性，不是需要树立人物的是非善恶，而是要展现他的思维方式、行动方式。

此外，人物的个性还体现在人物的情感上。要树立人物的个性，还要深入挖掘人物的情感。很多情感类文章会讨论这么写：感动你的，不是那些人，而是那些事。

访谈节目是让人物说出自己的故事来。吸引观众的是故事，支撑节目结构的是故事，可是，真正让人感动的，却是这些故事中的人。

感动人的，只有人。吸引观众的不仅是嘉宾独特的生活经历，更是嘉宾独特生活经历所带来的艰辛、惊险或趣味等曲折的情感。

真正打动观众的是嘉宾在经历这些故事时的情感，这包括他对自己生活经历的内心感受和旁人对他经历的内心感受。

真正感动人的往往不是事件，而是人物。好的讲述节目不仅仅要努力挖掘出一段曲折的生活经历，更要花大力气去塑造经历这段生活的人物，以有血有肉的人物形象来感染人。

所以，访谈节目要做故事，更要做人物，用故事来表现人物特性，用人物的情感来感动观众。

因此，访谈节目要以对人物的心灵影响为原则来删选人物故事。哪些故事是轻松的，哪些是沉重的，哪些是让嘉宾深思的，哪些是推动了嘉宾人生经历的……如果一个问题都不能引发嘉宾的情感，又如何能奢望它引发观众的情感？

例如，上述的问题3："你刚到北京的时候工作好找吗？"这个问题中的"好找吗"所针对的是嘉宾的个人感受，如果顺应这样的问题，嘉宾会直接回答自己的感受，也就是"好找"或"不好找"。主持人要获得更进一步的信息，必须问"怎么好（不好）找？"。可是，这个追问的答案可能会非常散，嘉宾不仅可以从自身经历出发，也可以来回答自己的理解。例如，嘉宾完全有可能回答："北京的人才太多，所以工作不好找！""对北京的情况不熟，不知道去哪里找！""北京对人才的要求太高，工作不好找！"……

针对个人感受的问题，常常会引出另一番个人感受，而不是故事。

然而，个人感受是不容易真正打动观众的。这倒不是人们对他人的感受缺乏同情与共鸣，而是含混的语言无法鲜明地表现出这种感受的强度，有人视骨折为"很痛"，有人视被水果刀划破手指为"很痛"，所以不同的观众对"很痛"这样的描述建立起的情感反应是完全不同的，模糊的表达很难真正打动人们的内心。

真正能够打动观众内心的是具体的事例或细节，因为这是每个观众可以自行得到结论的。同样是"很痛"，曾经有一个战胜了胃癌的女孩这样表述：由于病症，胃酸往上翻，烧伤了食道，所以，哪怕是每喝一口水下去，都像是在喝硫酸一样烧着食道下去……她不用强烈地表达"很痛"，观众可以通过这一具体细节自行想象其痛苦，这样得来的结果是形象的、感人的。

可真正的内容重点却应该是"怎么容易？"或"怎么难？"而且，这个问题让"容易"和"难"却又都成为感受，一个人形容自己感受时，由于每个观众自身的经历不同，判断标准不同，所以每个人对"容易"或"难"的想象是不同的。一个刚到北京的人花了一个月的时间找到第一份工作，这是容易还是难？花三天找到工作的观众觉得对方是"很倒霉，真难!"花三个月找到工作的观众却觉得那是"好幸运，真容易"。

所以，给观众一个简单的概念"难"或"容易"是没有情感冲击力的，真正有情感冲击力的是用具体事例说话。具体事例是观众加以比较、判断的材料，看似没有倾向性，但观众会情不自禁地拿来与自己的生活经验相比照，从而得到结论。观众自己得来的结论，是最有情感冲击力的。

进阶阅读

1. 丹尼斯·麦奎尔：《受众分析》，中国人民大学出版社 2006 年版。

2. 雷蔚真、朱羽君：《电视采访学》，中国人民大学出版社 2010 年版。

3. 欧阳照：《电视新闻的叙事学研究》，重庆大学出版社 2010 年版。

（作者系中国传媒大学副教授）

镜头思维与设计

田　毅

【内容提要】

　　本文是《影视创作蓝皮书》其中一章节，所撰写的各类镜头，是一套完整、独立的专业教学体系。之所以称之为"专业"，是因为这套镜头体系的创建，不是为了在口头上、参数上或视觉成像效果上去进行简单的镜头命名与分类；而是要通过镜头拍摄形式的差异，推导出准确的镜头使用环境与"镜头形式语义"。"镜头形式语义"这个教学体系的建立，不仅填补了国内外影视相关专业的教学空白，并且将对"单镜头画面语义"的精准表达起到至关重要的作用，它甚至会直接影响到影视画面创作的核心内容："多镜头画面语言"。因此，不论大家是否接受过系统的、学院式的影视教育，本文所讲述的内容，必将带领各位读者走上一条以画面语言为核心的影视创作之路！读者对单镜头内容认识的越深刻，未来作品创作时，表达的镜头形式语义、镜头画面语义、多镜头语义就会愈加精准！

【关键词】

　　基本镜头　长焦镜头　固定与运动镜头

一、基本镜头

"基本镜头"一词的由来：在拍摄现场，如果导演希望摄像师把镜头拉开至取景最大化、画面视觉效果呈现或趋近于全清晰，这个操作过程在影视行业是没有准确名称的。在本文中，我不可能每次都把这种操作过程，以如此烦琐的文字形式进行重复描述，更不可能像拍摄现场一样，使用诸如："拍个广角镜头""拍个大画面""镜头再大点儿"这样的非准确操作提示。综上所述，本文中的"基本镜头"意指：拉镜头至画面最大化（按压推拉变焦杆的"W"一端，见图1）、成像效果呈现或趋近于画面全清晰、以固定形式进行拍摄的画面，称为基本镜头。（注1. 在此概念的基础上，如需要添加其他操作形式的变化，本文会进行精确的文字描述。如：以摇镜头的形式进行基本镜头拍摄，以跟随主体的形式进行基本镜头的拍摄等。2. 此概念特指广电行业大面积使用的标准可变焦镜头组，广角镜头与长焦镜头组不入此列。）

图1

基本镜头的拍摄方式：当拍摄者使用标准可变焦镜头组时，按住推拉变焦杆 W 一端，直至取景最大化，即摄像机在短焦一端的拍摄，称为基本镜头。

基本镜头的特点：

（一）基本镜头所拍摄的画面，如同观众"亲临"现场，画面中被摄物体呈现"近大远小"的视觉透视关系。其透视效果与人眼的透视效果十分接近。（见图2、图3、图4）

图2

图3

图4

（二）基本镜头所拍摄的影像，趋近于画面全清晰，画面中所有被记录物体，不以镜头效果进行人为的"强调"或"弱化"。也即：所有入画的事物都可能成为观众观看的焦点。这个焦点的选择，会因观看时长、画

面构图、观众喜好等原因产生不同的差异。（见图 5、图 6）

图 5

图 6

基本镜头的镜头形式语义为："不强调"某一被摄主体、"不弱化"环境细节、把所有入画事物全部以"待观察"的方式、接近人眼透视关系的方式、"亲临"现场的方式，进行"平实"与"客观"的呈现，具体内容可通过构图、动静、色彩等多种形式，"有技巧"地交由观众"自行辨认"。因此，基本镜头的拍摄形式属于强纪实性画面创作，在电视新闻、专题片、纪录片、纪实电影等题材的影片创作中使用极为广泛。

注：在以基本镜头进行纪实性画面创作时，如需改变拍摄景别大小，应使用靠近或远离被摄体的方式进行拍摄，忌用推拉镜头。

二、长焦镜头

在本文中，"长焦镜头"泛指所有画面成像效果为：主体突出、背景半虚化、虚化或呈色块化的画面。（见图 7、图 8、图 9）

图 7

图 8

图 9

在长焦镜头部分，我们需要探讨以下两个问题：

（一）长焦镜头所拍摄的画面具有典型的"虚实对比"效果，这种成像效果是否接近人眼的视觉观看效果？

（二）长焦镜头的拍摄形式是否属于纪实性画面创作？

问题 1　阐述：这是一个快速而有效的实验，请大家把自己的一只手指放于眼前，距离随意。当我们把视线集中于手指时，请留意观察手指后方的虚化效果。这种主体清晰背景虚化的"长焦视觉效果"，与人眼与生俱来的视觉效果十分接近。

问题 2　阐述：在真实的生活中，人眼所看到的绝大多数画面都是"长焦视觉效果"。以此为基础，长焦镜头所拍摄的"虚实对比"画面，本身就具有视觉纪实性的特点。但与基本镜头相对比，长焦镜头在"不强调"与"不弱化"、"不凸显"与"待观察"的创作意图上有着明显的反差。虽然长焦镜头与基本镜头同为"纪实性"创作形式，但长镜头所录制的画面，制约了观众的主体视觉选择、弱化了环境的准确信息，因此，在同为纪实性创作的镜头形式中，长焦镜头应界定为弱纪实性画面创作。

总结：纪实类影片的镜头设计，在拍摄形式上可概括划分为两大类型：基本镜头与长焦镜头。

1. 基本镜头，它基础应用于事件的介绍、平述、说明、认识等环境；

2. 长焦镜头，它基础应用于表现、突出、专注于等目的。

（注 1. 长焦镜头如需添加其他操作形式的变化，本文会进行精确的文字描述。如：以横向移动的方式进行长焦镜头的录制；以环绕主体的方式进行长焦镜头的录制等。2. 成像效果为高变形率的大广角画面、推拉镜头、升降镜头等未提及的镜头类型不计入纪实类镜头。其实际使用目的及镜头形式语义在后文中会详细阐述。)

【实战问答】

人物采访或对话场景是各类影片都可能涉及的画面创作，当你准备录制一段人物讲话时，你会选择 A 还是选择 B？

A. 站在靠近人物处，使用基本镜头进行录制。

B. 站在距离人物稍远的位置，使用长焦镜头进行录制。

问题阐述：

上面这个问题，我曾经以私下闲谈的形式，对国内几家知名大学、相关专业的教师进行过提问，也曾经以相同的形式对多名一线影视工作者进行过提问，大部分人的共同观点是："这个问题没有意义""我们在实际拍摄中不会考虑这个问题，主要看画面"，比较委婉的回答是："这个问题还真没想过。"我相信，这些对话应当可以代表部分读者的观点。

如果我们把这个问题做个"简单"的延伸，就不难发现：基本镜头所录制的影像，趋近于画面全清晰，而长焦镜头则形成虚实对比的视觉效果。如果我们追求画面形式美，当然会选择长焦镜头，它具备主体突出、形式简洁的画面美感。如果我们追求拍摄过程快捷、舒适，那一定就是基本镜头了。它具备画面趋近于全清晰、稳定性强、便于聚焦、拍摄灵活的特点。

但是，请读者注意：对于一个事物，我们的思维延伸一层仅仅是认识、延伸两层是掌握、延伸三层才有可能成为智慧！现在，我们就来对这个"没意义"的选择题进行第二层认识：影片全局观的认识。

请大家思考：一个完整的影片会不会只有一个人物在镜头前说话？不会！因为这样创作影片，缺乏客观、公正与开放的态度。因此，我们需要在一个影片甚至是一个问题上，设置多个不同的社会角色进行观点阐述，才有可能在影像传播中树立公正与客观的形象。而当多个人物以相同的形式（说话）出现在同一影片时，问题就延伸了：在这些被采访者中，有没有我们需要重点表现的对象？有没有具有社会影响力、发言权、权威的、总结性的人物？有没有主要人物与次要人物？我们在拍摄画面时，要不要

通过镜头形式把这些人物的主次关系、强弱关系、主观与客观的关系通过
画面直观地呈现出来呢？（见图10、图11）

图10

图11

〔图片注释：为了避免部分不参与实践创作的读者提出异议，如："景
别大小也能够突出主次人物！画面虚实只是其中的一种手段！"因此，我
特别准备了上面两幅人物采访的截图做以对比。左侧画面为长焦镜头拍
摄，背景虚化，人物取胸部以下（大）景别，镜头形式语义为：专注、倾
听。右侧画面为基本镜头录制，画面全清晰，人物取胸部以上（小）景
别，镜头形式语义为：某真实环境中的市民，起关系镜头作用。在这个实
例中，读者可以清晰地看到：景别大小对主次人物的表现没有产生任何
作用！〕

当我们以影片全局观的角度进行创作时，一个"没意义"的问题就
"有意义"了、一个镜头的"美"与"丑"就不重要了，一个镜头的拍摄
形式设定就十分必要了！用句通俗的话讲："这是'外行'和'懂行'者
之间的区别。"

问题总结：在影视节目的创作中（不论电视还是电影），人物的对话
或采访应提前进行统一设计：不同地位的主体，应当设计不同程度的景深
（虚化效果）；相同地位的主体，应当统一景深与拍摄方式。典型群体的随
机采访，如普通群众、路人等，应使用基本镜头进行纪实性创作，保证在
画面中有真实、清晰的社会环境展示。

影片事例：下列组图均来自同一部影片，上方两幅画面是工作人员的

现场采访，使用基本镜头表现了清晰、明确的现场环境，是对典型群体进行统一拍摄方式的镜头形式设计；下方两幅带有人名字幕的画面，是专家访谈，使用长焦镜头进行了景深统一设计。

图 12

图 13

图 14

图 15

致读者：影片全局观的认识不是一蹴而就的，不是我举个例子大家看懂就能做到的，放弃对一个镜头的设计，就有可能使整个影片"一文不值"、放弃对一个"简单"问题的追问，就有可能让我们与"真理"失之交臂！当我们把影片"全局观"的思维模式熟练运用，并转化为"创作习惯"。也许在这个基础上，极少数读者才有可能进行创作思维的更深一层认识……

"第三层"认识：在上面的组图事例中，最后两位带有人名字幕的专家都是拥有社会"头衔"的，左面这位老先生是中国工程院院士，右面那位中青年男士是中国核能行业协会的研究员。虽然他们同属于影片中的重要访谈对象，但这两个人物的社会头衔却有所不同……请读者思考：我们需不需要把这种"差异"通过画面的形式表现出来？如果需要，我们就必须对这两个人物进行相同形式的画面设计。（注：要想在画面语言体系中准确地表现"差异"，就需要对拍摄画面设计可"对比"、可"参照"的直观画面形式。）因此，在这部影片中，我们可以清楚地看到，两幅画面的拍摄形式是一一对应的：1. 两个重要人物所处的画面位置，均位于画面右侧同一区。2. 镜头拍摄取景均为：人物腋下。3. 两个人物的面部朝向统一设定为：面向画左。请读者注意：这两幅画面有如此之多的对应设计，唯独人物的虚化采访背景设有"差异"，中国工程院的院士使用了电脑作为采访背景；中国核能行业协会的研究员使用了资料柜作为采访背景。众做周知："电脑"与"书柜"在信息存储容量上是有"巨大差异"的，这种"差异"被人为设计成虚化的人物背景，就形成了准确的、高水准的、无声的画面语言。如果没有长时间的创作经验积累、对拍摄对象从不进行设计、你还在为一个画面拍得漂亮而沾沾自喜、对入画的影视元素你认为可有可无、纯属巧合……这种无法逾越的创作水平差异，将让绝对的大多数影视工作者永远生活在"无知者无畏"的"幸福世界"里。

总结：

对于电视工作者："第二层认识"影片全局观的树立，将是你走入"优秀"电视人行列的"关键性"一步。如果读者能够把这种意识体现在实际作品创作中，我可以断言："不论你是否刚刚接触影视，你在创作意识上的步伐，一定远远超过全国大多数自称为'专业''工作十多年'的电视工作者。"这是基于我从事13年一线教学经验、培训近500个专业影视机构的经验谈！我把这种具有"全局观"意识的作品称之为影片有"设计"。这部分内容应当是多数读者可以看得懂、能够通过自身努力提高并完成的。

对于影视创作者：如果你不想仅仅停留于影片有"设计"，本文实例中的"第三层认识"将带领这些读者开启影片"创作"之门。这部分内容，多数读者是很难通过画面直接读懂的，尤其是在现今整个影视行业偏离画面语言的大环境下……因此，部分读者在首次接触如此"反差巨大"的创作思维时自然会出现"否定意识"，如："真的是这样么？""这是巧合吧?""不可能这么复杂吧?""是你杜撰的吧?"……对于这部分读者,我并不强求,谨在此做一直白的回复:每个人都有亲朋好友,但"远"与"近"不同、待遇不同;每个单位都有领导,但"高"与"低"不同,接待规格也不相同,这是生活的常识,也是"第三层认识"设问与创作的缘由,因此才有了实际影片的创作手法与事例。当本文以真实的生活规范作为设问前提,并阐述准确与严谨的创作思维时,任何提出质疑的读者真正应当思考的问题是:"是不是自己在创作时忽略大众的生活常识?""是不是自己在拍摄画面时从不考虑画面语言的意义?""是不是自己曾经拍摄的影片太不负责了?"……

艺术的创作经验是需要长期实践与积累的,同一件事情做得多了,少部分人会慢慢"领悟"出道理。万事的认识规律都是"做"在前、"悟"在后!不论上例中的影片创作者是"有意为之",还是通过长期的经验积累,在无意中有所小成,在本文中出现的所有创作思维阐述,全部基于我真实的创作经验,绝不做丝毫的"二度创作"与"过度读解"。由于这部分内容从没有现身于读者面前和相关文献之中,产生分歧也理所应当,请读者自辨!

三、固定镜头与运动镜头

"固定镜头"与"运动镜头"是对摄像机拍摄形式的概括性统称,正是由于其概括的范围太过宽泛,导致我们在实际工作时出现了以下两个问题:

(一)在影片的创作过程中,现场工作人员几乎不使用"固定镜头"或"运动镜头"这样的词汇。我们可以使用更精确的对话进行现场表达,例如:在人物访谈中"对人物进行近景拍摄"、在会议现场"拍个现场全景"、在外景现场"对环境进行摇拍"、在事件现场"对记者进行跟拍"、在影片现场"对人物进行环摄",等等。

(二)拍摄现场不用"固定镜头""运动镜头",专业课程我们学习"固定镜头""运动镜头",这就使得课堂教学与实际工作产生了巨大的差异。比如以下三个问题:

1. 我们应该在什么情况下使用固定镜头？

2. 我们应该在什么情况下使用运动镜头？

3. 如果这两个问题不搞清楚，是不是就意味着：在影片创作时，我们可以任选其一，随意而为？

下文将以实际影片中的一个镜头，来进行一次单画面的创作思维阐述。这部分内容并不晦涩，但却可以带领大家以"创作者"的角度来思考一个镜头的成因，其思维过程会直接指向固定镜头与运动镜头的合理运用。（注：固定镜头与运动镜头包含多种拍摄形式，绝非单一事例可以囊括。）

这是 2009 年播出的一条新闻，新闻标题是"胡锦涛主持仪式欢迎美国总统奥巴马访华"。影片的第一个镜头位于天安门广场，接送奥巴马的车队正从天安门前驶过（见下图）。

图 16

拍摄环境认识：这类新闻事件的发生过程是瞬间的、不可重复的瞬时新闻事件。发生在现场的每一个过程，能够通过摄像机进行录制的机会仅有一次、不能重来！如同本例，摄像师在事件发生前到达拍摄地点，等待即将到来的车队经过天安门。此刻他应当认识思考：车队经过的过程是短暂、不可重复的新闻事件；现在这个被指定的拍摄位置仅能记录一个可用的新闻画面；当车队经过以后，不论拍摄的画面是好是坏，我不可能有第二次重拍的机会！因此，在这样一个"特殊"的拍摄环境下，摄像师和各位读者共同获得了一次"用心设计一个镜头"的机会!我们不能拍错!我们应当选择拍摄方案 A 还是 B 呢?

A. 使用基本镜头以固定形式进行全景录制(如上图),此时摄像机不发生运动,在拍摄操作过程中无需进行手动调节,误操作几率最低、最安全!车队直接从画面中经过,持续录制即可。

B. 使用基本镜头以运动横摇的形式进行全景录制(见下图),此拍摄方式操作过程长、焦点发生远近变化、录制过程需全程手动跟焦点、操控相对复杂,拍摄难度加大。

图 17

图 18

图 19

图 20

请各位读者在思考之后做出自己的选择,我会在下一段落进行创作思维阐述,以供大家对自己的选择进行判断。

思维阐述:影视画面不是图片或照片,它的每一个画面不可能像照片一样进行无时间限制的、多次可重复的观看。因此,当一个影视画面被剪辑后，观众的观看时长是极其短暂的。如果在刚刚的问题中，读者选择了拍摄方案 A：以固定形式、静止拍摄，此时，画面中的天安门形象将被锁定为"不变的画面主体"，并能在短时间的画面播放中完全吸引所有观众的注意力。而今天，我们在这一地点拍摄的主题是：奥巴马访华事件中，车队的行进过程。如果不使用拍摄方案 B：以镜头视点来"关注"车队，就会导致此画面的主体表现错误。因此，这个事例的答案不是一道模棱两可的选择题，而是一道不能错选的单选题。

对于摄像的创作思维实例，在后文中会以这条新闻进行详细展开，此处先对固定镜头与运动镜头的观点进行阐述：

观点 1：固定镜头与运动镜头不仅仅是拍摄形式上的简单区分，很多工作多年的新闻工作者，都有一套不成文的思维定式："新闻、电视节目多拍固定画面，专题、纪录片等多拍摇镜头或推拉镜头的运动画面"。而在实际影片创作中，镜头形式上的固定与运动，附加在不同的拍摄主题及内容之上，这种思维定式就变成了一纸空谈。影视创作的过程：是因拍摄内容不同，而设计行之有效的镜头表达形式。如果在拍摄前，摄像师与导演已经把目标聚焦在如何搭配大段解说词、如何看起来"花哨""大气"等问题上，其本身就已经失去了创作影片的意义。

观点 2：影视画面艺术，其生命力就在于"视觉运动"。试想：同样以"一朵花"作为拍摄对象，一幅画面仅记录了花的形态，画面中花静止不动如同照片；而另一幅画面则记录了花开的全过程，镜头内充满"运动"，观众喜欢看哪一种？拍摄一个人物，我们是选择让被摄者静止不动，还是通过有目的、有设计的"行为动作"让被摄人物在画面中充满"运动"？在一部已完成的影视作品中，非对话场景中的静态事物，几乎全部都被导演和编辑人员删除掉了！比如：在以人物为主体的影片中，最后给观众所呈现的是诸如："行走""起身""转头""奔跑""开门""拿、放东西"等"视觉运动"的画面。而"坐下来休息 10 分钟""持续走路 15 分钟""吃饭 30 分钟""睡觉 8 个小时"，类似这样的事件虽然是我们的真实生活，但拍摄这样的画面对观众来说，是不具有明显"视觉运动"与可观赏价值的。因此，固定镜头与运动镜头仅仅是对摄像机拍摄形式的一种简单区分，就其拍摄内容而言，"运动"才是影视创作者最需要去关注与记录的主题。最常用也最有效的拍摄方式是：使用固定拍摄形式表现事物的运动过程、使用运动拍摄形式对非运动物体创造视觉运动效果。

进阶阅读

1.（乌拉圭）丹尼埃尔·阿里洪：《电影语言的语法》，中国电影出版社 1982 年版。

（作者系中国金盾网络电视台农业频道副总制片人，资深电视人）

采访报道

突发事件中媒体微博微信报道策略

周 敏

【内容提要】

突发事件中媒体微博微信的运营需要在保障宣传任务的基础上，以用户为中心，践行求真、平等、协作、分享的互联网思维，千方百计地追求新闻价值，持续发出"主流声音"。在操作技巧上，微博坚持快、真、广、短基本原则，实施度、续、评、引、配、图、搜、综八大技巧；微信从构建美的角度做到以下四点：责任是媒体之本，讲究人文美；选题小角度大全局，讲究小而美；标题和亮点是阅读量保证，讲究新而美；头条是影响力保证，讲究整体美、连续美与迭代美。

【关键词】

突发事件 微博微信 新媒体传播思维 新报道体系 新报道原则

一、案例及讨论

（一）事件简介

2015 年 6 月 1 日 21 时 28 分，一艘从南京驶往重庆的客船在湖北监利水域沉没，船上载有 458 人，截至 6 日 8 时，"东方之星"客船翻沉事件遇难者人数升至 331 人，14 人幸存。

（二）微博微信案例

以下是根据 6 月 1 日事发至 6 月 6 日近一周时间整理的四条媒体微博微信案例。

1. 图 1 是事件发生地《湖北日报》官方微博有关该事件的首条微博，发布时间是 6 月 2 日晨 4：51。

#突发#【南京开往重庆客轮在长江湖北段倾覆 载有400余人】6月1日深夜11点多，一辆载有400多人的客轮突遇龙卷风，在长江湖北石首段倾覆。长江航道、海事部门正展开营救，目前已救起20多人。据悉，该客轮名为"东方之星"，豪华游轮，属重庆东方轮船公司，该司1967年成立，长期经营三峡等长江旅游线路。

突发

6月2日 04:51 来自 iPhone 6

收藏　　　　　转发 207　　　　　评论 39　　　　　👍5

图 1　《湖北日报》发布沉船事件的首条微博

2. 2015 年 6 月 4 日，紧急救援仍在继续，众多媒体发布了配图微博："【湖北监利殡仪馆已准备大量冰棺】目前仍有 400 余人下落不明。图为监利榕城殡仪馆的工作人员在准备大量的冰棺。"（图略）

3. 当突发事件依然处于紧急救援期间，媒体微博的有关该事件的报道中穿插了这些微博主题：高考、童年回忆、红烧肉的做法、虐心的小漫画、肌肉男的神技能等。

4. 有关沉船事件的媒体微信报道标题有这些：《生为国人，何其有幸》《感谢你无数次游过那么悲伤的水域》《东方之星不必陨落的 N 个理由》《谢谢！4 天 4 夜，他们无数次游过这片悲伤的水域》《救援一线，中国最帅的男人都在这儿啦!》《世界透过沉船事故见中国决心》《孩子别哭，我在长江，已经回到母亲的怀抱》《沉船救援，十个注定要载入历史的镜头》等。

（三）讨论

1. 上面四个媒体微博微信案例给您的感受与思考是什么？

2. 突发事件中传统媒体、传统媒体微博和传统媒体微信三个平台分别发挥什么作用？

3. 突发事件中媒体微博微信报道的基本前提是什么？

4. 突发事件中媒体微博微信报道的基本原则是什么？

5. 突发事件中媒体微博微信的报道技巧有哪些？

（四）网友反馈

我们依次来看看网友有关以上四条媒体微博微信案例的反馈。

1. 第一条微博网友反馈："你为什么把时间弄错了，是晚上 11 点多吗？""深夜 11 点长江上的龙卷风？！""在湖北境内的新闻都能照抄别人三个小时以前的吗""湖北竟然出现了龙卷风，在那边住了二十多年没碰到过""到底是重庆开往南京还是南京开往重庆？？？ 小编核实清楚再发布！！！"网友的质疑点是：信息可靠性、媒体责任心、龙卷风原因说质疑。

2. 第二条微博网友反馈："希望少用一些，再少用一点""看着好吓人""准备！！！ 那些家属看到会是什么反应？""看得好心酸""为什么要准备，他们应该还活着吧？""能不发这样的图片吗？"

3. 第三条案例我的感受：上一条微博在说救人、伤亡数字，下一条突然转入娱乐话题，情感上难以接受。

4. 第四条案例是网友总结的沉船事件报道"十大恶心标题"，网友认为这些报道缺少对遇难者和家属起码的尊重，缺少职业道德。

事实上，在互联网尤其是移动互联网时代，因为微博、微信、微视频、APP"三微一端"的存在，公众对于突发事件的关注呈现了不同于传统媒体时代的特征：快捷、实时、全面、多元、深入、互动。这就传递给我们有关突发事件中媒体微博微信报道的思考路径：首先是思维方式的转变；其次是基本原则的坚持；最后是基于新媒体的报道技巧的发现与运用。

二、突发事件中媒体微博微信运营的思维与报道体系构建

（一）新媒体传播思维=舆论引导+新闻意识+互联网思维

我们先来看看长江沉船事件发生后纸媒的报道版面。2015年6月1日晚事件发生，6月2日《人民日报》《湖北日报》《楚天都市报》均无相关报道。6月3日后的几天，三份报纸均在头版对该事件进行了报道。（见图2）总结概括中央党报、地方党报、都市报的报道特点：第一，报纸对突发事件的反应速度滞后；第二，党报对突发事件的报道选题集中于领导指示、会议部署、紧急救援等；第三，都市报选题相对灵活，不仅关注领导指示、会议部署、紧急救援，且将事件分为动态、救援、直击、善后、亲历等方面细致报道。第四，报纸习惯于长篇报道，精于故事讲述及深度挖掘。

图2　长江沉船事件纸媒报道版面

问题 1：以上报纸内容满足了您对事件的追踪欲望了吗？为什么？

答案：没有。报纸更侧重于舆论引导，宣传意味更浓。

问题 2：以上报纸内容可以直接移植到微博与微信吗？

这是所有传统媒体拓展新媒体业务时遇到的核心问题。答案显然是不能直接移植。为什么？传统媒体往往从党和国家利益出发，从维护组织形象角度进行报道，坚持"宣传意识"，强化舆论引导意识。这是一种自上而下的报道方式，受众接受度有限。而微博微信因身处互联网，面向广大草根受众，故需要采用互联网思维，从用户需求出发，从新闻价值出发，从探究事件真相的角度对事件的关键问题（死伤情况、事件原因等）进行深入挖掘，采用"新闻意识"进行报道。

何谓"舆论引导"？2016 年 2 月 19 日，习近平总书记在党的新闻舆论工作座谈会上指出，党的新闻舆论工作，"事关旗帜和道路，事关贯彻落实党的理论和路线方针政策，事关顺利推进党和国家各项事业，事关全党全国各族人民凝聚力和向心力，事关党和国家前途命运。"党的新闻舆论引导工作要从党的工作全局出发把握党的新闻舆论工作，要讲究党性原则，要坚持正面宣传，要牢记"高举旗帜、引领导向，围绕中心、服务大局，团结人民、鼓舞士气，成风化人、凝心聚力，澄清谬误、明辨是非，联接中外、沟通世界。"等职责和使命。[①]

何为"新闻意识"？即新闻专业主义，强调从追踪新闻事实的角度出发，对新闻人物、时间、地点、事件、原因等新闻事实进行客观、真实、准确、深入的挖掘。

何为"互联网思维"？即流量思维、社会化思维、用户思维、大数据思维、跨界思维、迭代思维、简约思维、极致思维和平台思维。随着移动互联网的发展，微博微信的思维方式还需向"移动互联网思维"过渡，即粉丝思维、碎片思维、快一步思维、焦点思维和第一思维等。

传统媒体长于舆论引导思维，西方媒体强化了新闻意识，自媒体时代互联网思维活跃，那么，突发事件中传统媒体的微博微信的运营思维该如

---

① 《习近平：坚持正确方向创新方法手段提高新闻舆论传播力引导力》，2016 年 2 月 20 日，新华社。

何定位？事实上，传统媒体的微博微信带有双重媒介身份：它既是官方媒体，又要参与市场化竞争。所以传统媒体需要将双重身份融合，将舆论引导、新闻意识、互联网思维三种思维融合为自身的新媒体思维，即传递党和政府的主流声音为前提，追踪新闻事实的真相为根本，在保障宣传任务和事实追踪的基础上，以用户为中心，切实践行求真、平等、协作、分享、简约、极致、迭代、大数据的互联网思维，强化信息的用户到达率。

（二）新报道系统＝传统媒体+微博+微信

"传统媒体的新媒体转型"是当下广播、电视、杂志和报纸面对互联网挑战的核心命题。事实上，在互联网重塑的媒介融合的新格局下，传统媒体的战略突围不仅需要借新媒体之"船"出海，更需要打造传统媒体与新媒体高度融合，协作分工，新型思维运作，新作业模式运营的更加庞大的全媒体"航母"。所以，对于传统媒体的新媒体转型，不妨按照以下新系统思维来运行：1+1+1=1，即传统媒体+微博+微信=新报道系统。需要注意的是，传统媒体的微博微信渠道并非简单的物理延伸，微博和微信既是"1+1+1"中的独立个体，又需要在彼此之间实现化学反应，从而构建新的媒体生态，为传统媒体创造增值。以《人民日报》全媒体群为例，《人民日报》纸媒是严谨、严肃的党报，是舆论引导的重要阵地；其微信公众号是青春健康的励志哥，而微博则是权威信息分享的快速平台和民意汇聚的公共平台。事实上，在突发事件中，传统媒体与微博微信更要做好渠道及内容分工，构建多渠道多样化，内容更加丰富而非内容高度重复的新报道体系。

1. 传统媒体应是信息发布与舆论引导阵地，及时准确地传递党和政府的方针、政策；在突发事件中发布权威信息，发出权威观点，引导听众对事实的判断；及时捕捉社会热点问题，通过适应新形势的故事化表达帮助听众判断是非，厘清思路。

2. 传统媒体微博要成为公民表达、舆论引导、互动交流阵地。微博的评论功能赋予了公众更多表达的机会。但是，公众表达往往带有随意性、口水化、谣言性、民粹主义等。微博在给予公民适度的表达空间基础上，还要研判舆论走向，研究公众焦点，通过微博不断解答疑惑，引导公众判断。

3. 传统媒体微信要搭好服务平台和深度报道平台。每日一报是"长江沉船"事件中媒体微博的典型做法。与微博不同的是，微信公众号因为每日推送条数限制，报道频率相对较慢，故突发事件中的微信公众号更适宜深度报道。其次，作为移动端媒体平台，实用性、服务性才是微信的重要功能。通过微信平台常规栏目设置互动区、话题区，如澎湃新闻的"问吧"、中国青年网的"青年之声"等都是微信服务功能的彰显。

三个阵地，三个功能，各自相对独立，又要实现良好互动。

三、突发事件中媒体微博微信运营的基本原则

以"舆论引导""新闻意识""互联网思维"为基本前提，突发事件中的媒体微博微信运营要秉持四项基本原则：快速反应、广纳信源、信息真实、态度积极。

(一) 快速反应：微博黄金 4 小时，微信黄金 24 小时

有关突发事件媒体应对的技巧，专家总结出各种应对时间表。纸媒时代专家提出了"黄金 24 小时"法则。新媒体时代人民网舆情监测室提出政府处置突发事件"黄金 4 小时"法则。"4 小时"给理清事实真相、政府各部门协调工作和完成信息披露文书提供了时间。时间推移至 2014 年12 月，中国手机网民规模达 5.57 亿，网民中使用手机上网人群占比由2013 年的 81% 提升至 85.8%。[①] 移动互联网时代，突发事件的信息发布因为在场网民的参与，具有了随时发布的可能。因此，第一时间发布信息成为移动互联网时代媒体微博报道的时间要求。以上海踩踏事件为例，2014年 12 月 31 日 23 时 35 分许发生，《文汇报》微博于 1 日 2：15 通过手机发布了第一条信息，《新民晚报》新民网官微 2：56 通过 PC 转发网友图片发布第一条信息，3：02 转发网友@小铁炼钢 ing 的现场视频，《新闻晨报》微博 3：59 发布第一条信息。这些都是在 4 小时内的更快速的反应。

---

① 《中国互联网络发展状况统计报告》，中国互联网信息中心，http：//www. cnnic. net. cn/，2015 年 1 月。

"黄金24小时"是媒体微信有关突发事件的最佳报道时间。能在24小时内赶往现场，并组织深度报道，第一时间通过移动媒体发布，即能够第一时间抢夺公众有关该事件的关注入口，在移动端形成转发热潮，制造媒体在突发事件报道中的影响力。

（二）信息真实：重要信息核对再发，准确溯源

在突发事件中重要信息的发布，需要准确溯源。所谓"重要的信息"包括：突发事件的原因、死伤人数、具体处理方案、涉事人员信息等。这些信息不能随意发布，需要充分的时间与有关部门核对，经有关部门核对通过，同意发布，方可公开。而确保信息真实，确保报道时效性的捷径就是时时关注当地政府新闻办微博，与其联动。上海踩踏事件，上海市政府新闻办官方微博"上海发布"并未第一时间发布踩踏事件信息，但却在黄金4小时的1月1日早4：01发布第一条事件准确信息。（见下文楷体字）这条微博报道了事件发生的准确时间、地点、死伤情况、市政府处理情况，同时表达了对事件的态度。正是这条准确信息成为当地媒体及中央级媒体第一条事件准确信息的来源。随后，第一批32位遇难者名单、第二批遇难者名单纷纷由"上海发布"公开，媒体微博微信纷纷转发。

【外滩陈毅广场昨夜发生群众拥挤踩踏事故［蜡烛］】#关注#2014年12月31日晚23时35分许，上海市黄浦区外滩陈毅广场发生群众拥挤踩踏事故，致35人死亡，42人受伤［蜡烛］［蜡烛］。事故发生后，上海市连夜成立工作组。韩正、杨雄要求全力做好伤员抢救和善后处置等工作。事故原因正在调查中。

在长江沉船事件中，"湖北发布"于6月2日早8：45从PC端发布了第一条官方信息，《湖北日报》6月2日于手机端4：51发布了一条信息并不全面与准确的信息。《人民日报》7：04发布了一条准确信息。上海踩踏事件中，政府新闻办、媒体形成了良性互动。但是，在长江沉船事件中，当地媒体与政府新闻办并没有在第一时间形成良性互动，地方媒体抢发信息，没有经过官方信息核实，导致事件时间、地点等重要信息失真，伤亡人数模糊。随后，有关伤亡人数的报道，"湖北发布"常转发媒体信息，

这就让媒体的微博微信报道陷入缺少官方信息支撑，事发地信息溯源外部，地方媒体溯源央媒的怪圈（见图3）。事实上，突发事件往往是地方媒体微博与微信提升影响力的重要机遇，但是，不能准确溯源的失真报道与模糊报道往往会将机遇变成挑战。《湖北日报》与《人民日报》首条有关沉船事件的微博转发与评论量可见地方媒体滞后与模糊信息的传播力。（见图4、图5）

#监利沉船事故#1日晚9点28分左右，重庆东方轮船公司所属"东方之星"旅游客船由南京开往重庆，上行至长江水域湖北监利县大马洲水道44号过河标水域处，突遇龙卷风翻沉。据该轮船公司介绍，船上有乘客406人，船员47人，导游5人，共458人。目前沉船位置已找到并已设标，事故水域水深约15米。via 湖北日报

6月2日 08:45 来自微博 weibo.com

收藏　　　　转发1　　　　评论1

图3　"湖北发布"首条沉船事件微博转发自《湖北日报》

@湖北日报 V

#突发#【南京开往重庆客轮在长江湖北段倾覆 载有400余人】6月1日深夜11点多，一辆载有400多人的客轮突遇龙卷风，在长江湖北石首段倾覆。长江航道、海事部门正展开营救，目前已救起20多人。据悉，该客轮名为"东方之星"，豪华游轮，属重庆东方轮船公司，该司1967年成立，长期经营三峡等长江旅游线路。

6月2日 04:51 来自iPhone 6　　　　转发206 | 评论38 | 👍5

图4　《湖北日报》首条沉船事件微博

#长江客船沉没#【载客458人 已救起8人】据新华社，1日约21时28分，一艘从南京驶往重庆的客船在长江中游湖北监利水域沉没。长江航务管理局最新情况：出事船舶载客458人，其中内宾406人、旅行社随行工作人员5人、船员47人。目前，已确认现场救起8人，沿江地方政府搜寻到的人员正核实中。

突发新闻

6月2日 07:04 来自 人民日报微博

收藏 ｜ 转发 19616 ｜ 评论 5822 ｜ 👍 3017

图5 《人民日报》有关沉船事件微博

（三）广纳信源：官方民间多渠道获取信息

信息恰当溯源当地政府新闻办的同时，作为媒体微博微信，还需要千方百计地进行现场采访，同时溯源网民、知名媒体、媒体人等获取事件的各方面信息，以保证信息的全面性，从而满足网民对事件的关注热情。这其中包括对事件的全面报道、细节捕捉，媒体视角、网民视角，民间寻人启事、官方死伤公报、相关救援知识等。

（四）态度积极：做有态度，有责任心的媒体

突发事件中，媒体微博微信的态度表现在四个方面。第一，对涉及百姓切身利益的突发事件要有反应，且要快速反应，第一时间追踪事件进展；第二，对突发事件要通过图文表明媒体态度，尤其对公共安全事件、灾难性事件要通过微博 LOGO、页面色调、相关评论、信息图表表明媒体的态度。上海踩踏事件发生，上海发布、文汇报、新民晚报、澎湃新闻等上海当地媒体微博均将 LOGO 变为黑色，即为态度的表达。第三，对于重大的涉及百姓安全与公共利益的突发事件，当地媒体微博最好能在微博信息的播报上保持 24 小时的专一性。这时候，天气预报、早安语、晚安语都可以关联到突发事件中。这一期间，当地媒体微博微信不宜在事件信息发布的同时插入娱乐性事件、非重要事件等。作为上海地区的新媒体，"澎湃新闻"在 2015 年 1 月 1 日至 2 日，保持了 24 小时全部报道"踩踏事件"

的节奏，专一性表达了重视度。第四，对突发事件的报道要体现人文关怀和社会责任感。微博微信时代，更多的媒体选择"博眼球"新闻点，如"中国最帅的男人在这里"。这些信息可以报道，但是作为头条并被全国媒体疯狂转发折射出我们面对突发事件的"娱乐"心态。互联网时代，媒体是公民公共态度的教科书。媒体到达事件现场，深入事件中心，关注事件核心问题，带着人文情怀关怀死伤人员及家属，带着社会责任感探究事件真相，为公众拨开事件迷雾是公众的最大期待。

四、媒体融合背景下的突发事件微博运营技巧

2015 年 1 月，中国互联网信息中心发布了《中国互联网络发展状况统计报告》，数据显示微博用户已从 2013 年的 2.8078 亿缩减到 2.4884 亿，使用率下降了 11.4%。[①] 这是自微博鼎盛时期用户持续下滑的又一个年头。不得不承认，今天的微博环境与 2010 年微博发展元年截然不同，用户持续下滑，热度不断削减，粉丝增长放缓等困扰着微博的发展。但是，在今天媒体融合快步推进的全媒体时代，纸媒已经将微博、微信等媒体新形态纳入其全媒体格局，并充分发挥各自优势，激发出了微博的新能量。纸媒一对多传播，承担舆论引导功能；微信点对点、强关系传播，充分发挥公共服务功能；微博则是一对一、一对多、多对一、多对多的交互传播，能够利用核裂变式传播特征快速聚合各方声音，承担公众表达的功能，形成舆论热点，从而反馈给纸媒，形成深度。所以，今天探讨突发事件中的微博运营技巧是基于媒体融合环境下的报道技巧，是与纸媒、微信等更多的纸媒新形态配合，基于大数据时代开展的微博报道形态。以下以 2014 年 12 月 31 日上海踩踏事件微博报道为例，总结概括突发事件媒体微博运营的八大技巧。

（一）短

从公众的接受角度，他们对于信息的需求是不间断的。如上所述，传

---

① 《中国互联网络发展状况统计报告》，中国互联网信息中心，http：//www. cnnic. net. cn/，2015 年 1 月。

统报纸习惯对事件长篇大论、深度、全方位报道，而媒体微博则需要将信息碎片化为多个新闻点不间断发布。传统新闻报道中的新闻六要素在微博中可以拆解成多篇信息，按照事件的紧急程度依次多条发布。如上海踩踏事件中，"新民晚报新民网"第一条信息就是有关事件发生时间的报道。随后，死伤人数、领导指示、最小人员、撒钱传闻、热线电话、外滩悼念等信息不断发布。

（二）续

即"连续性"。按照微博发布的"快""短"基本原则，在突发事件信息传递的黄金 24 小时中，信息不断发布。需要注意的是，快消息和短消息往往缺乏全面性、准确性、权威性，需要在后续的微博信息中不断补充说明。上海踩踏事件中，《文汇报》官方微博在遇难者名单全部公布前的报道逻辑是：现场图片表达事故发生——现场更多图片愿平安——35 死 42 伤市委领导部署——国家领导指示——死伤性别籍贯年龄第一次确认——转发新浪长微博破解撒钱谣言——转发新民晚报新民网微博寻人信息——电话专线公布——踩踏事故应对技巧——外滩哀悼——36 死 47 伤——转发@警民直通车—上海解释有关抛撒代金券行为——第一次公布 32 名遇难者名单——36 死 49 伤——第二次公布 35 名遇难者名单——第三次公布 36 名遇难者名单。17 条微博信息是后续不断补充前文的有力证明。事实上，"连续性"报道不仅体现在事件发生的当时，还要延续到事件的善后阶段，包括遇难者家属安慰与补偿、政府处理情况、事件影响等。这也是媒体微博发挥舆论引导功能的具体体现。上海踩踏事件后的 2015 年 1 月 21 日，微博报道了事故调查结果及相关评论。2015 年 1 月 25 日微博报道上海两会政府工作报告反思踩踏事件。这些都是突发事件微博报道延续至善后阶段的具体体现。

（三）评

传统媒体微博既要追踪新闻事实，又要强化舆论引导。微博相较纸媒、微信最强大的功能就是能够迅速汇聚各方声音，是民意汇聚的巨大的舆论场。微博中的引导在于及时发现公众有关事件的关注点，找准舆论热点，确定选题，及时发出主流声音。以《新京报》官方微博为例，2015年1月2日，"十问#上海外滩踩踏事故#：因何发生、怎样善后、如何追责？"，对事件过程进行因果梳理，理清公众误解；1月3日，社论"避免踩踏事故，应普及避险自救教育"发布，将人们对事件过程的关注引向对自身遭遇灾难的自救教育；1月21日，事件调查报告发布，《新京报》官方微博及时捕捉到公众有关报告的疑问，发布了微博"外滩踩踏事件调查报告六大焦点追问"，对调查组如何构成？为何中央没有参与调查等问题配合长微博详细解读。评论中需要强调两点：一是突发事件在热点聚焦的同时往往谣言漫天飞舞，如"外滩抛撒美金"传闻、"36人怪圈"等，这就需要评论及时跟进，及时找到事实依据、理论依据，破解谣言，把公众的关注点重新转移至事件的核心问题上来。二是在事件善后阶段，政府的处理方案往往会引发部分公众的不满，他们往往利用微博进行情绪宣泄。比如《新闻晨报》官方微博1月22日"上海人要给上海加把劲！"评论与转发数达三四百，创该事件微博评论转发记录。其中夹杂着上海人与外地人的地域歧视与偏见，以及对政府对待本地与外地人的态度的不满。此时，微博评论需及时跟进，勿以为事件热度过去就万事大吉，处理不好则引发顽疾。

（四）引

媒体融合时代，纸媒、微博、微信是"1+1+1=1"的关系，即需要三方在功能与内容上协作分工，用新的作业模式实现全媒体的资源共享、集中处理，从而打造全新的媒介形象、媒介影响力。所以，传统媒体微博要始终牢记自己在全媒体格局中的地位与关系，同时充分利用纸媒的品质，通过微博短信息设置悬念，将微博受众引向纸媒，为报纸增加阅读量。《新京报》官方微博尤其善用这一方法。在上海踩踏事件中，"一步之遥他和未婚妻竟永别"的标题和108个字扣人心弦的微博信息吸引网友打开当日的电子版报纸。需要注意的是，引向纸媒的微博信息要起一个充满实用感的、简洁的、悬念性强的标题，同时截取报纸长篇报道的精华或悬念点，让140个字充满及时性、贴近性、新奇性、冲突性、冲击性、显赫性，最好开门见山，且最后一句埋下伏笔，引人思考。

（五）配

140 字的短微博往往无法表达清楚事件的真相，即便是后续信息的不断跟进也难以全面呈现信息的全貌，这就需要长微博的配合。以《澎湃新闻》官方微博为例，长微博的表现形式多种多样：一是长篇文字。"一名抢救医生的不眠之夜"短微博下是当晚参与外滩跨年并参与抢救的医生的长篇自述；二是图文配合。即图片配长篇文字；三是微博拼接。如《澎湃新闻》官方微博 1 月 1 日 7：02 发布"昨夜今晨的记忆碎片"即把媒体微博和草根微博拼接，呈现了事件发生后 7 小时官方、百姓、国外媒体对该事件的报道。

图 6 《澎湃新闻》长微博

（六）图

在新媒体时代，浅阅读替代了深阅读，人们更青睐图片表达。对于微博来说，图片表达至少有四种形式：一是现场图。现场图要讲究实效性、冲击性，在摄影记者未到场的情况下，网友的非专业图片可能更具新闻价值。上海外滩事件，网友图片报道得到了充分发挥。二是可视化图表。这是大数据时代的新闻表达方式。与传统的数字图表不同的是，可视化图表一方面讲究数据的可视化，另一方面还要体现叙事性，必要时能够体现私人订制化。《新京报》官微"图个明白"就是可视化图表的典型栏目。针对外滩踩踏事故，"一张图了解上海外滩踩踏事故"详解了事故死伤人员年龄性别情况，同时解释了人群聚集的原因和踩踏事件的原因，列举了对冲说、人祸说、撒钱说等说法。图片叙事清晰明了（见图7）。三是可视化动画。对于突发事件，人们因为不在现场，往往在短时间内无法准确把握事件的发生过程和基本情况，这时候情景再现显得尤为重要。对于新媒体

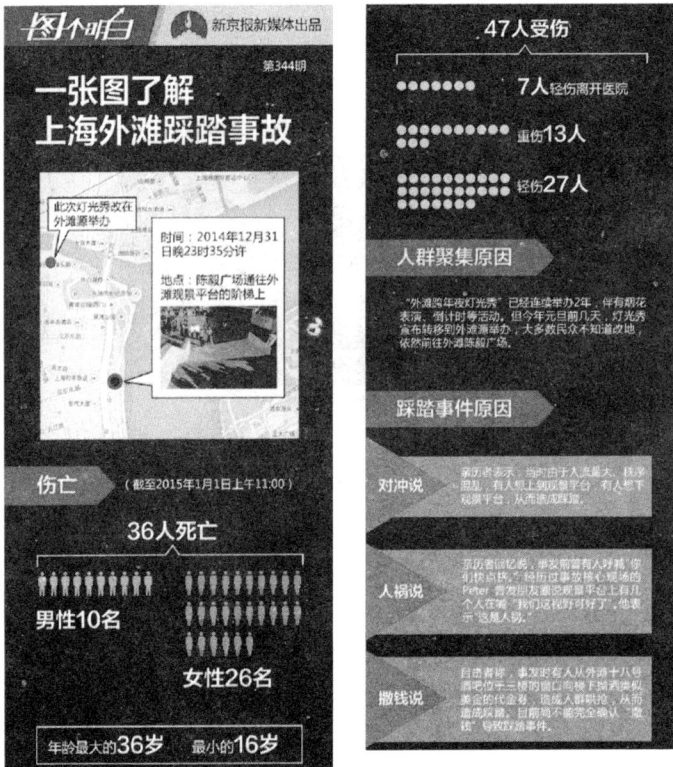

图7 《新京报》官微有关上海踩踏事件的图表新闻

而言，利用动画虚拟再现是突发事件的较好的呈现方式。《新京报》官微通过腾讯视频平台发布"动画还原外滩踩踏事故"，是此次突发事件报道中整合现场图片、数据、动画、视频等多媒体资源的典型。

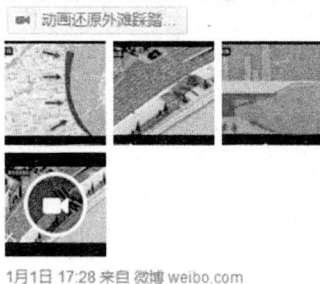

图8　《新京报》官微"动画还原外滩踩踏事故过程"

（七）搜

上海外滩事件中，"后退哥"成为媒体焦点。事实上，"后退哥"即是记者通过关注草根微博，发现新闻线索继而转发的典型。这就告诉我们，在突发事件中，媒体微博在关注官方微博、同行动态的同时，还需要关注草根中的意见领袖，通过来自民间的图片及文字及时搜索新闻关键人物和关键点。这种搜索式报道方式因为与网民的关联，更易受到网民的青睐。

（八）综

所谓"综"即对突发事件的报道不能仅仅局限在此时此刻或本事件的报道中，要有综合报道的思路。首先，媒体微博应以时、日、周、月等时间为单位，进行小时报道、日报、周报或月报，以便为网络用户提供事件阶段性汇总信息；其次，媒体微博应对历史上同类事件梳理，对该事件起因、时间、经过、结果、影响、人物等在对比中找到事件的历史意义，体现出报道的历史性思维；再次，媒体微博可以将突发事件与近期的其他事件进行关联，对当下形势作出综合分析，为公众提供超越事件本身的更大视野的信息观测角度；最后，媒体微博还可以将国内外媒体、网民、官方有关该事件的态度、报道等进行梳理和对比，这样的综合性报道往往能够收获意外的惊喜。2014年北京APEC期间自媒体与有关国内外媒体对该会议的图片及版面的对比性报道就曾引起网民的极大兴趣。

五、媒体融合背景下的突发事件微信运营技巧

案例讨论

1. 以下报道给您的感受是什么？

2. 这篇报道适合微信平台发布吗？

3. 这是一篇优秀的报道吗？如果您认为"是"请说明原因？如果"不是"请说明原因？

4. 这篇报道给您有关微信报道何种启示？

孩子别哭，我在长江，已经回到母亲的怀抱①

"生命至上"

6月3日，湖北荆州，第一批东方之星沉船遇难人员遗体打捞出水，武警湖北总队一支队官兵向遗体默哀。

同日，大雨中，李克强一行向遇难者遗体三鞠躬并默哀。李克强说，生命至上，哪怕有一线希望，也要用百分的努力、万分的奋斗。

"老太太，您就把我当您孙子"

6月2日，24岁的海军工程大学潜水员官东，把潜水装备让给了获救者，自己寻找机会浮出水面。

官东在入水6个小时内救起两个人——21岁重庆籍船员陈书涵、65岁游客朱红美。为了给65岁的老人朱红美信心，官东对她说："老太太您别哭，您就把我当成您的孙子，我带您出水，水面上还有很多人期待着您，我要把您救出去，您要有信心，要勇敢点，坚强点。"

"无法忍受看到逝者那绝望的表情"

潜水员，一次次轮番进入水里，即使在狂风暴雨的黑夜。"下面就是

---

① 澎湃新闻，http://chuansong.me/n/1431390。

一个倒过来的世界。"一个潜水员说，水下的船舱，犹如一个巨大的迷宫，里面满是行李物件。

有一个潜水员小伙子，第一次执行这样的任务，当他回到岸上流下泪水，经过头盔放大的作用，他无法忍受看到逝者那绝望的表情。

"需要休息吗，不用"

救援人员夜间持续搜救，困了只能就地打个盹。

他们背负着几十公斤的装备，进入水底。几十分钟后，拖着疲惫的身体，爬上船底，有的甚至连爬的力气都没有，上岸后卸掉装备，躺坐在船底上，几分钟后再次入水。一个潜水员在水底一般工作一个小时，很多人一次次进去，面对岸上的"需要休息吗"的问话，他们一次次拒绝。

"这是我们第一次出远门旅行"

6月3日，湖北荆州，58岁的天津人吴建强是被救后第一个报警的，他是这次"6·1"长江翻船事故中第一个向外发出求救信号的人。他和老伴及同村共8名老人参加游船之旅，现在只有他一个人的消息。

他边抹眼泪边回忆沉船的"一分钟"：多亏了老伴帮了他一把才能逃生，可老伴至今生死未卜，"我跟老伴儿感情特别好，几十年很少拌嘴。"说起老伴儿，老吴控制不住决堤的情感，哭出了声，沉默了一会儿，他抽泣着说："这是我们第一次出远门旅行。"

"爸妈我错了，我不该让你们去玩"

6月2日，上海，"东方之星"客船上海游客家属聚集在旅行社，该沉船上的乘客多为夕阳红老年旅游团，上海游客有97人。

一名男子悲怆跪地，还有一名年轻男子蹲在门口哭喊："爸妈我错了，我不该让你们去玩的。"

"老汉，我还活着"

6月2日，湖北荆州，获救船员陈书涵被送往医院。

此前，陈书涵被困在舱内一个一人大小的房间里，上方是满是油污的机舱和机器，这让他呼吸困难。近20个小时的黑暗和恐惧，让他几近崩溃，幸运的是，他等来了一道光。

获救后，陈书涵借手机拨通父亲的电话，这是他唯一记得住的号码。

"老汉，我还活着。"在重庆话里，老汉就是父亲的意思。

"孩子，别哭"

6月5日，来自"东方之星"客船及乘客的部分物品被陆续打捞上岸，一个尚未晒干的布娃娃尤为显眼。沉船游轮上除了老人还有3名未成年儿童，最小的年仅3岁，来自天津。

有网友以"孩子，别哭"留言，"我在长江/已经回到母亲的怀抱/她波涛温柔/轻轻洗去了我一世尘埃，孩子，请原谅/我没来得及与你道别/没来得及叮嘱你/照看好自己的孩子/多陪陪你的爱人……世界上最短的时间，叫一瞬间/最长的时间，叫永恒/两者间的距离/只有一阵风雨/那么短，又那么长。"

"应该会有更多人获救"

6月2日，被打捞上来的一具遇难者遗体。这些逝去的人，很多穿着单薄，基本保持着双手伸出、身体蜷缩的姿势。可能，死神降临瞬间，他们正想打开舱门和窗户。

"（当时）每个屋子里醒目的位置都有救生衣，游轮也是敞开式的，如果不是（翻得）这么快，应该会有更多人获救。"一名幸存者回忆事发经过，忍不住哭了。

"也许注定母亲河让我留下"

6月3日，一位救援人员握住遇难者的手，把她从水中拉上船。截至6月5日凌晨2时，长江沉船事件救援人员已发现82具遗体和14名幸存者。

一位网友为遇难者家属写了这首诗，"儿子，你不要哭/送我上船的那天/也许注定母亲河让我留下/生死不就那么一刹那/孝顺的你必须坚强/挺拔如长江岸边白杨……"

"好好活下去"

6月4日，湖北监利，市民为"东方之星"号客轮乘客祈福。

参加祈福活动的一名当地市民说，"其他的可能没有什么能帮到的地方，就是尽自己的一点心意吧，可能是失去亲人的感觉自己曾经有过吧，蛮希望这些已经逝去他们的亲人的人，加把劲，给自己打气吧，好好生活下去。"

"亲人，快回家"

6月2日，湖北，失踪乘客的家属走在长江沿岸。时间在一点点流逝，截至6月5日18时20分，遇难者人数升至103人，14人生还，仍有339人下落不明。

一名家属说，"我已经四五十个小时没有睡觉了，已经有五十个小时眼睛没有好好地闭过了，期待奇迹的出现吧。"

亲人，你快回家。

这是一篇饱受争议的微信报道，记者用了遇难者第一人称的写法，融入了浓重的情感表达，部分段落采用散文化笔调。文章发布在2015年6月5日，救援工作还在继续，家属们对救援尚满怀期待，煽情式报道引发了网友的反感。在微信成为突发事件重要报道平台后，谣言、煽情、信息量缺失、版权问题等接踵而来。突发事件中微信应保持怎样的报道态度与立场？如何巧妙选题？标题如何制作？结构如何搭建？……我们不妨从突发事件微信报道的美的构建角度进行分析。

（一）责任是媒体之本，讲究人文美

突发事件中媒体的角色是什么？首先，媒体是信息发布的平台，及时报道突发事件的各个方面的信息是媒体责无旁贷的第一责任；其次，媒体是权威信息发布的平台，它需要恰当溯源，准确报道突发事件的各个方面的信息；再次，媒体是带有人文关怀的权威信息发布平台，报道需恪守这样的原则：不追求轰动、肆意煽情、刺激眼球、娱乐至上，抱着对公众负责、对历史负责的态度，切实关注生命，对生命敬畏，充满人情味。事实上，在移动互联网时代，在信息分享即时化、碎片化，刺激才能拉动阅读量的人人均为记者时代，坚守媒体敬畏生命、敬畏历史、敬畏事实的原则显得尤其艰难。普利策曾说："新闻事业的最难之处就是既要保持新鲜报道的生命力，又要使其受到精确和良心的约束，而不是随心所欲。"李普曼也认为："新闻工作人员内心深处的希望和敬畏，才是最大的新闻检查者。"[①]

我们来看看长江沉船事件的微信文章标题：《生为国人，何其有幸》《感谢你无数次游过那么悲伤的水域》《东方之星不必陨落的N个理由》

---

① 刘畅：《以新闻专业主义监督媒体》，《中国青年报》2009年11月13日，http：//www.cyol. net/zqb/content/2009-11/13/content_ 2934196. htm。

《谢谢！4天4夜，他们无数次游过这片悲伤的水域》《救援一线，中国最帅的男人都在这儿啦!》《世界透过沉船事故见中国决心》《孩子别哭，我在长江，已经回到母亲的怀抱》《沉船救援，十个注定要载入历史的镜头》等。在这些报道篇目中，救援人员比被救援人员更重要；赞美与表扬比例超过了哀伤；肆意煽情吸引眼球；对生命的敬畏感缺失。

抱着社会责任感，讲究人文美，微信在突发事件报道中应该关注哪些内容呢？举例来说，美国梅尔文·门彻在《新闻报道与写作》中提出"风暴、洪水与灾难报道要点"，包含二十几个方面：死者、伤者、受影响的或处在危险中的人数、死亡原因、估计伤亡人数、目击者陈述、财产损失、住宅、土地、公共设施、永久性的毁坏、救援和救济行动、疏散、英雄行为、使用的不寻常装备或独一无二的救援技巧、政府职员和志愿者的人数、警告、卫生部、公共事业委员会、公路交通部门的声明、抢劫、观众人数、保险、起诉、逮捕、调查、清扫行动。①

（二）选题小角度大全局，讲究小而美

正如普利策所说，新闻事业要受到精确和良心的约束，同时还要保持新鲜报道的生命力。对于移动媒体时代的微信平台来说，想黏住用户，选题是关键。如前文所述，传统媒体在突发事件报道中擅长长篇大论，习惯从领导指示、会议部署、紧急救援等角度出发进行报道，强化舆论宣传意识。微信身处移动端，选题需要顾及移动互联网的粉丝思维、碎片思维、快一步思维、焦点思维和第一思维。粉丝思维、碎片思维要求报道要从粉丝心理需求层面出发挖掘事件信息，考虑用户碎片化时间阅读场景，从小角度出发，采用小视角报道才能够吸引用户。我们不禁要问，"小角度"是什么呢？

举例来说，李克强总理到达长江沉船现场指挥救援，新华每日电讯这样报道：《李克强再赴沉船现场看望救援人员》。这是"大角度"，信息过硬，缺乏柔性。"小角度"就是要在硬新闻里找到柔性切入点，找到与网民具有相关性、贴近性的切入点。小角度可以是一个细节，比如《记住！长江沉船救援中的 9 个表情》，总理的表情也在其中；可以是一个大事件

---

① ［美］梅尔文·门彻著，展江译：《新闻报道与写作》，世界图书出版公司 2014 年版。

中的小人物，如上海踩踏事件中的"后退哥"（《寻找后退哥》）、"小情侣"（《一步之遥，和未婚妻永别》）；可以是一个时间段（《李克强奔赴沉船现场的 8 个小时》《最后一刻到底发生了什么》《东方之星沉没前后的 24 小时》）；也可以是一个物品、一句话、一个动作等。

（三）标题和亮点是阅读量保证，讲究新而美

微信标题是吸引网民阅读的重要窗口，在信息泛滥的移动互联网时代，"标题党"成为一种采编时尚。突发事件中传统媒体的微信编辑不应做"标题党"，但也不能固守传统媒体思维，需要牢牢把握用户心理，从用户阅读角度出发制作标题，使其产生阅读心理。

突发事件中网民的心理是什么？实用、好奇、阶段性盘点、治愈等是普遍心理。微信标题要契合这样的心理。把握好奇心理，标题要制造悬念，如《沉船那一刻发生了什么？长江沉船事件十个你最揪心的问题》；把握实用心理，要制作实用型标题，如《当沉船发生时，你该怎么办？》；把握阶段性盘点心理，标题要强化盘点性，如《东方之星沉没前后的 24 小时》；关于治愈心理，要把握尺度，过度释放情感易造成煽情嫌疑。

标题是微信文章阅读入口，而亮点则是用户持续阅读完文章并转发收藏的保障。突发事件中微信报道切记过长，因为流量约束，用户对长篇大论和多图片文章避而远之。微信报道要在尽可能短小的篇幅里频出亮点，并将亮点串联形成整体的报道思路。微信报道中，亮点往往以小标题形式出现，与主标题密切配合。如标题为《记住！长江沉船救援中的 9 个表情》，小标题分别为《表情：悲喜交加》《表情：期盼》《表情：勇敢》《表情：坚毅》《表情：专注》《表情：果断》《表情：感谢》《表情：激动》《表情：凝重》。亮点设置可以按照纵向时间线设置，也可按照横向的事件不同方面来设置。在微信平台上，不管是纵向与横向结构方式，亮点呈现出来的小标题尽量采用如上的对称式表达方式，更能够引导用户阅读，并加深对报道的印象。

（四）头条是影响力保证，讲究整体美、连续美与迭代美

"整体美"是微信公众号气质决定的。每个公众号都要塑造自己的气

质，突发事件报道阶段公众号也要塑造阶段性气质。微信公众号每日推送的头条是该日的重点新闻，在突发事件热度期中，公众号要整体策划，持续选题，连续头条推送，以塑造该公众号在突发事件报道中的整体形象与气质。是刚毅？暖男？励志？责任感？冷漠感？还是煽情？选择不同，公众号在突发事件中给用户的阅读感受就不同，引发的同行评价与舆论反馈也不同。气质往往是编辑有关该事件态度的呈现，与传统媒体相比，微信公众号的编辑色彩更浓。所以，找到一个与媒体气质匹配的编辑是关键。

"连续美"是微信公众号有关突发事件整体内容策划的呈现。推送几日？推送什么？编辑要有整体思路。其实编辑不妨在日常即针对突发事件设置固定栏目，以提升突发事件报道应对能力。如现场目击、24小时汇总、几个表情、救援现场、问题汇总、疑点追踪、图解事件、焦点评论、记者手记等。通过几次突发事件的报道来强化该栏目的品牌效应。

"迭代美"是在突发事件栏目固化中寻找变化，根据事件性质不同、事故涉及人员不同、发生地不同、影响程度不同等来更新报道角度。

六、思考与练习

（一）思考一

请分析上海踩踏事件微博报道与长江监利沉船事件微博报道的成功与失败？

（二）思考二

假如你是某媒体微博及微信公众号，请以近期发生的一则突发事件为例：

1. 设计整个突发事件微博报道体系，列出二十个以上的微博选题。

2. 请以传统媒体的一篇报道为原材料，制作出数据、视频等图文并茂的五条以上微博。

3. 设计整个突发事件微信报道体系，列出每日头条微信选题。

小　　结

突发事件中传统媒体需要将双重身份融合，将舆论引导、新闻意识、互联网思维三种思维融合为自身的新媒体思维，即传递党和政府的主流声音为前提，追踪新闻事实的真相为根本，在保障宣传任务和事实追踪的基础上，以用户为中心，切实践行求真、平等、协作、分享、简约、极致、迭代、大数据的互联网思维，强化信息的用户到达率。与此同时，传统媒体与微博微信要做好渠道及内容分工，构建多渠道多样化内容更加丰富而非内容高度重复的新报道体系。传统媒体要充分发挥信息发布与舆论引导阵地作用；传统媒体微博要做好公民表达、舆论引导、互动交流阵地；传统媒体微信要搭建好服务平台和深度报道平台。三个阵地，三个功能，三种报道技巧，各自相对独立，又要实现良好互动。

进阶阅读

1. 赵大伟主编：《互联网思维独孤九剑》，机械工业出版社2015年版。

2. 李良荣编：《全媒体时代新闻传播学系列教材：网络与新媒体概论》，高等教育出版社2014年版。

3.【美】邱南森著，张伸译：《数据之美：一本书学会可视化设计》，中国人民大学出版社2014年版。

4.【美】黄慧敏著，白颜鹏译：《最简单的图形与最复杂的信息》，浙江人民出版社2013年版。

（本文所例举媒体微博案例来自新浪微博，媒体微信案例来自该媒体微信公众号）

（作者系北京青年政治学院传播系主任）

现场报道经典案例赏析

颜　莹

【内容提要】

　　现场报道离不开直播，在直播技术突飞猛进的发展下，现场报道开启了全新模式，当直播成为常态后，广播电视需要大量现场报道人才，然而相关从业人员的整体水平不高却是现状，现场报道难道只是拿着话筒讲话这么简单吗？文章通过大量实例来解析优秀的现场报道应该具备哪些要素及特点。分别由三个方面阐述：电视现场报道——补充讲述画面背后的信息；广播现场报道——让听众"看"到"正在"发生的新闻；现场报道的可视化表达。在这个新技术快速更迭的时代，现在和未来绝不仅仅止步于直播常态化，随着低成本的便捷直播系统不断成熟，前景广大，每个人都能成为现场记者。

【关键词】

　　直播常态化　　现场报道　　出镜记者

看图思考：这四张图片说明什么？

图1　2010年BTV《首都经济报道》
直播国际车展

图2　2014年巴西世界杯BTV
"两个人的直播平台"

图3　2015年全国两会
"一个人的视频直播终端"

图4　2016年随时随地开启的
"全民直播"

一、这四张图片说明在短短5年的时间里，一次次技术革新使得直播成为"小事一桩"

2010年，还要使用大型电视转播车进行直播，而到了2014年的巴西世界杯，在互联网技术的高速发展下，出现了"两个人的直播平台"。身着蓝衣的摄像师背后背着的是一个4G回传包，这个只有双肩书包大小的设备就实现了远在巴西的记者与距离上万公里的BTV《天天体育》节目演播室视频连线直播。与传统的卫星传输模式相比较：在经费上4G无线网络大大缩减开支；同时，人员上的精简也大大提高了报道的效率；更重要的是，原来是笨重的转播车，现在是一个便捷的移动平台，而且只要有网络的地方，就可以直播报道。然而，就在短短几个月后，在 2015 年全国两会上，记者举着"自拍神器"，能采访、能出镜，自己既当摄影师又当主持人，实现了"一个人的视频直播终端"。手机视频直播还有一个显著特点，即门槛很低，易学易操作，只要手里有部手机，点一下就可以拍摄，也可以观看。"录得门槛降低，内容就会极大丰富"。比如 2015 年上线的各类手机直播 APP，它让直播不再是媒体从业者的特权，"全民直播"不再受资质、场地、时间、内容的限制，每个人都可以直播自己，同时，也可观看别人的视频直播。通俗说，隔壁老王也能成为现场主播。

笨重的大型电视转播车→两个人的直播平台→一个人的视频直播终端→随时随地开启的全民直播

这种"小型化直播"模式，使得现场直播变得越来越灵活、简单。一次次技术革新保障了直播常态化的实现，以北京电视台为例，2012 年 7 月 21 日北京遭遇 61 年来最强暴雨及洪涝灾害。BTV 新闻频道连续两天直播 18 小时，《雨中进行时——7·21 北京特大暴雨》出人意料地荣获第二十三届中国新闻奖"电视直播类"一等奖，作为地方电视台的一个区域性灾害报道战胜了诸如"十八大召开"等重大新闻事件的报道。《雨中进行时》使用的是 3G 回传包而不是卫星直播车，充分彰显了全媒体时代信息技术的强大威力，这正是中国新闻奖评委看重的原因之一。[①]

2012 年 12 月 28 日，BTV 新闻频道延长新闻直播时间，构筑大的新闻直播时段，实现全天新闻滚动直播时间达 17 小时，全天候开启直播窗口，对重要新闻、突发事件和重要服务资讯等随时插播。何谓"直播窗口"？中央电视台记者吴闯撰写的《新闻直播常态化的运作策略》这样解释："突发新闻事件的发生大都是不可预知的，要实现'即发即播'就必须提供一条信息即时性流入电视屏幕的必要通道，业内术语叫做播出窗口。"[②]直播窗口一旦开启，记者连线、图文演示、专家解读等多种报道手段将尽快、尽可能多地向公众传递信息。

---

① 赵波：《全媒体时代的电视新闻直播——以北京电视台"7·21 特大自然灾害"报道为例》，《中国传媒科技》2014 年 6 期。

② 吴闯：《新闻直播常态化的运作策略——以央视新闻频道为例》，《当代传播》2009 年 (6) 卷（期）。

　　直播常态化对我们的相关从业人员意味着什么？最根本的是它导致了一场电视台、广播电台内部的革命，打破了原有岗位的桎梏，为很多记者编辑提供了大量崭露头角的机会！借用宋晓阳《出镜记者现场报道指南》一书里的话："出镜记者——活跃在现场的'新闻主播'。"[①] 在这个英雄辈出的时代，"出镜"已经不再是外表靓丽、普通话标准的主持人、播音员的专享特权，任何一个记者、编辑、摄像都有可能走到镜头前，拿起话筒，面对千千万万的观众、听众，凭借实力，一战成名！

　　常态化的直播，随时开启的直播窗口，这需要大批训练有素的出镜记者。回顾 2015 年、2016 年中国发生了多起意外突发事件：元旦上海外滩踩踏事件；台湾复兴航空客机坠河；多地特大道路交通事故；湖北监利县"东方之星"翻船事故；沿海城市台风来袭；陕西山阳山体滑坡；天津滨海爆炸事故；南方遭遇强降雨……面对突如其来的新闻事件，相比较中央媒体，新闻发生地的媒体具有早知、早发的先天优势。同时，为了不断得到一手信息，中央一级媒体也需要与地方媒体进行大量直播连线。也就是说，你有可能身居偏隅，但是说不定哪天，中央人民广播电台、中央电视台的直播连线就找上了你，这时一旦机会来了，你能把握得住吗？

　　于是问题来了：现场报道仅仅是记者在镜头前、在话筒前说话这么简单吗？我连续六年担任北京市高等教育自学考试《电视播音主持》的命题教师，以下是我对几届考生在应对现场报道实践题时存在问题的汇总：

　　1. 磕磕绊绊，词不达意；

　　2. 无话可说，理屈词穷；

　　3. 话题分散，不知所云；

　　4. 人云亦云，缺乏新意；

　　5. 无精打采，缺乏感染力；

　　6. 紧张过度，动作僵硬；

　　7. 信息量低，啰唆重复；

　　8. 不符合语境，语速过快或过慢；

　　9. 缺乏同情心，态度漠然，情感麻木。

---

　　① 宋晓阳：《出镜记者现场报道指南》，中国广播电视出版社 2008 年版。

上述问题不仅出现在中国传媒大学的现场报道实践考试中，而且在电视荧屏里的现场报道也存在类似问题：

1. 缺乏创新意识：拍摄形式上，永远是记者居中的画面；报道视角上，人云亦云，缺乏新意，不能做到"语不惊人死不休"；

2. 有了记者出镜，新闻时长增加，信息量却没有增加：记者出镜走形式，为了出镜而出镜；

3. 千篇一律的模式让受众审美疲劳。

二、怎样才算合格的出镜记者？我们应该朝着什么方向去努力？

下面就通过真实案例来解密优秀的现场报道到底具备哪些要素及特点。

思考：2013 年 8 月 CCTV 直播东非野生动物大迁徙，片段之一是成千上万的角马横渡马拉河，在渡河过程中角马、斑马等动物很有可能遭遇不测，直播这场惊心动魄的天河之渡，记者现场报道面临三大挑战。

难点一：报道主体是野生动物，完全不同于人类社会，为了能感染和打动观众，记者应该选取什么样的叙事语言？

难点二：主人公小角马前后四次腾跃，前三次都以失败告终！面对一头小角马攀爬、滑落、再攀爬、再滑落……场景单一、主体单一、动作重复，非常考验现场报道记者的语言功底。

难点三：记者向观众描述新闻现场，叙述新闻事实的同时，还要点评新闻事件，面对场面宏大壮观的群像加特写的东非野生动物大迁徙，"夹叙夹议"，到底该怎么个议法？

（一）电视现场报道：补充讲述画面背后的信息

CCTV《东非野生动物大迁徙　现场直击最后一米惊心腾跃》

吴闯现场报道："（播报情绪饱满　语言节奏明快）一只勇敢的斑马率先涉水、渡河，就这样开始了吗？（停顿）小角马也勇敢地冲在了前面。这是真正的鱼贯前行在水里，马拉河岸边腾起了阵阵尘烟，现在角马群分两路纵队穿越马拉河，这样可以让聚集的角马更快地通过，（记者发挥想象 拟人化讲述）秃鹫已经急不可耐了，也许它在想：鳄鱼怎么还不来？该来的还是来了，鳄鱼出现在水面之上。现在一头角马正在靠近它，它会攻击这头角马吗？（记者点评）从鳄鱼的嘴边穿过，无异于与死神擦肩而过。角马群在水中腾跃，第一批斑马群已经成功上岸，两头年轻的角马紧随其后，它做了一个很好的示范。河岸距离水面的距离大概是3米多高，我们看到渡河的角马非常聪明地选择了三个路径分别上岸。由于河岸的土质非常松软，我们可以看到这些角马想要爬到岸上去是非常吃力的！但是它们不能往下掉，只能往上爬（记者语势一路上扬），这是它们冲过马拉河之后，所面临的又一个坎。（记者突然放低音调、音量，画面从全景到特写，报道主体从强大到弱小，记者改用爱怜的语气色彩）我们现在看到一头小角马被卡在了河岸边上，再往前半步它就能够上岸了，但是显然它现在已是精疲力竭，这半步对它来说，很难很难！它滑了下来，但我们相信它不会放弃，它必须再咬咬牙加把劲儿，往前是生，往后毫无疑问是死。它加油，上！哎呀！又一次失败了。（记者点评）也许在这个时候，力量已经是其次，比力量还重要的是信念，生的信念。（语气惋惜 语势下滑 气息下沉）它的亲人们都已经渐渐离开了，也许它们已经放弃了，但是它自己不能放弃，它又站起来了！（记者语气振奋）它在努力着，这一次会怎么样呢？能不能上去？就看它对生的渴望有多么强烈？有多强烈？（再次重复强调）（记者发挥想象 拟人化讲述）它把头搭在岸边看着自己的亲人，现在它看到的大多数只是背影了，这对它会是一个刺激吗？它鼓起勇气再一次往上爬，还差一点！哎呀！（记者情绪高亢）就差那么一点。（记者发挥想象 拟人化讲述）让我们眼睛有点湿的一幕出现了，刚才明明已经离开的亲人们也许是看到了这头小角马探出的头颅，它们在往回返，这头受伤的小角马现在需要它们的呼唤，给它点儿力量。（停顿）再一次发起冲锋，哎呀！（记者点评）这块河岸现在真的成为它生命里的一道坎，它还会再尝试跨越吗？它别无选择。（停顿）上！好的！（情绪亢奋到极点，类似体育解说）现场传出了欢呼声。（记者点评）这头小角马在这一刻从此跨越到了生，我觉得这不是力量，这是信念，一个强烈的求生的信念。它成功突破了这道坎，突破的不是河岸，而是自己！对于它来说，一切都还可以继续，远方的青草属于它。

（记者短评）刚刚我们在马拉河边亲眼见证的这场渡河呢并不剧烈，也没有死亡，但我觉得它称得上是天国之渡，这匹受伤的小角马一次又一次站起来，一次又一次对死亡说不，让我们看到了平时我们经常会提起，但却根本看不到的生命的质感和力量。"

这篇电视现场报道到底好在哪里？在这里，先引用孙玉胜在《十年：从改变电视的语态开始》这本书里的一个案例：香港回归报道中……我们原来以为记者现场报道就是如此简单而容易，但一旦事件真正开始，前方记者报道的难度就出现了。当发现所看见和所体验的现场已完全超过既定的想象时，现场记者显得有些不知所措，这些紧张和局促直接反映在了现场报道的语言中……"一根又一根""一圈又一圈""一人又一人"……前方记者们就像一个个从来没有机会练习刺杀的战士，直接被推到战场的最前方参加肉搏。① 孙玉胜这里称谓的"前方记者"，即在事件现场进行直播报道的记者。

用孙玉胜讲述的这个案例做对比，吴闯《东非野生动物大迁徙　现场直击最后一米惊心腾跃》的优秀之处恰恰在于记者补充讲述和点评画面背后的信息，而不是对电视画面的简单重复。

1. 展现画面背后的信息

这是一篇引人入胜的现场报道，优秀的特写为观众讲述了一个生动的故事，这个故事里既有大写意的众生相，又有精雕细琢的个体。出镜记者即兴发挥，报道极富戏剧性，尤其是富有人情味的报道，让观众感同身受到丰富多彩的情感：恐惧、绝望、焦虑、愉悦……

尤其点赞的是记者吴闯的点评，短小精练而且极具哲理。每年上百万头角马千里迢迢奔赴马赛马拉，年复一年，周而复始。然而，貌似平静的途中却危机四伏，这篇现场报道时长只有短短 3 分多钟，但是我们亲眼见证了角马群体和个体一次次与死神擦肩而过的完整瞬间，对生的渴望与坚持让这篇报道具备了独特的情感体验和精神体验，大大提升并增强了节目的可视性及感染力。

---

① 孙玉胜：《十年：从改变电视的语态开始》，生活·读书·新知三联书店 2003 年版。

2. 由演播室向现场的转移

我们在电视上常常会看到这样一种怪现象：说是新闻现场直播，可等了半天却都只见主持人和嘉宾、专家的侃侃长谈，而观众最想看、也是最精彩的新闻现场却千呼万唤难出来，现场直播与演播室的比重严重失调。宋晓阳在《出镜记者现场报道指南》中也写道："以往的新闻报道都是以嘉宾们精辟的分析，主播们的机智应对来演绎的。"①而《东非野生动物大迁徙 现场直击最后一米惊心腾跃》则实现了"由演播室向现场的转移"，也就是说记者吴闯通过"此时此刻"的直播叙事，让新闻现场成为主角。与此同时，记者吴闯在现场掌控全局所散发出的魅力更是禁锢在演播室内的主播无法企及的。

（二）广播现场报道：让听众"看"到"正在"发生的新闻

根据梅花网和尼尔森网联公布的数据显示：2014 年和 2015 年上半年，传统媒体中电台媒体广告投放量呈上涨趋势，明显看出电台媒体仍旧保持着较强的市场竞争力。就在平面媒体广告出现负增长的同时，为何古老电台的广告却能逆势上扬？答案就在"汽车"上，而且驾车人往往是广告投放商看重的具有购买力的人群。与广播电台相比，电视台受互联网冲击较大，电视屏幕被 PC 和智能手机所取代，而广播媒体则得益于汽车行业的迅猛发展，移动终端的规模有增无减。因此，在这里我们很有必要谈谈广播里的现场报道。

"随着媒介竞争的加剧和广播频率专业化背景下新闻频率的应运而生，现场直播日益成为广播媒体中一种重要的报道样式，并正朝着常态化、机动化和小型化的方向发展。"轻声细语说话的这位是中央人民广播电台军事记者王亮，他思路清晰，语言精练准确，这是现场报道记者难得的优点。因为一直非常喜欢王亮的现场报道，借着这次访谈，我终于和心目中的偶像见了面，外貌上王亮不属于硬汉系，他面庞白净，一脸书卷气，这似乎不太符合他每逢国家灾难和重大突发事件就冲锋在前的经历。因为广播的成本低、速度快，不受空间、时间的局限，无论什么情况下都可以进

① 宋晓阳：《出镜记者现场报道指南》，中国广播电视出版社 2008 年版。

入新闻现场的特点，所以在很多重大灾害事件中，广播常常能起到信息突围的作用。比如：2008 年 5 月 14 日中央人民广播电台播发的《汶川紧急救援》就是全世界最早从震中映秀发出的现场报道，使得映秀不再是"盲区"和"孤岛"，对抗震救灾具有直接指导作用，彰显了广播媒体在应急突发事件中的社会责任。

作为这篇报道的作者，王亮力求让听众"看"到正在发生的新闻。[①]广播与电视相比，先天不足是没有画面，因此，对于电视的现场报道来说，前方记者不能光是简单地重复画面已有的内容，他需要更多地补充画面背后的信息，而完全没有了图像支撑的广播记者如何仅靠听觉来打动听众呢？

1. 捕捉细节，我见故我在

我们来看一篇现场"原生态"，这篇新闻特写由现场音响和现场播报节选而成。该报道的听后感是强烈的现场感，就好像广播里的新闻现场就发生在听者身边，给人一种身临其境的感觉。那么，这份扑面而来的现场感从何而来？除了现场音响的烘托之外，记者对细节的捕捉和展现起到了重要作用。

新闻背景：2010 年 4 月 14 日清晨，中国青海玉树地震。震后第三天，也是黄金救援期的最后一天，王亮跟随中国国家地震救援队队员一起爬上倒塌的楼房、钻进废墟洞穴，搜救被掩埋的幸存者，现场直播报道一位在废墟中被埋了 54 个小时的藏族女孩获救的全过程。

【音响：现场群众欢呼、鼓掌】

王亮现场报道："现在被救的这个小姑娘已经出来了！她的状况看来还很不错！精神状况不错，（细节描摹）小姑娘长头发，是卷发，我们先看到的是她的背影，等她转过来的时候，她先是笑了一下，后来她就哭了，因为她看到她的家人，她的父亲就在这个废墟的外面等着她。小姑娘从外表来看，没有怎么受伤，甚至连皮外伤都没有，现在小姑娘已经被当地的藏族群众从废墟上面抬了下来，等在这儿的救护车，还有医护人员把她抬上了担架，现在送到医疗点做进一步地检查。"

---

① 王亮：《让听众"看"到正在发生的新闻——试论广播新闻现场直播中前方记者环节的优化》，《中国广播》2009 年（7）期。

王亮的讲述极具画面感，语言好像摄像镜头一样，收放自如，有时是全景镜头，用来表现场景的全貌，有时又推到了中近景、近景、特写，甚至大特写。

2. 多用进行时语态，凸显行进感

新闻背景：2010 年 4 月 15 日中午 12 点，中国国家地震灾害救援队在青海玉树地震灾区一处废墟西北牛宾馆成功救出 4 名幸存者，这是当时救援队开赴灾区最成功的一次救援行动。

记者王亮记录了救援全过程，他在现场报道中采用的多是进行时语态。四个农民工被救依次出场时每一个人都是一个悬念。比如："现在第一个人已经出来了，但是他背对着我们，哎哟！他还没有动，这时候他转过来了，哦！脸上挂着笑容，原来他状态很好！哎哟，他居然自己站起来了，还朝我们挥手。看来他没有受伤。"

王亮非常擅长把自己的所见、所闻、所感传递给听众，而且运用的多是与新闻发生同步的语言和时态。试想我们如果换一种说法，比如："今天四位农民工获救，他们的身体状态都挺好……"这种回溯性语言必然导致现场感减弱。

3. 什么是最打动记者自己的，最打动自己的才能感染听众

新闻背景：2011 年 10 月 5 日，中国两艘货船在湄公河水域遭武装人员袭击，13 名中国船员遇害。从 12 月 10 日开始，中老缅泰四国开始在湄公河流域开展联合巡逻执法。2012 年 1 月 14 日至 16 日，王亮跟随中方巡逻执法船亲历湄公河巡逻执法。途中，巡逻执法船突然接到报警：中国盛泰商船遭到老方一侧不明身份人员枪击。于是，巡逻船上包括王亮在内的全体人员进入战斗状态。随着越来越接近出事水域，指挥室内的气氛也骤然紧张。

那么，问题来了，记者在做广播现场报道时如何把这种紧张的情绪传递给听众呢？首先是现场有关准备战斗的各种号令，以及子弹上膛的典型音响。

王亮现场报道："现在我们所有人都已经穿上了防弹救生衣、戴上了防弹钢盔，我们都把身体尽量地下蹲，躲在船体两侧的由厚重的钢板组成的掩体的后面……现在是把防弹衣上所有的反光的材料都撕掉，这样在夜间行动的时候防止被敌人发现……刚刚说在急救包里带上吗啡，看来是一

旦有人受伤的话，吗啡有急救的作用……队员的子弹袋里已经把子弹都装满了。"

巡逻执法船队长："当你受伤之后，你可以大喊，大喊可以让你释放压力和紧张，可以降低你的血压，那么你的血流量就会减少。明白了吗？同时用急救包拼命地按压住你的出血部位。"

队长喊军医给每个人发一个急救包，并且特别叮嘱要在每个急救包里都放上吗啡。队长语调平稳而坚决。作为记者，当听到"每个急救包里都放上吗啡"这句话的时候，王亮不禁热血沸腾，大家已经做好了负伤甚至牺牲的准备。

王亮一方面忠实地记录下了这些典型音响，另一方面又不断地与现场同步进行解说，在人声、武器声、船只发动机声等背景声映衬下的记者解说也保证了在后期制作新闻专题时强烈的现场感。另外，远在北京的新闻演播室与王亮现场连线。连线只有短短几分钟，但是事件发生的过程可能有一个小时，所以王亮连线前就拼命把细节和打动人的点记在脑子里，比如：撕掉身上的反光条、子弹上膛、军医让每个人装上吗啡、战士们做好了慷慨赴死的准备，因为这些最打动记者自己的细节才能真正感染听众。

（三）现场报道的可视化表达

2016 年"两会"期间，各大媒体动用了各种新技术新模式来对两会进行全方位报道。中央电视台采用了"1V""1 云""1 平台"的方式。上千条独家微视频+两会云直播+手机客户端的运用让观众走进了一个"立体"的两会。通过在天安门、人民大会堂及梅地亚新闻中心搭设的多路云直播镜头，让用户可以自己当导播，随时切换多路信号，从多角度观看两会现场画面。新华社更是在开会前推出了强调"现场感"的新华社新闻客户端3.0 版，通过文字、图片、音频、视频和 VR（虚拟现实）等手段，让用户"身临其境"地感受两会。为了实现这一点，新华社的记者配备了各种"新式武器"：视频直播云终端、平衡车、VR（虚拟现实设备）、无人机、直播云镜头都在两会报道中亮相。

采用这些让人眼花缭乱的新技术、新概念的终极目标无非就是让客户拥有更轻松、更直观的收听收看的体验。在这样的趋势之下，研究现场报道可视化的直观表达，如何"变抽象为具体"，"变枯燥为生动"应该是我们一直努力和创新的方向。

1. 晦涩难懂的经济术语

BBC 制作的"何谓 GDP？"电视片中，出镜人用短短 2 分钟风趣而生动地解读了 GDP 这一枯燥和晦涩的经济概念。让人拍手称妙的是记者出镜的地点分别选在一座大型购物中心的门口和里面，用一种最廉价和易操作的方式完成了报道。并且通过记者参与购物、理发、就餐、贷款、购买理财产品这类形象化的直观表达说明 GDP 包括了第一产业第二产业和第三产业，帮助观众理解什么是 GDP。再来看看出镜记者是如何表现 GDP 的上升和下滑？一部商场里的滚梯搞定！电动滚梯上行表示 GDP 上升，滚梯下行则表示 GDP 下滑，记者站在滚梯上出镜既形象又幽默，连摄像滑轨都省了，这种方式是不是我们一学就会呢？

2. 看不见摸不着的理念

2009 年，我代表 BTV《首都经济报道》与国家环保部、大众汽车共同策划一个全国性的大型环境教育活动，主题是从首都北京为全国多所中小学带去环保理念。然而环保理念虚无缥缈，那首先要把它转换成看得见、摸得着的实物。于是，我为活动创新设计了"绿色小书包"，一个有形的绿色小书包承载的即是环境教育理念，并且针对每个城市、每所学校的环境教育课程不同，小书包里面也装载了不同的内容，比如有的是废旧书籍制成的画笔，有的是望远镜和观鸟手册，还有的是数码照相机……而这些不同的物件恰恰代表了不同的环境教育宣传主题，绿色小书包也成为这个系列节目的标志性符号，同时也为记者现场报道提供了有话可说的道具。

3. 弄不明白的地理位置

"东方之星"发生翻沉的第二天中午，2015 年 6 月 2 日 CCTV"新闻直播间"播出了记者刘峰在湖北监利的现场报道"一载有 458 人客船在长江湖北段翻沉"。刘峰在和演播室主持人现场连线时，用一张简明易懂的手绘草图就清楚地说明了倾覆船所在位置，尤其是和记者所处位置的关系。

刘峰现场报道："我现在所处的位置是离救援核心现场最近的一个救援集结的码头了……那究竟现在这个（倾覆）船的位置在哪里呢？因为现场情况有限哈，我们也给大家画一个简易的草图，我们也请摄像来给我们推一下，大家可以看到我现在所指的这个地方就是指挥部码头的区域，而我们所站的是长江的北岸，在这个北岸的3公里直行平行范围内，这个稍微有些弯道的地方呢，也就是这个被航道挡起来的地方，我们看不到的地方就是救援的位置了，那么船体整个倾覆倒扣在这样一个位置，救援在这展开，我们看到救援的直线距离只有3公里，看起来相当的近，可是因为在长江上要走水路走航道，所以他从这个码头出发后绕一个大弯才能到（倾覆船）位置，绕这个大弯是怎么个绕法呢？我们来看现场一个路径，我们也请摄像跟着我们走一下……"

4. 难以言表的繁复流程

墨西哥大毒枭古茨曼从该国戒备最森严的一座监狱逃走，警方调查发现，古茨曼的淋浴区有一处10米深、带有楼梯的地下暗道。暗道延伸超过1.5公里，通往监狱外的一处在建建筑。为此，央视记者体验式报道揭秘墨西哥毒枭越狱通道，女记者先是介绍了自己要经过17道关卡才能进入到关押古茨曼的20号牢房，然后展现了淋浴区下方的40厘米见方的大洞，这是古茨曼地下逃亡的起点，紧接着记者又来到了地道的终点，1.5公里之外的一座未完工的房屋里。

记者现场报道："在这个小推车旁边有一个40厘米乘以70厘米的开口，这里就是当时古茨曼逃出地道的出口。我们大概往下爬了3米左右来到了这里的一个地下室，而在这里我又看到还有一段通向更深处的地道。"

勇敢的女记者顺着简易的木质梯子垂直90度往下爬，终于到达了地下19米左右的地道最深处。记者通过亲身体验报道古茨曼越狱的这条秘密通道，让观众清晰完整地了解这个臭名昭著的毒枭是怎么在无数看守的眼皮子底下逃跑的，尤其是刚刚下到地道最深处的女记者上气不接下气一边喘息一边现场报道，这个小细节让我印象深刻，体验式报道时，在新闻现场中，记者的五官、肢体传递出的正常反应，会让观众感同身受，从而大大增强新闻的真实感和现场感。

结论

通过对以上众多优秀现场报道实例的解析，可以看到现场报道绝不只是记者在镜头前、话筒前把话说顺溜这么简单，现场报道考核的是记者由内及外的综合表现能力，涵盖的领域十分广泛，这篇文章的论述难免挂一漏万。总的来说，直播的常态化不仅需要大量出镜记者，而且更需要专业化的出镜记者。对于传统媒体的从业者来说，我们应该多借鉴商业的思维模式。我更习惯说我们制作的不仅仅是节目，我们生产的更是产品，要去研究我们的客户需求是什么？什么样的产品能够深深打动客户？客户愿意为什么样的产品去买单？媒体人一直说：做理解人的节目，做关注人的节目。在这个基础上去创新，有时候不需要大媒体、大平台，这个时代更依赖于个人的创造力，举个和现场报道业务没关系的例子，比如2016年第一网红的papi酱，一名中央戏剧学院导演系学生凭着自己制作的原创短视频获得了首轮融资1200万元。同理，现场报道里照样有很多可以创新的点，其实我们还有很多事情可以做。

文章里反复提到直播常态化，然而在这个新技术快速叠加出现的时代，现在和未来绝不止步于直播常态化，随着低成本的便捷直播系统不断成熟，前景广大，每个人都能成为现场记者，你准备好了吗？

进阶阅读

1. 孙玉胜：《十年：从改变电视的语态开始》，生活·读书·新知三联书店2003年版。

2. 宋晓阳：《出镜记者现场报道指南》，中国广播电视出版社2008年版。

3. 崔林：《电视新闻直播报道（现场的叙事）》，中国传媒大学出版社2012年版。

4. 张鸥：《直播幕后：电视突发直播一线手记》，北京师范大学出版社2013年版。

（作者系北京电视台财经频道主任编辑）

如何在会议新闻中抓取独家报道

李新民

在当前"互联网+传播=新媒体"的时代，随着传媒业竞争的日益加剧，在新闻报道中，特别是在对会议新闻的报道中，如何采写并刊发独家报道，已成为传媒人参与市场竞争、赢得受众青睐的一大利器。

采写会议报道不难，难的是如何在会议新闻中写出好报道、独家报道。在业界，会议新闻与事件、人物等新闻一样，被归属于同源新闻。但相对而言，会议新闻要写出独家报道的难度更大。这是因为，同一事件会有多个视角，同一人物也会有多个侧面，而同一会议特别是一场小规模的新闻发布会或座谈会，往往是主办方定出一个主题、请来一堆记者、提供一篇通稿，要从中找出一个与众不同的角度，写出一篇不同凡响的独家报道，确实不易。

作为一名长期"奋战"在新闻一线的媒体人，笔者在此结合自己20余年的新闻实践，就会议新闻如何抓取独家报道这一命题，谈谈自己的思考。

一、选题："大题小做"与"小题大做"

如何在会议新闻中抓独家报道，从选题的角度上讲，要有独特的思维和视角，也就是我们常常讲到的"新闻眼"。具体到会议新闻报道中，就要学习并掌握"大题小做"和"小题大做"的技巧。

（一）先说"大题小做"

所谓"大题小做"，是指从"大会议"上选取小角度，小处着笔，不求其全，发现新闻点，择要而写。需要注意的是，这里的"小"与"大"是相对的，是辩证的。"小"处着笔写出的新闻可不是"小"新闻，反而可能是影响力巨大的"大"新闻、重要新闻。

现代新闻史上，有一篇"大题小做"的代表作——《天安门事件完全是革命行动》。那是1978年11月，北京市委召开常委扩大会议，会上研究加快首都建设的一系列问题，其中也谈到为天安门事件平反的问题。新华社记者写了长长几千字的稿子发给总社，总社总编室把它斩首去尾，编成只有200多字的一篇短稿，内容就集中到一点："天安门事件完全是革命行动"。该新闻稿全文如下：

新华社北京11月15日电　中共北京市委在最近举行的常委扩大会议上宣布：1976年清明节广大群众到天安门广场沉痛悼念敬爱的周总理，愤怒声讨"四人帮"，完全是革命行动。

会上宣布，1976年清明节，广大群众到天安门广场悼念我们敬爱的周总理，完全是出于对周总理的无限爱戴、无限怀念和深切哀悼的心情；完全是出于对"四人帮"祸国殃民的滔天罪行的深切痛恨，它反映了全国亿万人民的心愿。广大群众沉痛悼念敬爱的周总理，愤怒声讨"四人帮"，完全是革命行动。对于因悼念周总理、反对"四人帮"而受到迫害的同志要一律平反，恢复名誉。

这篇报道在国内外引起巨大反响，后被评为全国好新闻。专家们在评论这篇报道时认为，此稿好就好在主题集中。如果面面俱到地把北京市委扩大工作会议的几千字文章发出来，看似很有气势，但"为天安门事件平反"这样重要的内容就会被淹没在文章之中，影响力就完全不同了。

因此，有人说新闻是一门"发现"和"讲述发现"的艺术，记者的能力也是一种"发现"的能力。一篇会议报道是否给人以新鲜感，往往在于作者有没有发现并报道出程式化会议之外的新东西。一般来说，会议新闻的"大题小做"有以下几种形式。

1. 会议上的一句话、一个数字

有时候，在一个可能并不十分引人瞩目的座谈会或研讨会上出现的一句话或者一个数字，很有可能透露出一个引人瞩目的大主题、大新闻。

比如，2004年3月2日，一个"汽车产业与润滑油产业协作发展研讨会"在北京召开。这是一个由国家发改委主持、中国汽车工业协会联合中石化和中石油润滑油公司等共同承办的行业研讨会。与会记者纷纷把报道的重点对准了汽车行业和润滑油行业的战略合作上；当时笔者派出的一位实习生也不辱使命地写出同一主题的新闻并于次日刊发。

随后，笔者在翻看实习生带回的会议材料时，看到这样一句话："随着国内汽车消费市场的迅猛发展，中国已成为仅次于美国的世界第二大润滑油消费国。"再从网上查看当日其他媒体的报道，均未提及这则消息。于是，一则《中国已成为世界第二大润滑油消费国》的消息出现在3月4日的《经济参考报》上。据查，这是国内外媒体首次报道这一新闻。4月1日，中央电视台播发此新闻，影响力进一步扩大。

2. 会议的一个侧面、一个镜头

有些会议尽管可能很有价值，记者们都会认识到这一点，写出的报道也大多瞩目于这一点，报道便会是雷同的。如果有记者换一个角度，从侧面下笔，或者从一个镜头入手，也许会发现更有价值的新闻，写出有特色的独家报道。

比如，2002年8月26日，一个以"拯救地球、重在行动"为宗旨的可持续发展世界首脑会议——又称"地球峰会"——在南非约翰内斯堡国际会议中心隆重开幕。包括104位国家领导人和近2万名会议代表参加峰会。在各国记者纷纷将笔触聚焦在与会代表们所关注的"全球环境问题"时，美联社的记者却把目光投向会议厅里摆放的垃圾回收箱上，一篇题为《峰会的尴尬》消息稿诞生了：

美联社约翰内斯堡8月30日电 尽管参加地球峰会的代表们在唇枪舌剑地争论保护地球迅速减少的资源的最好办法，但他们自己并没有率先垂范。为期10天的地球峰会号称是有史以来规模最大的联合国会议。预料会议将产生300吨到400吨垃圾，到目前为止，只有其中的20%正在得到回收处理。

会议厅里摆放了盛放可回收物品的废物箱，但结果里面塞满的却是各种各样无法回收利用的废物……

3. 会议出现的一些花絮

改进会议报道，记者须树立一个新观念，那就是会议报道不一定总是写会议本身。有时候，会议期间发生的一些"花絮"新闻或许更能赢得读者，甚至还使会议主题得以深化。这些有亮点的花絮有时出现在会上，有时出现在会前，有时出现在会后，往往发生在不经意之间。

比如，在2007年10月举行的中共第十七次全国代表大会上，笔者参加了16日召开的山西代表团媒体见面会，不失时机地提出两个问题，其中一个是："自古'晋商'留下爱国、诚信的美名，而如今山西的'煤老板'却形象不佳。请问山西'煤老板'如何变身'现代晋商'？"时任山西省委书记张宝顺称赞说"这是一个好问题"，并点名说"我们团有一个堪称煤老板的代表——山西沁新集团党委书记、董事长孙宏原，就让他来回答吧。"由于没有准备，孙宏原回答得并不尽如人意，笔者也未能写出报道。但在第二天即10月17日，笔者在十七大现场采访时突然被一位代表叫住了，此人便是孙宏原。于是便有了这篇"花絮式"消息——《山西代表"追"记者　描述"晋商"新形象》：

10月17日上午11时，记者匆匆赶到十七大山西代表团驻地采访。刚到代表讨论会的会场门口，记者被一位从会场里出来的代表叫住了："你是李记者吧，我一直在找你呀。"

这位找记者的代表是山西沁新集团党委书记、董事长孙宏原。作为出席十七大的新经济组织党代表，孙宏原一直是中外记者追逐采访的对象。今天，他为何把记者当成追逐的对象呢？原来，16日下午，山西省代表团在人民大会堂山西厅对胡锦涛同志报告进行热烈讨论后，集体接受记者的采访，本报记者提出一个"山西煤老板"如何与时俱进转变形象的问题，山西省委书记张宝顺代表点名孙宏原作答。

"当时时间比较紧，我感觉自己的回答不够全面，今天我想给你好好说说。"孙宏原说完这句话，转身进到会场向会议主持人请了个假，把记者领到他居住的房间。

孙宏原说："过去媒体上出现的山西煤老板的形象，大多是负面的：挖煤不顾安全，破坏生态环境；富裕后购悍马、买豪宅等等。但这几年很多煤老板变了，变成了注重生态文明、注重社会责任、注重回报国家、回报社会的当代晋商。"……

西装革履，举止儒雅，说生态文明，谈社会责任，论科学发展……孙宏原代表留给记者的印象，其实不仅仅是当代"晋商"的形象，也是十七大上许多民营企业代表的形象。

（二）再说"小题大做"

会议报道中也有"小题大做"的时候，这主要是指在一些时间短、规模小、甚至新闻价值不太大的会议上，却发现大的新闻主题，写出有分量、有影响的新闻报道。

如何做到"小题大做"，怎样从"小会议"上发现"大新闻"？首先要求记者要有一双"新闻眼"。一个会议，特别是一个新闻发布会或媒体座谈会，记者不仅要关注会议发布了什么，还要关注与会者透露了什么。其透露的内容也许与会议主题没有任何关系，但如果意义重大那就是"大新闻"。

比如，2012年7月27日，中国石油天然气集团公司在北京召开了一个听起来没有什么报道价值的会议——"纪念中国人民解放军原第57师改编石油工程第一师60周年座谈会"。然而，出席会议的中国石油集团公司总经理周吉平却在会议座谈中透露出一个很有报道价值的新闻：截至2011年年底，中国石油资产总额超过3万亿元人民币，已经超过了埃克森美孚和壳牌公司等世界级石油巨头。于是，包括新华社在内的多家媒体纷纷站在这一角度播发新闻稿。

中石油集团资产超3万亿元　超过埃克森美孚和壳牌

新华社北京7月27日专电（记者安蓓、胡俊超）中国石油天然气集团公司总经理周吉平27日说，截至2011年年底，中石油集团资产总额超过3万亿元，已经超过了埃克森美孚和壳牌。

周吉平在"纪念中国人民解放军原第57师改编石油工程第一师60周年座谈会"上说，2011年，中石油集团实现净利润1305亿元，国内原油产量达 1.08 亿吨。国内天然气产量达 756 亿立方米，向全国 28 个省供应，惠及 5 亿人口。其中，海外油气产量超过 1 亿吨，权益产量 5175 吨，建成"海外大庆"。

周吉平说，中石油伊拉克艾哈代布、鲁迈拉、哈法亚三大项目油田可采储量达 32 亿吨。中石油员工发扬同石油师一脉相承的精神，在伊拉克实现了多个"第一"。艾哈代布油田成为伊拉克战后第一个投产的油田，鲁迈拉油田第一个实现增产 10%，已开始收回投资收益，哈法亚油田提前 15 个月建成 500 万吨产能。

他表示，当前世界经济复苏艰难、国际油价剧烈震荡、国内经济下行压力加大、石油石化市场需求减缓，石油工业要实现可持续发展，更好地保增长、保供应、保稳定，面临的形势严峻复杂、任务艰巨繁重，这就迫切需要进一步学习以石油师为代表的老一代石油人的革命精神和优良作风，始终保持艰苦奋斗、锐意进取的精神风貌，攻坚克难，扎扎实实做好各项工作，全面履行好政治、经济、社会三大责任。

二、采访："有备而来"并"多问一句"

笔者认为，"会议报道" ≠ "报道会议"。也就是说，会议本身从来就不是新闻。那么，会议新闻是什么？一是会议发布了什么；二是会议讨论了什么；三是与会者透露了什么。除此之外，还有一点就是记者能够从会议上"挖掘出什么"。要从会议上挖掘出新闻、从会议新闻中挖掘出独家报道，就要做到"有备而来"并"多问一句"。

（一）先说"有备而来"

"凡事豫（预）则立，不豫（预）则废。"出自《礼记·中庸》里的这句话道出了"准备工作"的重要性。特别是对于新闻采访（包括会议新闻的采访）工作而言，记者要想写出独家报道，就要提前有所准备，机会永远留给有准备的人。

首先，准备什么？笔者认为，一是要提前了解一下会议的背景和原因。任何会议的召开包括小规模的新闻发布会，都会有一个较为明确的主

"医改新闻通气会""国企改革新闻发布会"等。根据会议的
……者可以提前了解会议召开的背景和原因。提前掌握的背景材料可
……巴巴的"数据，往往这些"干巴巴的"数据却可以帮我们把会议
……透、写出独家。二是要根据会议主题准备相关问题，并千方百计在
……寻求提问的机会。

其次，如何准备？在当前网络媒体极其发达的情况下，记者做会前准
……最简单办法，就是上网搜索。可搜一搜相关资料，借以了解会议的背
景；也可查一查最近发生的与会议主题相关的新闻，进而了解会议的意
义。同时，也可与会议组织方提前沟通联系，了解会议的内容。做上述准
备的一个重要目的，是要梳理出相关问题，带着问题参加会议，有的放矢
写出报道。

举个例子。2005 年 1 月 13 日，中国石油天然气集团公司召开每年一
度的新闻座谈会。中央级和北京市的媒体记者 30 余人应邀参加会议。笔者
当时就是按照"有备而来"的思路，搜集当时社会上普遍关注的热点话
题，准备了三个问题：一是关于成品油价格：油价有没有可能下调？二是
关于天然气供应——特别是首都天然气供应：北京会不会闹"气荒"？三
是百姓关心的油价问题，即成品油价格是不是"只涨不降"、油价涨落究
竟谁说了算、国内油价还会不会降下来？

值得一提的是，上述三个问题为笔者赢得三篇独家新闻，均在《经济
参考报》头版头条刊发，并被数百家网站转载，同时还都被新华社转发通
稿，在全国众多媒体"落地"。这三篇独家报道的题目分别为《成品油零
售价目前不会下调》（2005 年 1 月 14 日头版头条）、《中石油：力保北京不
闹"气荒"》（2005 年 1 月 15 日头版头条）、《求解国内油价三大疑问》
（2005 年 1 月 18 日头版头条，当天新华社通稿发出的题目改为《成品油价
只涨不降？——求解国内油价三大悬疑》）

（二）再说"多问一句"

"有备而来"的目的就是要"多问一句"。记者又称"访员"，访者，
问也。记者原本是一个提问的职业，采访也就是提问的艺术。怎么提问？
这其中有多种方法。

一是会上提问。当今这个时代，各种会议特别是新闻发布会越
多，会议主办方（有很多是委托专业性的公关公司或会议公司来办）已
变得很有经验，一般都会安排记者提问时间。记者一定要抓住机会，寻找
提问的机会。当然，要在众多记者里争取到一个提问的机会，这其中也有
技巧。

首先，抢先一步"占位置"。在会议现场抢占一个有利的位置是获取
提问机会的重要条件。比如，在每年全国两会结束时举行的总理记者会
上，记者们都会有一次"抢位"大战。一般情况下，两会总理记者会都在
人代会结束后大约上午 11 时于人民大会堂金色大厅举行。出席总理记者会
的国内外媒体记者，往往在凌晨便在人民大会堂东门外排起长队，等待冲
进去抢占一个有利的位置。

其次，千方百计"求关注"。为了在会议上获得提问的机会，记者们
也是拼了。女记者们穿上鲜艳亮丽的服装，男记者们戴上平时很少戴的帽
子，他们纷纷使出浑身解数以引起主持人或发言人的关注，以获得点请自
己提问的机会。比如，在十二届全国人大一次会议举行一个题为"保障基
本民生，发展社会服务"的记者会上，一名身穿红衣的女记者把手中的平
板电脑高高地举起来，电脑上写着两个大字"提问"。而在俄罗斯总统普
京举办的年度记者会上，一名女记者竟然举起一个大大的鳄鱼玩偶，另一
名男记者则把手里的拐杖举了起来……

"会上提问"的方式有利有弊。有利之处是因为面对记者多，被采访
者往往不会直接拒绝，记者就此可以提出一些比较尖锐敏感的问题。不利
之处是受访者回答问题是面向会议现场的所有媒体，既是一个记者提出的
问题，也是众多记者共享答案，就此写出的稿件不可能是独家报道。

二是会下提问。这就要求记者在参加会议时或早来一步，或晚走一
步，带着提前准备好的问题，找会议发言人或与会领导和专家私下提问。
比如，每年全国两会召开前夕，在人民大会堂北大厅内，常有不少记者携
带着照相机、录音笔在此蹲守，他们的目的就是要"围堵"那些按"规
定"由此进入大会堂的部长们。记者们知道，想在会上采访到部长们很
难，而这种"拦截式"的采访，只要提问精准，哪怕部长们给予一句有价
值的回答，便是重大新闻。

这种提问方式同样有利有弊。有利之处，因属"私下提问"，不与其他记者共享，一旦获得回答，便肯定是独家新闻。不利之处，一是受访者行色匆匆，采访时间有限，其回答问题会比较简单；二是对于敏感的问题，受访者可以使用不具新闻价值的"外交辞令"回答，甚至可能婉言相拒。

三是会后追问。这是在会上没有提问的机会，会下的采访又被拒绝的情况下的一种补救措施。这就要求记者，在会上与新闻发布者或者与会领导和专家不失时机地交换名片，获得他们的联系电话。在写稿时遇到疑问，打电话"追问"他们。

这种采访方式的有利之处，一是受访者只要接受采访便是独家报道，二是受访者回答相对比较从容，介绍情况也可能更详细、更全面。不利之处，对于敏感问题，受访者可以以"正在开会"或"不便回答"等理由予以拒绝。

如果以上三种提问方式都未能实现，还有最后一招就是要学会"聆听"。一个新闻发布会或产品推介会，发布的信息人人都有，记者采写独家报道的唯一可能就是要"独具慧耳"，"听"出有价值的新闻线索，进而再追踪采访，采写出独家报道。2001 年，笔者在新华社河北分社工作期间，曾参加石家庄市举行的一个发明专利推介会。会上虽然没有太多新闻亮点，但出席会议的两位农民发明人的话却引起笔者的关注。会后笔者约此二人进行深入采访，写出一篇题为《河北两农民拒当"高级工程师"》的"独家"通稿：

新华社石家庄 1 月 10 日电（记者李新民）在河北省辛集市东谢村，两个只有初中文化程度的农民近日接到一封寄自广州的《通知》。《通知》以香港某高新技术投资开发中心的名义"礼聘"他们为"高级工程师"，并授予他们"金奖"。可这两位农民却拒绝接受这一"荣誉"，因为这份通知的目的是要钱。

这两位农民分别叫王纪考和王纪满，是一种污水回收处理装置的发明人。这种污水处理装置，是把工厂排放出来的污水采取物理方法分层过滤、分层回收利用，不仅大大减少了污水排放，还可节约大量的清洁水。这项发明于去年获得国家知识产权局颁发的专利证书。

发明获得专利，"荣誉"接踵而来。一份从广州某公司寄来的《通知》上写道："尊敬的王纪满、王纪考阁下台鉴：由于您致力于新技术、新产品的发明创新并获得国家专利，惊叹阁下非凡的创造力，香港科技界和企业界深感敬佩，决定与您建立长期合作关系。1. 礼聘您担任'香港××高新技术投资开发中心'高级工程师。2. 将您的新技术或新产品载入'香港××博览会'并授予'金奖'荣誉，长期免费推广。"但在最后附注中要求："高级工程师证书收注册工本费195元，金奖证书收注册工本费260元。"

据王氏兄弟介绍，自从专利批下来后，他们曾收到来自北京、江西、湖北、福建、陕西以及深圳、珠海等地的数十封类似来信。有的邀他们参加洽谈会，有的请他们技术入股，有的称他们已被编进"中国发明家大辞典"，有的说已经把他们收入"21世纪人才库"。可仔细一看内容，无一不是在向他们伸手要钱。

王纪考说："在对待科技发明上，出面支持的人太少，伸手要钱的人太多。作为农民，我们确实没钱；我们也没多少文化，许多知识都要边学习边研究，在实践中摸索得来。什么'发明家''高级工程师'，我们担当不起。再说，花钱买个名头也没啥意义。"

值得一提的是，这篇通稿播发后，被包括《人民日报》在内的国内多家媒体广泛采用，引起较大社会反响。

三、写稿："鲜"声夺人或"厚"发制人

在互联网新媒体时代，新闻的定义已由原来的"新近发生事实的报道"变成了"正在发生或即将发生事实的报道"。报纸、广播、电视等几乎所有传统媒体都开通了旨在提高报道时效的"微博""微信"和"新闻客户端"，对会议新闻的报道至少从技术上讲完全可以实现新媒体工具的现场"直播"。在此背景下，对于报纸、广播、电视等"时效滞后"的传统媒体而言，追求有市场影响力的"独家报道"便显得尤为重要。由此而言，参加会议的记者便要学会"鲜"声夺人（而非"先声夺人"）抑或"厚"发制人（进而"后发制人"）。

（一） 先说"鲜"声夺人

所谓会议报道"鲜"声夺人，即要求记者在参加会议时，抓取新鲜的细节，找出新鲜的内容，或选择一个新颖的角度，写出有特色的独家报道。

首先要关注那些发生在会议现场的新鲜细节，寻找新鲜内容。对会议新闻而言，除了上述笔者所提到的"会议发布了什么""会议讨论了什么""与会者透露了什么"以外，还有重要的一点就是"会上发生了什么"。记者要善于观察和发现会议现场发生的"新鲜事"，才能写出"鲜"声夺人的报道来。

在 2007 年 10 月 16 日举行的中共十七大河北代表团媒体见面会采访期间，笔者注意到这样一件新鲜事：在记者区里一位满脸稚气的小女孩高高举起手臂要求提问，并引起河北团主持人、河北省委书记张云川的注意。原来，在报名参加十七大报道的记者队伍中，有 6 名分别来自中国少年报、中央电视台和中央人民广播电台的少儿记者。据了解，这在党代会历史上还是第一次。"请把话筒交给这位小记者，让她提个问题。"张云川微笑着说。小女孩接过话筒，声音清晰而洪亮："我是中央电视台少儿频道的小记者季家希。党的十七大报告提出，教育是民族振兴的基石，要优先发展教育，建设人力资源强国。请问：河北省近年来教育发展的状况如何？"张云川连忙说：这位小记者提出的可是一个大问题呀，请我们省委秘书长张力代表回答……

于是，笔者不失时机地写出一篇现场报道《小记者提出一个大问题》（刊发于 2007 年 10 月 17 日《经济参考报》第一版）。新华社《用户意见反馈》（总第 13775 期）借读者之口评论称："报道点选取得很有特色，由'小记者'和'大会议''大问题'形成对比，映射出十七大是全民参与的盛会，是人民自己的会议。虽只是一篇很小的文章，只是一个很小的事件，却是会议召开进程中一个有特色的亮点。可见重大正面报道也需要这样有特色的'点'，点面结合会使报道更加生动、完整。"

如果从会上找不出新鲜内容，那就选择一个新颖的报道视角。"横看成岭侧成峰，远近高低各不同。"在会议报道中，尝试着选择一个新颖的视角,"呆板"的新闻也可以变得鲜活,陈旧的材料也能焕发出新的光彩。

同样以中共十七大会议报道为例。2007 年 10 月 17 日,在山西代表团驻地,山西河津市龙门村党委书记原贵生代表给每一位在这里采访的记者赠送了一本书。这是一本国内各家媒体刊发过的反映龙门村发展变化的新闻作品集,书的名字叫《民生天堂》。笔者注意到,这本书中收录的都是过去几年间在报刊上刊登过的旧作,内容也大多反映的是龙门村发展的历史,然而,换个视角看问题——这本书是一位来自中国最基层农村的党代表、在全国党代会的现场送出的……于是,在获赠该书的当天,笔者写出一篇报道——《一位农民代表的"民生天堂"》:

10 月 17 日中午,出席十七大的山西河津市龙门村党委书记原贵生在接受记者采访时,送给记者一本书。他说:"这是一本近年来各大报刊有关龙门村的新闻报道集,反映了我们村近年来的巨大变化和村民的幸福生活。"

这本书的名字叫《民生天堂》。

"胡锦涛同志在十七大报告中提出加快推进以改善民生为重点的社会建设,并且描绘出了一幅'学有所教、劳有所得、病有所医、老有所养、住有所居'和谐而美好的民生图景。"原贵生自豪地说,"这一民生图景在我们龙门村正在变为现实。"

看到记者对《民生天堂》的名字很感兴趣,原贵生连忙替记者打开书的扉页,介绍说:"龙门村位于吕梁山下黄河之滨,原是一个贫穷落后的山村,人多地少,资源匮乏,老百姓生活很苦;如今的龙门村变成了人均收入达两万元的富裕村,家家住进宽敞楼房,人人都有医疗保险,老年人由村集体发放养老金,孩子们上学的学杂费全由集体负担,村民们靠劳动致富,人与人和谐相处……龙门村因此被很多媒体称为'民生天堂'。"

龙门村靠什么跃上了"龙门"?村民们的幸福生活是如何取得的呢?

面对记者的提问,原贵生说:"去年 10 月,我在中国科学院研究生院做报告时,讲台下的研究生们也给我提过这个问题。我当时的回答是:因为龙门村走的是一条改革创新、科学发展的道路。具体讲是两个坚持,一是坚持发展经济。目前全村已形成煤、焦、铝、电、建材、运输、旅游等七大产业支柱，资产总值达到6亿余元，而且没有银行贷款，也没有企业债务，全村年产洗精煤150万吨、焦炭100万吨、电解铝6万吨、发电装机容量2.7万千瓦。二是坚持共同富裕，让全体村民共享发展成果。村集体经济占全村经济总量的70%，这是龙门村实现共同富裕和实施公益事业的本钱。"

记者说："煤、焦、铝、电，这些都是污染较严重的产业，龙门村……?"

"哈哈，我明白记者同志的意思，你是在担心我们村发展了经济，污染了环境。"原贵生笑着说，"建设社会主义新农村也要讲'生态文明'，早在几年前，我们就忍痛淘汰了那些污染企业，实现了由'黑色经济'向循环经济的转变。"

"在这本书里有一些我们龙门村的照片。"原贵生打开《民生天堂》，翻到第15页的《镜中龙门》一章，风趣地说，"瞧，龙门村有文化广场、街心花园、禹门口公园等，还有一个获得世界吉尼斯纪录的村门——鲤鱼跳龙门。我在这儿邀请李记者方便时到我们龙门村看一看，现在的龙门村早就变成了一个绿树成行、碧草如茵的旅游胜地啦。"

在采访结束时，原贵生代表郑重地告诉记者："近年来，党和国家在推动国民经济高速发展的同时，更加注重'民生'问题。胡锦涛同志在十七大报告中指出：'党的一切奋斗和工作都是为了造福人民。''必须在经济发展的基础上，更加注重社会建设，着力保障和改善民生。'我真诚地希望，所有农民都能富裕起来，所有的农村都能变成'民生天堂'。"

这篇报道于2007年10月18日在《经济参考报》第一版刊发，并引起良好的社会反响。新华社《用户意见反馈》（总第13901期）称赞说，该报道"着力体现了民生视野和民生情怀，新闻事件的叙述栩栩如生，放大了有价值的细节，人物语言原汁原味，诚挚亲切，使读者产生了共鸣。"

如果从会上找不出新鲜内容，也选择不出新颖的角度，那就使出最后一招：给你的报道取个新奇靓丽的标题。进入互联网新媒体时代，新闻的竞争从一定意义上讲就是新闻标题的竞争，如何制作一个博人眼球、赢得较高点击率的新闻标题，成为记者编辑最劳神费力的事。特别是在会议新闻报道中，如果记者实在写不出有竞争力的独家报道，那就只能取一个

"独家标题"。但需注意的是，制作标题不可走火入魔，不可没有底线，否则便会坠入网络"标题党"的怪圈。

（二）再说"厚"发制人

所谓"厚"发制人，就是要把会议新闻写得有"厚度"、有"深度"，就是在会议新闻采访中抓出深度报道。

深度报道不是一种新闻体裁，而是一种报道形式，是指记者深入挖掘、集中反映受众关注的焦点问题并提示问题背后真相的有"质量"的新闻报道。在当今互联网新媒体时代，能否从会议现场抓出深度报道，已成为职业记者必须掌握的一项技能。

在会议新闻采访中，同样一组数据，同样一句话，同样一个现场发生的故事，在不同记者的眼中，可能会产生不同的感受，写出不同的报道。如何采写出有"厚度"、有"深度"的独家报道，这要求记者平时要有积累，采访前要有准备，采访和写作中也要有技巧。一般而言，从会议新闻采写深度报道的方法上讲，至少可以概括为以下三种形式。

一是"组合式"，即把会场上多个新闻点按照一条新闻主线"组合"起来，深化报道主题，形成深度报道。

2010年3月，第十一届全国人民代表大会第三次会议在京召开。在进入人大代表和政协委员对总理政府工作报告的审议和讨论阶段时，笔者奔走于多个会场发现，人大不同代表团和政协不同界别的代表委员讨论的话题各不相同：有的在评说居民收入差距问题——从3.31倍到3.33倍，城乡居民收入为什么越改革差距越大？有的在谈论政府对教育的投入问题——17年前政府工作报告便提出教育投入要占GDP的4%，为什么至今未能实现？还有的在热议房价问题——从"国8条"到"国11条"，政府调控房价越来越严厉，可房价为什么却越涨越高？上述每一个会议现场讨论的话题都是群众关心的焦点问题，都可以采写出一篇消息报道。但如果站在"民生"视角将几个话题"组合"在一起，则可以做一篇较有分量的深度报道。于是，一篇题为《收入　教育　房价　三大"民生指标"为何难实现》的"组合式"会议深度报道诞生了，稿件被总编室领导安排在2010年3月8日《经济参考报》头版头条刊登，引起较大反响，还得到新华社有关领导的肯定。

二是"链接式",即把会场内的新闻点与会场外相关联的新闻点"链接"起来,写出有深度的新闻稿件。

2004年7月,笔者应邀参加中国煤炭工业协会召开的全国煤炭经济运行座谈会。会上,来自煤炭企业的老总们谈及当时的煤炭涨价问题时一个个喊冤不止。有的说:"煤价其实不算高,涨幅实际大大低于原材料和电价涨幅。"有的说:"市场上煤炭价格涨了,可实际上煤炭企业获得的涨价收益并不多。"笔者迅速联想到前不久参加的一个电力行业座谈会,来自发电企业的老总们在谈及煤炭涨价问题时却纷纷叫苦不迭。围绕煤炭价格问题,一边在叫苦,一边在叫屈。其因何在?笔者将两种声音、两个新闻点"链接"起来,深入采访,找到"中间流通环节费用太高"这一答案。一篇题为《煤电两头叫 谁在中间笑》的深度报道由此出炉。该报道刊发后,被《文摘报》等媒体广泛转载。

三是"挖掘式",即在会场上抓住一个有价值的新闻点——比如,一个权威数据,与会者的一句话等,会后再深入采访相关人士,写出有深度的报道。

2007年1月22日召开的中国石油集团新闻媒体联谊会。当时,参加会议的有四五十位记者,仅中央电视台就请来了一套、二套和四套等多名记者,而且新浪、搜狐等网络新媒体同行也应邀参加进来。但此次会议却是名副其实的"联谊会",没有新闻发布,取消记者问答,每位记者拿到的只是一份中石油年度工作报告。许多记者只能从报告中选取新闻点播发报道。笔者针对报告中提供的数据,结合社会普遍关注的中石油巨额利润走向问题,利用电话形式深入采访了中石油有关领导和相关专家,写出了《中国石油利润"流向图"浮出水面》一稿,于25日在《经济参考报》头版头条发出。该报道不仅被新华网、人民网等众多网站转发,还被包括中央电视台(媒体广场)在内的国内外众多媒体广为转载,产生了较大影响。

进阶阅读

1. 埃瑞克·洛著，陈晞、王振源译：《西方媒体如何影响政治》，新华出版社 2003 年版。

2. 翟峥：《现代美国白宫政治传播体系》，世界知识出版社 2012 年版。

3. 戴维·亨德森著，解晓丽译：《管理者一定要懂媒体》，新华出版社 2012 年版。

（作者系新华社高级记者、新华社新闻研究所特约研究员）

编辑评论

新闻编辑实践中处理矛盾关系的方法论

王灿发　　侯欣洁

【内容提要】

　　编辑不仅仅与具体的稿件打交道，更要与记者以及读者发生直接或间接的联系。编辑在工作的不同阶段、不同环节中容易遇到各种矛盾，如编辑与记者的矛盾、新闻事实与客观事实的矛盾、素材与主题的矛盾、价值大小与版面安排的矛盾、编辑理念与宣传政策、法律法规和伦理道德的矛盾、编辑意图与编辑效果的矛盾等，是否善于处理这些矛盾是编辑工作成败的关键，因此，编辑在工作中要遵循科学的方法，处理好各方面的矛盾关系。

【关键词】

　　新闻编辑　编辑矛盾　编辑方法论

一、编辑与记者的矛盾关系及处理方法

　　编辑与记者都是具体新闻传播活动的实施者。他们都立足于新闻产品的生产和加工，虽然都是为了给读者提供好的新闻产品，但是二者的工作却存在着很大不同，他们之间的关系也呈现出一定的矛盾性。

艾丰在其《新闻写作方法论》中就引用过一句话："没有好的编辑，不会有好的记者，虽然有了好的编辑并不等于有了好记者。"说明了编辑和记者之间的关系，并不是一个简单的工艺流程的关系。他将编辑和记者的关系概括为九个方面：一是稿件和版面关系的人格化；二是编辑部指导和记者的被指导的人格化；三是新闻作品供求关系的人格化；四是个体创造和整体完成、个体和整体关系的人格化；五是个别事实和普遍事实关系（这是新闻工作的内在的主要矛盾）的人格化；六是客观事实和宣传方针的关系的人格化；七是采访对象和读者关系的人格化；八是实际工作和宣传工作的人格化；九是记者发展和编辑发展之间的对立统一关系。[①]

虽然，编辑和记者之间存在着一定的矛盾性，但是编辑的目的是更好地为记者服务、为读者服务。人们常说，编辑是为人做嫁衣的，这里为人做嫁衣，其实就是为人服务。编辑为作者服务的内容是多方面的，如为作者出点子、替作者找资料、给作者加工整理作品等都有"服务"成分。不过这种服务的目的是"发掘和发扬完全出自作者本身固有的经验、知识、能力及特色，使其作品尽可能地完美"。[②] 编辑如果服务工作做得周到，就容易同作者建立深厚的感情，对自己的编辑工作也会有很大的帮助。

可见，编辑和记者之间的关系，具有对立统一性。我们必须从这两个方面来综合把握二者关系。

（一）认识起点的不同

编辑和记者的关系，存在一定的矛盾性，而这很大程度上是由工作性质的差异造成的。

记者的认识起点，是具体的新闻事件和报道对象，对这些人和事有着更多直观的、具体的认识，基于这些认识，才能完成新闻采访、新闻作品撰写。这些认识往往带有个体化、微观化的特点。而编辑的认识起点，往往是基于记者的采访和作品而形成的一种间接的、抽象的认识。由于编辑要掌握更多的宏观背景和政策依据，因此他对于记者采写的稿件，更多是

---

① 艾丰：《新闻写作方法论》，人民日报出版社 1996 年版。
② 张如法：《编辑社会学》，河南大学出版社 1993 年版。

以一种宏观的、抽象的思维进行编辑和修改的。这也就使得编辑的认识带有宏观化、抽象化的特点。正是由于存在这种认识起点和思考方式的差异，编辑和记者才存在一定的矛盾。

（二）处理新闻角度的不同

实际上，认识起点的不同也就造成了另一个差异，即他们处理新闻角度的不同。所谓的处理新闻角度的不同，指的就是二者所站的立场和角度不同。相比较而言，记者更微观化，而编辑更宏观化，体现为局部意识和全局意识的矛盾。从记者的工作环境来说，从他采访的具体"点"来说，他是站在局部的；从编辑的工作环境来说，从他处理版面的着眼点来说，他是站在全局上的。

局部和全局的矛盾，也就体现了特殊性和普遍性的关系。我们知道，矛盾的普遍性寓于矛盾的特殊性之中，单独的矛盾的普遍性是不存在的。但是，矛盾的特殊性也并不等于矛盾的普遍性，它有许多的特殊的因素。因此，从局部出发的报道中，往往含有"特殊"的和"特殊"需要的东西，而这样的东西却又并不含有"普遍"的和"普遍"需要的因素。局部和全局之间，有它们统一的一面，又有它们不统一的一面。①

记者和编辑的局部和全局的关系包含着极其丰富的内容，至少包含着：政策和实际的关系，理论和实践的关系，一般和个别的关系。具体说来，编辑更加了解国家的大政方针、相关政策，记者所了解到的情况多为具体的、实际的问题。而实际问题可以体现和检验政策施行情况。编辑需要拥有较高理论水平，而记者的工作往往是通过报道实践理论，并对理论进行一定的互动作用。编辑了解的是一般的、面的情况，而记者了解的是个别的、点的情况。记者在采访工作中，有时可以了解到一些新形势、新情况、新问题，这些都带有先进的、前进的因素。编辑通过以往对于一般情况的了解，可以准确地把握住这种新动向，并将其宣传扩大。

如，1996年5月，世行官员到镇安县考察项目，他们会说汉语，懂得镇安方言，不让记者、翻译跟随，不让县上领导陪同，吃自助餐，晚上加

---

① 艾丰：《新闻写作方法论》，人民日报出版社1996年版。

班研究工作。这样，指派的记者被"赶回"了报社。记者与编辑谈起被"赶回"的"苦恼"时，编辑认为，记者的"苦恼"正是新闻亮点所在，于是让记者写记者被"赶回"、翻译"失业"、世行官员吃自助餐不用陪同等侧面，通过这些侧面反映世行官员的工作作风。稿件见报后，给人们一个启示：我们不但要将外国的先进技术经验"拿来"，还应把老外的工作作风"拿来"。由此不难看出，编辑要比记者的思维更广、更活跃。①

以上我们谈到的认识起点和处理新闻角度的差异，是由二者岗位性质决定的。虽然存在着一定的矛盾性，但是也有统一的一面。编辑，如何从全局的角度解决与记者的关系呢？

第一，应与记者多沟通交流。要了解记者的工作兴趣点、记者自身认定的有价值的新闻事件或现象，从而更加有效地和记者沟通。

第二，培养记者的全局意识，用全局意识影响记者。在记者采访前，将最新的环境背景等因素，与记者进行交流，促使记者发现新问题、新方法。

第三，编辑也应该尊重记者。注意从记者提供的新闻素材和作品中吸取新的信息，从而形成编辑和记者的良性互动，以便有效解决这种认识和角度的差异。

（三） 整体意识和个体意识的不同

编辑和记者的关系，其实还体现了一种整体意识和个体意识的关系。编辑对于记者稿件的深加工，体现了一种整体意识。既考虑到大政方针、理论层面，又考虑到版面安排和其他稿件的特点。而记者对稿件的处理，往往是就事论事，充满个体意识。稿件虽然是客观的，但往往带有记者个人化的色彩。由此，就可能造成编辑对记者稿件的深加工与记者本身的意图发生矛盾的情况。对于新闻素材的取舍、主题的提炼乃至稿件可否刊用，可能都会存在一定的矛盾和对立。

如何权衡整体意识和个体意识，处理好编辑与记者的关系呢？

一方面编辑应该更加尊重记者的采访和新闻作品，了解记者的报道意

---

① 张志宏：《浅谈编辑如何选择新闻角度》，《新闻知识》2005 年 9 期。

图，从中汲取可取之处；另一方面，对于素材和稿件的处理，应该更加透明化、适时与记者进行沟通。既要注重培养记者的整体意识，又要提高自身对记者作品的认识和理解水平。而培养记者的整体意识，主要就是培养版面意识、全局意识和读者意识。只有这样，编辑和记者才能形成良性的互动关系。

（四）工作手法不同

记者的工作手法，主要就是进行采访和新闻作品的写作。而编辑的工作手法既包含记者的一些工作手法即对稿件进行核实、修改和润色，又要使用其他的工作手法，如使用版面语言、宣传语言和理论语言。所以，编辑的工作手法更为复杂，记者的工作手法较为单一。

编辑和记者由于工作手法不同，也会存在一定的差异和矛盾。编辑对记者的稿件进行处理，必须要将宣传语言、理论语言和版面语言贯穿其中，对记者的稿件进行深加工，而这种深加工本身是对记者工作的否定之否定。这种否定之否定会反映出一定的矛盾。比如，有时编辑对于记者稿件的修改，就相当于重写。但我们要认识到这种矛盾，并不是编辑和记者个人化的矛盾，而同样是由岗位性质的差异造成的。

编辑应该与记者多沟通，将自己的工作手法渗透给记者，将版面语言、宣传语言和理论语言的意识传达给记者。记者着力在这方面进行培养，提高稿件的水平和成熟度，在一定程度上减少工作手法不同所造成的矛盾和对立。

（五）工作对象和服务对象的不同

编辑和记者的关系，还体现在工作对象和服务对象的矛盾上。记者工作的一个重要特点是服务对象和工作对象的分离，即服务对象和工作对象并不是同一的。在工作过程中，他更多接触的是工作对象，而同自己的服务对象并不见面。记者更靠近采访对象，编辑更靠近受众。采访对象和受众之间的矛盾关系，在新闻单位内部，往往是记者站在采访对象一边，编辑站在受众一边。编辑和记者的关系往往是采访对象和读者关系的内化。①

报纸新闻的生产制作流程是经过了采访对象——记者——编辑——读者的一个过程。记者和采访对象联系更为密切，通过新闻采访活动记者与采访对象建立了直接的沟通关系。记者采写的稿件也反映了采访对象的一定的信息和意图。而与记者相比，编辑更容易成为读者的代表。因为编辑，特别是版面编辑，会更加考虑读者的需求安排版面，将读者的需要、兴趣、意见和反映纳入到版面处理和稿件修改之中。因此，我们会发现这种天然的联系，即记者与采访对象的亲近性和编辑与读者的亲近性。由此，就会产生一定的矛盾，即记者表达和反映采访对象的要求与编辑考虑满足读者需要的矛盾。二者有时是不统一的，甚至是对立的，其实这也体现了传播者和传播对象的矛盾。在这个矛盾环节中关键的问题，就是传播的内容和传播的效果。二者是有一定必然联系的。只有当传播内容适合或满足传播对象要求时，才会产生积极的传播效果。反之，则会产生消极的传播效果。那么，我们如何解决由工作对象和服务对象不同引起的编辑和记者的矛盾关系呢？

我们需要统一编辑和记者的观念。将采访对象、读者、新闻价值和宣传价值以及社会价值相结合，作为编辑和记者的一种共识性的观念。这种共识性的观念，一方面，有助于编辑了解记者的报道意图；另一方面，促进记者将新闻价值、宣传价值和社会价值纳入采写的环节之中，从制作环节中创造出符合编辑和记者共同要求的稿件，从而更好地为读者服务。而做到这种观念性的统一，就可以有效地消除或减少这种矛盾对立关系，使二者的关系趋向互动统一。

（六）供需关系的不同

编辑和记者的关系还体现为供需之间的关系。在版面这个市场中，编辑是需方，记者是供方。有时由于供需关系的不平衡，二者会产生一定的矛盾。比如，编辑需要的稿件记者没有提供，就会造成版面的空白；而记者提供的同类稿件太多，供过于求，一些稿件就可能不被采用。如何处理

---

① 艾丰：《新闻写作方法论》，人民日报出版社1996年版。

好编辑和记者的关系达到供需平衡呢？

首先，供需双方，需要增进沟通了解。编辑应适时地将目前需要哪种类型的稿件信息，及时与记者进行沟通，使记者时刻怀有需求意识。这可以有效地提高记者采写稿件刊发的成功率。

其次，就是编辑对记者需要刊登的稿件在可能的范围内给予适当照顾，对记者的稿件进行深加工处理，在保持一定的时效性的前提下，采用记者稿件，尽量帮助记者实现工作价值。

其实，编辑和记者的供需关系，也具有一定的统一性。如果没有记者采写的稿件，再优秀的编辑也如同"巧妇"一般难为"无米之炊"。因此，做好供需平衡，就能有效解决编辑与记者的供需矛盾。

（七）把关内容和对象不同

"把关人"是传播学中的一个术语。把关人存在于信息采集、加工、制作和发布的整个过程中，在这个过程中，媒介中各个部门的工作人员，都起到了一定的把关作用。[①] 而编辑和记者，都是重要的把关人。他们在新闻内容的采写、选择和修改乃至是否刊用的过程中，都在发挥着"把关人"的作用。

二者把关的内容和对象有所不同。记者在新闻采访、写作的过程中，在作新闻价值的判断、选择的过程中，体现把关作用。他把关的内容是客观事实，对事实进行证伪、选择，使其成为新闻事实。而编辑的把关，更加复杂。他对记者采写的稿件进行把关，再次判断价值。这里面所说的价值，既包括新闻价值、宣传价值，更包括社会传播效果。因此，编辑把关的内容和对象是记者的新闻事实，并且用理论标准、政策标准和读者标准，进行衡量和取舍。由此，编辑的把关，较记者的更为复杂。编辑的把关，是对记者把关的有益补充和进一步提高。然而，编辑的把关，有时会推翻或者否定记者的工作，这就使得二者会产生一定的矛盾。

如何有效解决这种由把关内容和对象不同造成的矛盾关系呢？

首先，编辑要与记者形成统一的选择标准，编辑将新闻选择依据传达

---

① 谢新洲：《网络传播理论与实践》，北京大学出版社 2004 年版。

给记者，使记者的把关内容更为宏观化、丰富化。

我国媒体编辑选择新闻的标准可见下表：

表1　我国媒体编辑具体选择标准①

序列号	具体选择标准
1	党性原则要求以及党的新闻工作者的新闻宣传纪律
2	各种与新闻报道相关的法律、法规和文件
3	宣传主管部门的意见
4	所在媒体领导的意见
5	新闻价值与宣传价值
6	本媒体的编辑方针与风格
7	同行的选择情况比较
8	其他

这些因素和标准，也应该纳入记者的考量范畴之内。

其次，编辑应该理解和尊重记者的工作，编辑把关应该更加透明和严谨。并且，编辑也要耐心与记者沟通，对稿件的处理不能简单粗暴，要注意方式方法。

以上，我们从七个角度分析了编辑和记者存在的矛盾关系，只要编辑注意方式方法，就可以使对立向统一方向转化。在处理二者关系中，编辑应该始终遵循两点宗旨：

一是编辑要与记者统一思想观念，既要记者树立版面意识、全局意识、读者意识和政策理论意识，也要编辑培养接受新情况、新问题、新动向的能力。二者由于岗位原因，会存在一定的矛盾性，但是互相沟通和理解，就会促进良性关系的形成。二是编辑要足够尊重和理解记者工作，帮助他们实现工作价值，促进他们的进步和良性发展。把握了这两点宗旨，就可以真正使编辑和记者的关系呈现出良性的、健康的、互动的发展态势。

---

① 吴飞：《编辑学理论研究》，浙江大学出版社2001年版。

二、新闻事实与客观事实的矛盾关系及处理方法

在组稿过程中，首先要处理好新闻事实与客观事实的关系。

新闻事实是一般事实中具有特殊素质的一种事实，即指那些具有新闻价值的事实。只有那些新近发生的、能够引起普遍兴趣的新鲜的事实，才能够成为新闻事实。[①]

而新闻事实的本原应该是客观事实，客观事实是其第一属性。而编辑记者对其是否具有新闻价值要素的判断和选择，是新闻事实的第二属性。

编辑处理客观事实与新闻事实的关系，主要经过以下流程：

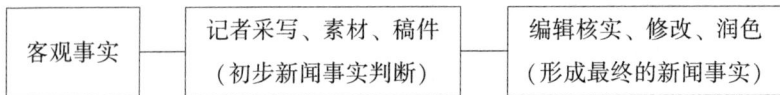

客观事实	记者采写、素材、稿件（初步新闻事实判断）	编辑核实、修改、润色（形成最终的新闻事实）

编辑是通过记者采写的素材和稿件来重新构思整合为新闻事实的，更是通过素材、记者稿件来了解客观事实的。因此，这就使得编辑对客观事实的认识是间接的。

（一）新闻事实与客观事实真伪性的判断

真实性是对新闻事实的首要要求，如果真实性不能够保证，其他的因素也不具备任何价值。因此，编辑的首要工作是对新闻事实和客观事实的真伪性进行判断，这体现了编辑把关的作用——去伪存真。

在实际工作中编辑会遇到这样的困惑，即局部真实和整体真实的关系。有时，新闻事实或现象是地区性的、局部性的。在一定范围内，它们是真实的。但它们是极少数发生的，不具有整体性和代表性。如果用它们来反映整体情况，就是失实。编辑就会遇到这样的矛盾。新闻事实是真实的，客观事实也是真实的，但由于选取和所要表达的主题不同，就容易造成错误。因此，编辑要尤为注意这种情况。

编辑在对新闻事实和客观事实进行真伪判断时，要遵循一定的依据和方法。

---

① 艾丰：《新闻写作方法论》，人民日报出版社 1996 年版。

首先，要将新闻事实放到宏观背景下进行判断，编辑要努力掌握宏观状况和背景情况，从而为判断新闻事实真伪提供依据。

其次，编辑要具有一定的辨别能力和逻辑分析能力。对于经济常识、法律现象以及其他方面的知识要有一定的积累和储备。对于一些新闻事实中的失实环节，能够敏锐地捕捉到。

第三，编辑对于新闻来源要进行核实。要通过对渠道的控制，降低虚假新闻事实的数量。对于记者的稿件和其他供稿来源，要进行沟通和了解，从中找到可能失实的内容，并要求对这些内容进行再度核准，从而有效杜绝失实信息。

（二）客观事实是否具有新闻价值的判断

编辑由于对客观事实的认识是间接性的，所以对记者采写的素材和稿件是否具有新闻价值有时把握不准。比如，记者认识到客观事实具有新闻价值，但是采访写作过程中，把握得不准确，没有把最核心的新闻价值要素体现出来。编辑在对记者稿件的审核过程中，就容易将不具备典型新闻价值的稿件撤掉。而这显然不是由于新闻事实本身不具有新闻价值造成的，而是这种间接的、二次处理过程造成的。

编辑如何消除由间接认识导致的局限性？

首先，在审核稿件的过程中，对于记者采写稿件所描绘的新闻事实，要准确地理解。根据这些素材，了解客观事实与新闻事实之间的关联。根据所掌握的背景情况，找出具有更大价值的隐含新闻事实，去除掉无价值的事实。其次，就是在处理稿件过程中，要增加与记者的沟通，从而降低这种间接认识的局限性。

总体来说，编辑是除记者之外，连接客观事实和新闻事实的第二个桥梁。通过对二者进行真伪和价值有无的判断，敲定最终的新闻事实。

三、素材与主题的矛盾关系及处理方法

编辑组稿过程中，在对新闻事实真实性和价值有无进行判断之后，就需要对新闻价值大小进行判定，从而从素材中选取价值最大的来重新构建

主题。这也是编辑修改、润色的体现，也是编辑把关引导和创作出更好稿件和作品的体现。

但是素材往往是记者采访获得的，记者在采访过程中已经完成了一个由原始素材筛选到半成品素材的过程。通过这个筛选过程，在新闻稿件写作中初步确定主题。而编辑对于素材的认识，是基于记者的半成品素材，通过修改、润色并对新闻价值大小进行再判断，来调整报道主题。这两个过程中，就容易出现一定的问题和矛盾。

首先，记者从原始素材筛选完成半成品素材时，由于了解情况的程度和理解认识问题的差异，可能会存在筛选偏差的问题，没有将最有价值的素材收录到半成品素材中，从而会造成主题的偏差。

其次，记者通过价值判断筛选出了具有新闻价值的事实，但是在写作过程中，没有突出事实的最大价值。

而记者的半成品素材是编辑素材处理的起点。如果编辑没能发现以上两个问题，就会一方面埋没了有价值的新闻事实，另一方面没有确定准确的报道主题。因此，编辑需要格外注意从素材中提炼主题这一过程。

编辑在这一阶段，要遵循一定的依据和方法。

第一，比照新闻价值和宣传价值，判断出具有最大价值的事实来确定主题。新闻价值和宣传价值在事实中的分布是不均匀的。因此，编辑应该善于分析和比较。

第二，编辑应该善于掌握和分析现有素材，通过相关情况的了解，选择适宜的角度，来确定主题。记者的半成品素材中，可能涉及一些有价值的事实，但是，可能处理方法不得当，没有将其突出。编辑就应该通过适宜的角度，来侧重突出。新闻角度，是指新闻工作者挖掘和表现新闻事实的角度。通过适宜的角度，可以更准确、更鲜明地突出新闻价值。

第三，编辑通过对半成品素材的分析，把握立场，确定主题。把握立场，要牢记尊重事实的原则。同样的新闻事实，由于立场的不同，其显示出来的主题和报道意图也就不同。编辑在组织、修改稿件的过程中，首先应该确定准确的立场，从而保证主题的正确性。

四、价值大小与版面安排的矛盾关系及处理方法

编辑安排稿件是根据新闻价值、宣传价值以及近期报道方针来进行的，遵循重大事件重点处理的原则。因此，价值大小实际上与版面位置和处理力度成正比。对价值大的稿件，要安排优势版面位置，并加大处理力度。如对重大新闻稿件加大篇幅，通过连续报道或系列报道甚至配评论等方式来高调处理，突出其重要性。

在时间方面，时效性越强的新闻稿件，在版面安排上也会更受关注。

在稿件的版面位置安排以及处理的力度和时间方面，编辑需要注意以下几个问题：

（一）价值的相对性

稿件安排要遵循价值大小的排序原则。但是稿件的价值具有相对性，有时候新闻价值大的稿件的刊发位置并不与其重要性成正比。如记者撰写的常规报道与特别策划并存。由于版面有限，有时新闻价值较大的常规报道也会暂时搁置。如某一时期编辑组织的稿件都是具有很大新闻价值的，同期可以作为头条的稿件，但由于价值大的稿件集堆儿，刊发的位置可能就会作相应的调整。

（二）刊发的时宜性

所谓时宜性，是指选择最佳的新闻发布时机，力争达到最佳新闻效果和社会效果。稿件不同，刊发的时宜性会有所不同。例如事件性稿件与非事件性稿件，由于事件性稿件比非事件性稿件更需要注意报道时机的把握，可能会优先刊发，这是由稿件特点所决定的。

（三）版面编排的整体性

稿件既是单个的个体，也是整个版面系统内的个体，一定程度上要遵循整体性的原则。版面编辑应该注意，报道题材、报道对象、报道地区等因素。报道题材方面应该力争广泛性。如果同一题材的报道较多，而新闻

价值大小相差不多，就应该从中选取一个进行刊发，其他的搁置处理或舍弃不用。报道对象和地区相同的稿件，要么选取其中的一个刊发，要么，对其压缩处理，简要报道。

对于负面报道和批评报道，版面编辑需要进行平衡。新闻报道要以正面报道为主，过多的负面报道充斥报纸版面，会引起极大的消极社会效应。因此，对于有重大新闻价值的负面报道，也会视具体情况采取弱化或者搁置的处理方式。

综上，编辑在处理价值和版面安排关系时，要综合考量新闻价值、社会价值、宣传价值以及同期稿件情况和版面情况，对新闻稿件进行取舍，利用版面语言、版面位置或者标题字样、字号等形式进行突出或者弱化。

五、编辑理念与宣传政策、法律法规和伦理道德的矛盾关系及处理方法

稿件编辑处理阶段，除了考虑以上因素之外，还需要把握好编辑理念和宣传政策、法律法规和伦理道德的关系。

编辑理念，确定了报纸所能够刊发内容的内涵和外延，并对怎样选取、如何报道、报道对象作出了相关的界定。编辑是整个报纸内容的策划者、加工者和把关者。而宣传政策、法律法规和伦理道德，会对编辑理念起到制约作用。编辑理念必须在内容的选取上，同政策、法规和伦理道德相吻合。

（一）与宣传政策的关系

党中央关于马克思主义的实事求是、一切从实际出发的思想路线，关于社会主义初级阶段的基本路线，以及党和政府有关部门依据上述路线所制定的一系列方针政策，是编辑审查稿件内容是否符合宣传政策要求的重要依据。稿件所写内容如果与上述路线、方针、政策的基本精神相违背，则不能刊用。

编辑在进行稿件分析时，要严格把关，不能让违反政策的稿件闯入版面，这是对稿件的最起码要求。从另一个方面来讲，编辑还应该注意稿件

内容是否主动地、创造性地宣传党的方针路线。

编辑在处理编辑理念与宣传政策关系的时候，应该怀有政治警觉性和敏感性。要对领导人的"大名单"、排序以及相关字号、字体的规格熟悉掌握，防止出现政治性差错，比如领导人名称、职位，外交和政策常识方面的误差。

（二） 与法律法规的关系

编辑理念除了要遵循宣传政策之外，还应符合法律法规的相关条款，这是编辑分析稿件时应注意的另一个重要要求。

我国还没有一部专门性的新闻法，但根据我国《宪法》《刑法》《民法》《著作权法》及其他法令的规定，编辑应注意如下几点：

1. 维护国家安全与稳定

凡是带有否定国家宪法内容的报道，都应严格把关，禁止刊载。维护国家制度及其尊严，是一切国家新闻立法的首要条款。与此相联系，不得报道未经核实的重大"事实"蛊惑人心，不得用发表耸人听闻的评论，来激发人民的情绪，更不能制造民族对立情绪。《中华人民共和国刑法》第一百零二条规定："严禁煽动群众抗拒、破坏国家法律、法令。"第一百五十八条规定："禁止任何人利用任何手段扰乱社会秩序。" 1998 年最高人民法院《关于审理非法出版物刑事案件具体应用法律若干问题的解释》第一条规定："明知出版物中载有煽动分裂国家、破坏国家统一或者煽动颠覆社会主义制度的内容，而予以出版印刷、复制、发行、传播的，依照刑法第一百零三条第二款或者第一百零五条第二款的规定，以煽动分裂国家罪或者煽动颠覆国家政权罪定罪处罚。"根据版权法司法解释，我们可以了解到构成这两条犯罪的，不仅有提出煽动言论的人，而且包括编辑出版者、印刷复制者、销售者和其他方式的传播者。即使并无分裂国家、颠覆政权的目的，而是出于营利或者其他目的，只要明知出版物中含有法律禁止传播的内容且对国家安全具有危害性却采取容忍的态度仍然加以传播的，同样构成本罪。

煽动虽是一种言论方式，但它不同于一般的言论，它具有如下几方面的特点：一是表述方式的非理性，即使用浮夸的、情绪化的、蛊惑性的语言；二是内容的非事实性，如虚张声势、夸大其词，攻其一点不及其余，有的还要进行造谣诽谤；三是直接面向公众，公然散布；四是具有导致反常行为的目的，不是"书生清谈"，而是希望激起他人的反常热情，采取某种不利于社会或他人的行动。这与新闻出版媒体对官僚主义和"行贿受贿"、坏人坏事以及其他不正之风的揭露言论有根本的区别，因为后者只要是实事求是，是为了引导人们认识这些社会弊端的本质，为了更好地促进和维护社会稳定。因此不能把对不良倾向的揭露与破坏社会稳定的煽动混为一谈。

2. 保守党和国家的秘密

《中华人民共和国保守国家秘密法》中规定："报刊、书籍、地图、图文资料、声像制品的出版和发行及广播节目、电视节目、电影的制作和播放，应当遵守有关的保密规定，不得泄露国家机密。"在《保密法》第二章第八条中规定的保密范围，编辑尤其应该充分了解：（1）国家事务的重大决策中的秘密事项；（2）国防建设和武装力量活动中的秘密事项；（3）外事和外事活动中的秘密事项以及对外承担保密义务的事项；（4）国民经济和社会发展中的秘密事项；（5）科学技术中的秘密事项；（6）维护国家安全和追查刑事犯罪中的秘密事项；（7）其他经国家保密工作部门确定应当保守的国家秘密事项。

从近年新闻出版的泄密情况看，主要的泄密有以下几个方面：

政治方面，有的传媒热衷于抢先发表党和政府及有关领导机关尚在研究中和尚未公开的重大决策、方针。发表国家的外交和海峡两岸上层交往、华人华侨交往的所谓秘闻。

军事方面，泄露国防和军队建设的重大方针与规划，军事领导机关的重大决策，重要的军事会议，军队的编制、实力等。

在公安司法方面，披露公安侦破手段、公安机关的实力等。

经济方面，泄露尚不能或者不便于公开的决策，发表未经国家有关部门正式颁布的有关统计信息和国家的经济情况。

科技方面，详细报道我国处于领先水平的重大科技成果。

编辑应熟悉国家保密工作的宗旨、方针、管理体制、国家秘密的含义和范围、密级以及保密期限、变更和解密的法定程序，以及保密制度和法律责任等。在披露政治、经济等方面的重大历史资料时，要注意保密期限。对重大历史性事件和经济数据，须经有关部门批准、证实已过保密期予以解密或不属保密范围，才能公开报道。编辑应该充分发挥出"把关人"的作用。

3. 维护民族平等和团结

我国是一个拥有 56 个民族的大家庭。民族平等、团结、进步与繁荣是关系国家前途命运的大事。我国《宪法》强调："中华人民共和国各民族一律平等，国家保障各少数民族的权利和利益，维护和发展各民族的平等、团结、互助合作关系。禁止对任何民族的歧视和压迫，禁止破坏民族团结和制造民族分裂的行为。"1955 年全国人民代表大会常委会《关于处理违法的图书杂志的决定》中，就把"煽动对民族和种族的歧视和压迫，破坏国内各民族团结"列为禁载内容。20 世纪 80 年代也有不少与此类似的法规，如《期刊管理暂行规定》和《报纸管理暂行规定》的禁载内容中都有"煽动民族、种族歧视或仇恨，破坏民族团结"一项。现行《刑法》第二百五十条规定："出版歧视、侮辱少数民族作品罪""在出版物中刊载歧视、侮辱少数民族的内容，情节恶劣，造成严重后果的，对直接责任人员，处三年以下有期徒刑、拘役或者管制。"

4. 避免侵权行为的发生

尽管新闻出版享有出版自由的权利，但人们不能把享受权利建立在对他人权利侵害的基础之上。编辑工作者尤其要注意传播的内容不能干涉他人的自由。不能诽谤他人，不能侮辱他人的人格，要防止侵犯他人隐私权。

所谓新闻侵权行为，是指新闻单位或个人利用报纸、广播、电视、新闻电影、网络等新闻传播工具，以故意捏造事实或过失报道的方式向公众传播有损公民、法人及其他社会单位合法权益的不当内容或法律禁止的内容，从而伤害了公民或社会组织的真实形象，降低社会对他们的社会评价，影响公民个人生活和尊严的违法行为。较常见的新闻侵权行为有如下几种：

第一，侵害他人的名誉权。名誉权是指"以人在社会上应受与其地位相当之尊重或评价之利益为内容之权利"。显然，名誉权是法律赋予公民和法人所享有的一项权利，受国家的法律保护。公民有权要求社会对自己进行客观公正的评价并排斥他人贬损自己名誉的权利。

新闻出版侵害名誉权行为主要有诽谤和侮辱两种方式。一般认为新闻严重失实或者基本内容失实，损害了他人名誉，这就是新闻诽谤。新闻有侮辱他人人格、损害他人名誉的，这就是新闻侮辱。

第二，侵害他人的隐私权。所谓隐私权，是指每个人享有的不涉及公共利益、不愿公开的个人生活权利。我国学者认为隐私主要包括个人的健康情况、生理缺陷和残疾情况；恋爱、婚姻与家庭生活情况；私人日记、信函、录音等。一般认为隐私除了不愿告诉别人或者不愿公开的"隐"的性质外，还具有"私"的性质，是个人的与社会生活无关的事情，而且不危害他人和社会利益。

另外，还有许多方式都可能导致侵犯隐私权，如扮演某种角色、伪装打扮、秘密潜入、使用隐藏摄像机等调查手段。尽管一些人认为只要是有利于公众的利益，可以采取这样的方式来获取报道素材，但在许多情况下会惹官司，法律也没有就此提出明确的条文。[①]

报纸审判。所谓"报纸审判"是指法院对案件进行判决前，报纸就对案件擅自作出评判。按照我国的《刑事诉讼法》和《民事诉讼法》的规定，诉讼是"以事实为根据，以法律为准绳"。法院根据调查属实的证据，通过公开审理、控辩双方的辩论情况，依法对被告人进行判决，它不受报道的约束。但由于报纸面向社会，它对案件的报道与评议能产生重大影响，形成舆论力量，会对一些尚未查清或有争论的案件的审理、判决形成干扰，可能会妨碍司法公正，引起新闻官司。所以，编辑应该对法律案件报道格外严格把关。特别是对于刑事案件的报道，尤其要注意，不能随意给别人戴上罪犯的帽子。凡未经法院认定的犯罪事实，都不能随意公之于众，凡未经法院宣判有罪的，不能先给人戴上"罪犯""犯人"等法定帽子。在平常报道中，也不能对那些有不良行为的人称为"恶棍""歹徒""凶手""匪徒"等。

为了避免新闻侵权行为，编辑应该牢记四大原则：事实与结论公开，避免传媒审判；报道与评论分开，把握公正原则；掌握平衡技巧，不为一

---

① 吴飞：《编辑学理论研究》，浙江大学出版社 2001 年版。

方"代言";对事不对人,保护对象合法权益。①

(三) 与伦理道德的关系

编辑理念还要符合伦理道德规范,也就是符合新闻道德。新闻道德是从事新闻职业所应遵循的道德要求。稿件往往涉及与读者和报道对象的关系,编辑更应该注意在这些方面,遵守新闻道德。

第一,不要使受害者或无辜者受到困扰和伤害。稿件在向读者报道暴力事件、事故和自然灾害时,介绍相关情况不能运用细节描绘受害过程,免得使受害者及家属再度受到刺激。所涉及的妇女和儿童,更要加以保护,使用化名,避免对其形成二度伤害。

第二,对于广大读者要注意保护。编辑在选用报道灾情、疫情、事故等事件,要注意把握分寸和尺度,在引起读者注意和警惕的同时,不要引起他们的恐慌和不安情绪。

第三,编辑要把好新闻关,一方面,不能允许"软文"形式的宣传性、广告性稿件替代新闻稿件;另一方面,不能因为利益等因素,来进行"有偿不文"。

国外的新闻机构也特别关注编辑理念与伦理道德的关系。美国报纸编辑协会、美联社经理编辑委员会和专业新闻工作者联合会,也都制定了有关于社会公认的新闻工作者的道德准则。这些准则对新闻工作者尤其是编辑平衡道德冲突提供了一定的指导和帮助,为他们确定职业道德和解决有关道德问题提供了基本准则。而罗伯特·M·斯蒂尔提出的"道德推理",值得我们在编辑工作中加以借鉴。当编辑和记者陷入报道两难境地时,就可以进行一些道德推理加以判断。例如为什么我会如此重视这条新闻、图片?报道的特点是什么?发表新闻会带来什么好处?信息是否准确、完整?我有没有错漏什么重要的信息?我的读者需要知道什么?如果这则报道与我或我的家人有关,我会有什么感受?② 当报道的新闻与新闻伦理发

---

① 阮志孝:《预防新闻侵权的八句关键语》,《湖南大众传媒职业技术学院学报》2005 年 3 月期。

② 吴晶:《新闻报道与新闻伦理的失衡现象》,http://media.people.com.cn/GB/22114/42328/83277/5721001.html。

生冲突的时候，就应该采用这些标准来进行稿件最终判断。

六、编辑意图与编辑效果的矛盾关系及处理方法

编辑组稿后，还应该注意从编辑效果角度出发，处理好编辑意图与读者关注点之间的关系。编辑往往通过稿件选择、修改和版面语言，达到信息服务、舆论引导和宣传的作用。然而，读者却可能由于群体差异和理解认识水平的不同，导致关注点与编辑意图发生偏差。这实际上是一种传播目标与传播效果的矛盾。但是，由于读者是我们内容传播的目标和服务对象，如果存在这种偏差，会引起内容制作和售卖的消极作用。所以，编辑应该注意解决这个关系存在的矛盾和问题。

第一，应该看到这种传播目标和传播效果的矛盾是客观存在的。读者基于个人差异，会发生三种选择行为，即选择性注意、选择性理解和选择性记忆。而这无疑会导致编辑意图的消解和有限效果。如哈尔滨宝马肇事案的报道，编辑意图实际上是通过报道事情进程，反映相关部门对这一恶性事件的处理情况。而读者的关注点却落在了肇事人的身份上，连续报道交代审判结果后，很多读者也因为审判结果联想到肇事人与当权者之间的裙带关系。可见，编辑意图和读者的关注点，有时是处于离散状态的。而这种"关注点的离散现象"，也一定程度上消解和淹没了编辑意图。

第二，虽然这种矛盾是客观存在的，但是编辑可以通过一系列的工作和努力，缩小编辑意图与读者关注点的差距。关键环节在于读者的调查和反馈，对于一些报道可以通过读者反馈的形式，了解读者的关注点和他们的兴趣点。在将这些因素应用于编辑的稿件处理和版面安排之中，从而用读者喜闻乐见的方式和内容表达编辑意图，进一步缩小编辑意图与效果差距。

第三，编辑部应该制定长效读者调查机制，反映出阶段性的读者需求和读者群变化，从而改进报道方针和编辑方针，增强传播效果和力度。

另外，连接编辑和读者的桥梁就是信息，编辑应该从信息的角度，增强读者的接受程度。主要应该从三个方面做工作：

第一，信息的质量因素。信息的质量因素不仅是信息的"好"与

"坏"的问题,更重要的是信息的性质问题,也就是受众对信息的理解问题。编辑应该注意向读者提供他们迫切需要了解的信息。如关系国计民生、与老百姓息息相关的事情。

第二,信息的数量因素。编辑在新闻加工的时候,要摒弃无效信息和多余信息,减少重复,消除噪音,这样可以增强有效信息量。编辑在组织稿件、版面编排时,要有整体意识。通过稿件和图片的有序组合,通过位置的安排和同类稿件的组合,增强信息表现力。对于重要的新闻事件,要从报道力度上入手,进行连续的密集的报道,增强读者的关注度。

第三,就是信息的效益因素。在稿件的选择和安排上,考虑其社会效果和其他方面的影响力。具有效益因素越多的内容,越容易引起读者的兴趣和认同感。

归根结底,编辑意图的实现,编辑效果的达成,必须以读者为最终出发点,尊重他们的需求。编辑不能将编辑意图强加给读者,而是应该采取有效的方式方法,解决编辑意图与读者关注点的对立矛盾。

新闻编辑是对记者新闻作品的再创作者、舆论导向的把关者,在这个创作与把关过程中,编辑要以传播为目的,以辩证思维思考稿件,以唯物辩证的基本原理及其方法论处理好编辑工作中的各种矛盾关系,从而提升稿件的品质,使稿件传播后能达到良好的传播效果。

进阶阅读

1. 艾丰:《新闻写作方法论》,人民日报出版社 1996 年版。
2. 王灿发等编著:《报刊编辑》,中国人民大学出版社 2013 年版。

(作者分别系中国传媒大学新闻学院教授、北京印刷学院新闻出版学院数字出版系专业秘书/硕士生导师)

方"代言";对事不对人,保护对象合法权益。①

(三) 与伦理道德的关系

编辑理念还要符合伦理道德规范,也就是符合新闻道德。新闻道德是从事新闻职业所应遵循的道德要求。稿件往往涉及与读者和报道对象的关系,编辑更应该注意在这些方面,遵守新闻道德。

第一,不要使受害者或无辜者受到困扰和伤害。稿件在向读者报道暴力事件、事故和自然灾害时,介绍相关情况不能运用细节描绘受害过程,免得使受害者及家属再度受到刺激。所涉及的妇女和儿童,更要加以保护,使用化名,避免对其形成二度伤害。

第二,对于广大读者要注意保护。编辑在选用报道灾情、疫情、事故等事件,要注意把握分寸和尺度,在引起读者注意和警惕的同时,不要引起他们的恐慌和不安情绪。

第三,编辑要把好新闻关,一方面,不能允许"软文"形式的宣传性、广告性稿件替代新闻稿件;另一方面,不能因为利益等因素,来进行"有偿不文"。

国外的新闻机构也特别关注编辑理念与伦理道德的关系。美国报纸编辑协会、美联社经理编辑委员会和专业新闻工作者联合会,也都制定了有关于社会公认的新闻工作者的道德准则。这些准则对新闻工作者尤其是编辑平衡道德冲突提供了一定的指导和帮助,为他们确定职业道德和解决有关道德问题提供了基本准则。而罗伯特·M·斯蒂尔提出的"道德推理",值得我们在编辑工作中加以借鉴。当编辑和记者陷入报道两难境地时,就可以进行一些道德推理加以判断。例如为什么我会如此重视这条新闻、图片?报道的特点是什么?发表新闻会带来什么好处?信息是否准确、完整?我有没有错漏什么重要的信息?我的读者需要知道什么?如果这则报道与我或我的家人有关,我会有什么感受?② 当报道的新闻与新闻伦理发

---

① 阮志孝:《预防新闻侵权的八句关键语》,《湖南大众传媒职业技术学院学报》2005 年 3 月期。

② 吴晶:《新闻报道与新闻伦理的失衡现象》,http://media.people.com.cn/GB/22114/42328/83277/5721001.html。

生冲突的时候，就应该采用这些标准来进行稿件最终判断。

六、编辑意图与编辑效果的矛盾关系及处理方法

编辑组稿后，还应该注意从编辑效果角度出发，处理好编辑意图与读者关注点之间的关系。编辑往往通过稿件选择、修改和版面语言，达到信息服务、舆论引导和宣传的作用。然而，读者却可能由于群体差异和理解认识水平的不同，导致关注点与编辑意图发生偏差。这实际上是一种传播目标与传播效果的矛盾。但是，由于读者是我们内容传播的目标和服务对象，如果存在这种偏差，会引起内容制作和售卖的消极作用。所以，编辑应该注意解决这个关系存在的矛盾和问题。

第一，应该看到这种传播目标和传播效果的矛盾是客观存在的。读者基于个人差异，会发生三种选择行为，即选择性注意、选择性理解和选择性记忆。而这无疑会导致编辑意图的消解和有限效果。如哈尔滨宝马肇事案的报道，编辑意图实际上是通过报道事情进程，反映相关部门对这一恶性事件的处理情况。而读者的关注点却落在了肇事人的身份上，连续报道交代审判结果后，很多读者也因为审判结果联想到肇事人与当权者之间的裙带关系。可见，编辑意图和读者的关注点，有时是处于离散状态的。而这种"关注点的离散现象"，也一定程度上消解和淹没了编辑意图。

第二，虽然这种矛盾是客观存在的，但是编辑可以通过一系列的工作和努力，缩小编辑意图与读者关注点的差距。关键环节在于读者的调查和反馈，对于一些报道可以通过读者反馈的形式，了解读者的关注点和他们的兴趣点。在将这些因素应用于编辑的稿件处理和版面安排之中，从而用读者喜闻乐见的方式和内容表达编辑意图，进一步缩小编辑意图与效果差距。

第三，编辑部应该制定长效读者调查机制，反映出阶段性的读者需求和读者群变化，从而改进报道方针和编辑方针，增强传播效果和力度。

另外，连接编辑和读者的桥梁就是信息，编辑应该从信息的角度，增强读者的接受程度。主要应该从三个方面做工作：

第一，信息的质量因素。信息的质量因素不仅是信息的"好"与